Mon année de Français CM1

Manuel

Lecture-compréhension • Étude de la langue • Expression écrite et orale

CONFORME AUX PROGRAMMES nouveauté 2020

Françoise Picot
Inspectrice de l'Éducation nationale

Isabelle Dandrimont
Conseillère pédagogique

Marie-Louise Pignon
Professeure des écoles

Mon nom :
Léo Demant

Cet ouvrage est conforme à la nouvelle orthographe
www.orthographe-recommandee.info

Le papier de cet ouvrage est composé de fibres naturelles, renouvelables, fabriquées à partir de bois provenant de forêts gérées de manière responsable.

Nathan

Pour mieux te repérer dans ton fichier

Chaque semaine, tu trouveras :

Trois pages vertes avec des textes à lire : romans, contes, documentaires, BD...

Un **texte** à lire, extrait d'un **roman**, d'un texte **documentaire**, d'une **BD**, d'un **conte**, d'une **pièce de théâtre**...

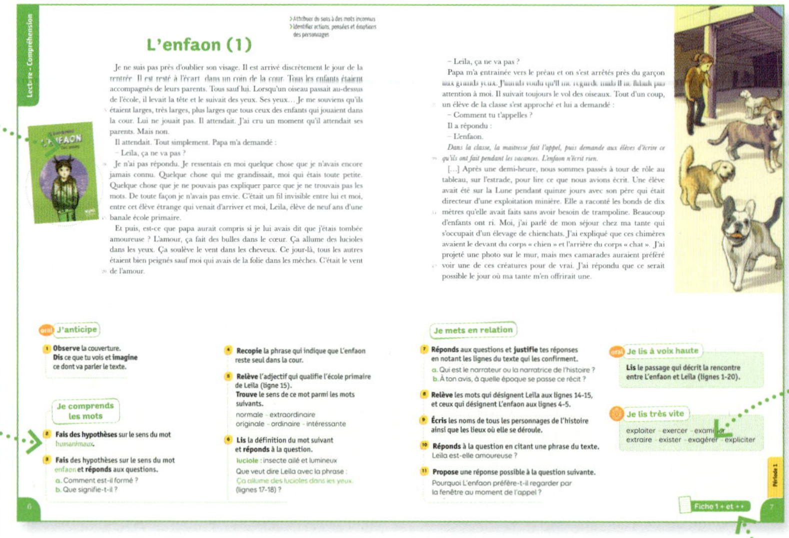

Des activités pour travailler les **stratégies de compréhension** et mieux comprendre le texte lu.

Des activités à faire **oralement** :
– pour s'entrainer à lire vite et bien ;
– pour lire à voix haute en mettant le ton.

Des activités complémentaires, classées en **2 niveaux de difficulté**, sur une fiche à photocopier.

Une page rouge pour réviser l'écriture des graphèmes

Les **graphèmes**.

10 mots à mémoriser par semaine, contenant les graphèmes étudiés.

Des **activités** sur les mots à mémoriser.

Des activités sur l'**écriture des graphèmes**.

Des **exercices d'entrainement** classés en **2 niveaux de difficulté** sur une fiche à photocopier.

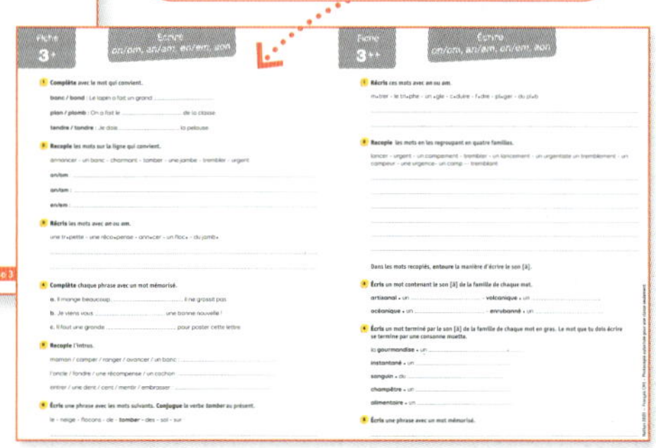

Des **principes orthographiques** à dégager, à retenir et repris dans le **mémo**.

ISBN : 978-2-09-124410-5

Une double page bleue avec 2 leçons de grammaire

Un texte à **transformer** pour découvrir et comprendre ce qui change à l'oral et à l'écrit.

Un logo t'indique que tu vas constituer des **corpus** avec des **phrases ou** des **groupes de mots** en les classant dans ton **cahier de grammaire**.

Les relations dans un texte (1)
Je lis et je transpose
L'enfant

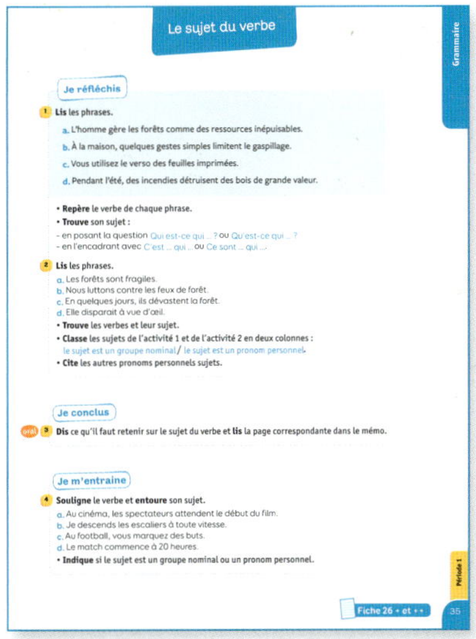
Le sujet du verbe
Je réfléchis
Je conclus
Je m'entraîne

Ce qui est à **retenir** de chaque **leçon de structuration** se trouve sur une **fiche** du **mémo** à télécharger.

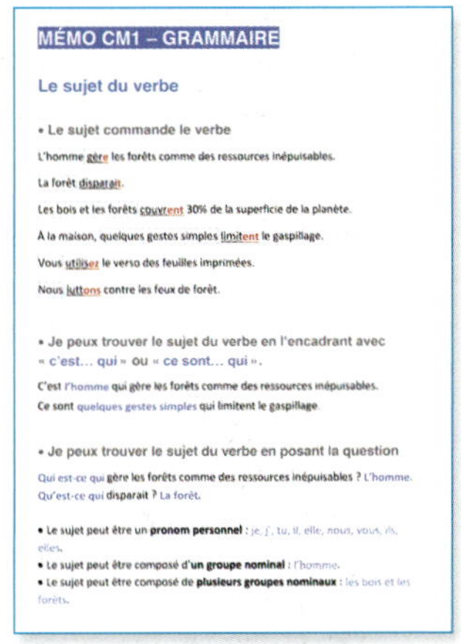
MÉMO CM1 – GRAMMAIRE
Le sujet du verbe
• Le sujet commande le verbe
L'homme gère les forêts comme des ressources inépuisables.
La forêt disparaît.
Les bois et les forêts couvrent 30% de la superficie de la planète.
À la maison, quelques gestes simples limitent le gaspillage.
Vous utilisez le verso des feuilles imprimées.
Nous luttons contre les feux de forêt.
• Je peux trouver le sujet du verbe en l'encadrant avec « c'est... qui » ou « ce sont... qui ».
C'est l'homme qui gère les forêts comme des ressources inépuisables.
Ce sont quelques gestes simples qui limitent le gaspillage.
• Je peux trouver le sujet du verbe en posant la question
Qui est-ce qui gère les forêts comme des ressources inépuisables ? L'homme.
Qu'est-ce qui disparaît ? La forêt.

Les **étiquettes** à télécharger et découper sont sur le site de la collection.

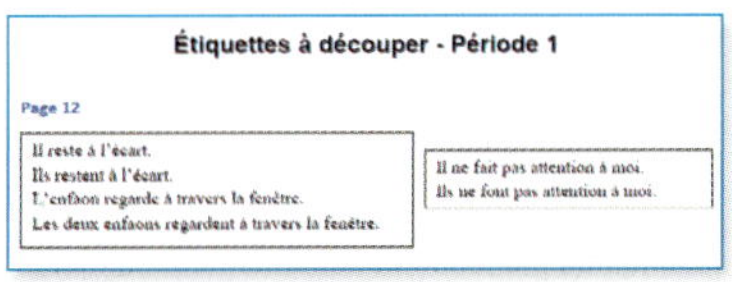
Étiquettes à découper - Période 1
Page 12
Il reste à l'écart.
Ils restent à l'écart.
L'enfant regarde à travers la fenêtre.
Les deux enfants regardent à travers la fenêtre.
Il ne fait pas attention à moi.
Ils ne font pas attention à moi.

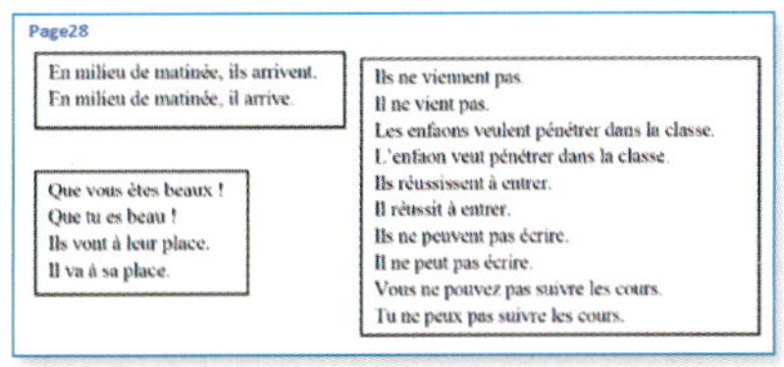
Page28
En milieu de matinée, ils arrivent.
En milieu de matinée, il arrive.
Que vous êtes beaux !
Que tu es beau !
Ils vont à leur place.
Il va à sa place.
Ils ne viennent pas.
Il ne vient pas.
Les enfants veulent pénétrer dans la classe.
L'enfant veut pénétrer dans la classe.
Ils réussissent à entrer.
Il réussit à entrer.
Ils ne peuvent pas écrire.
Il ne peut pas écrire.
Vous ne pouvez pas suivre les cours.
Tu ne peux pas suivre les cours.

Une page orange de vocabulaire pour apprendre de nouveaux mots, ou comprendre leur formation, et utiliser un dictionnaire

Une page violette pour apprendre à écrire différents textes

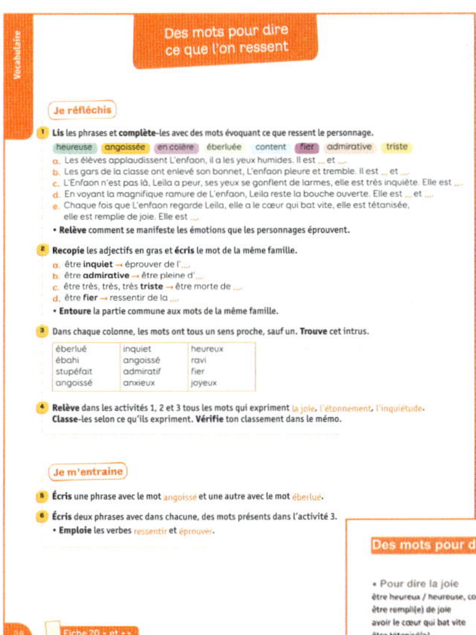
Des mots pour dire ce que l'on ressent
Je réfléchis
Je m'entraîne

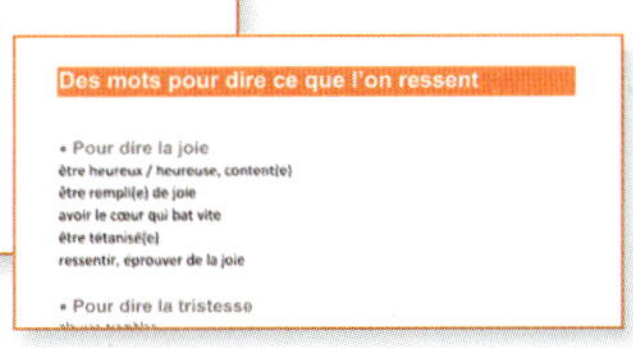
Des mots pour dire ce que l'on ressent
• Pour dire la joie
être heureux / heureuse, content(e)
être rempli(e) de joie
avoir le cœur qui bat vite
être tétanisé(e)
ressentir, éprouver de la joie
• Pour dire la tristesse

Un **mémo**, sur une fiche à télécharger, regroupe les mots appris.

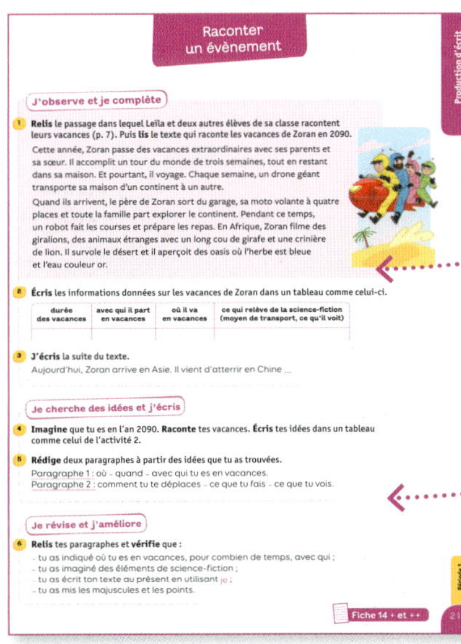
Raconter un évènement
J'observe et je complète
Je cherche des idées et j'écris
Je révise et j'améliore

Des **situations d'écriture** pour **chercher** des idées, les **organiser** et **rédiger** un texte.

Des aides pour relire son texte et le corriger.

Des **activités différenciées** en **grammaire**, **vocabulaire** et **production d'écrit** sont proposées dans le fichier à photocopier.

Sommaire

› Attribuer du sens à des mots inconnus
› Identifier actions, pensées et émotions des personnages

L'enfaon (1)

Je ne suis pas près d'oublier son visage. Il est arrivé discrètement le jour de la rentrée. Il est resté à l'écart, dans un coin de la cour. Tous les enfants étaient accompagnés de leurs parents. Tous sauf lui. Lorsqu'un oiseau passait au-dessus de l'école, il levait la tête et le suivait des yeux. Ses yeux… Je me souviens qu'ils étaient larges, très larges, plus larges que tous ceux des enfants qui jouaient dans la cour. Lui ne jouait pas. Il attendait. J'ai cru un moment qu'il attendait ses parents. Mais non.

Il attendait. Tout simplement. Papa m'a demandé :

– Leïla, ça ne va pas ?

Je n'ai pas répondu. Je ressentais en moi quelque chose que je n'avais encore jamais connu. Quelque chose qui me grandissait, moi qui étais toute petite. Quelque chose que je ne pouvais pas expliquer parce que je ne trouvais pas les mots. De toute façon je n'avais pas envie. C'était un fil invisible entre lui et moi, entre cet élève étrange qui venait d'arriver et moi, Leila, élève de neuf ans d'une banale école primaire.

Et puis, est-ce que papa aurait compris si je lui avais dit que j'étais tombée amoureuse ? L'amour, ça fait des bulles dans le cœur. Ça allume des lucioles dans les yeux. Ça soulève le vent dans les cheveux. Ce jour-là, tous les autres étaient bien peignés sauf moi qui avais de la folie dans les mèches. C'était le vent de l'amour.

oral J'anticipe

1 **Observe** la couverture. **Dis** ce que tu vois et **imagine** ce dont va parler le texte.

Je comprends les mots

2 **Fais des hypothèses** sur le sens du mot humanimaux.

3 **Fais** des hypothèses sur le sens du mot enfaon et **réponds** aux questions.

a. Comment est-il formé ?

b. Que signifie-t-il ?

4 **Recopie** la phrase qui indique que L'enfaon reste seul dans la cour.

5 **Relève** l'adjectif qui qualifie l'école primaire de Leïla (ligne 15).
Trouve le sens de ce mot parmi les mots suivants.

normale - extraordinaire
originale - ordinaire - intéressante

6 **Lis** la définition du mot suivant et **réponds** à la question.

luciole : insecte ailé et lumineux

Que veut dire Leïla avec la phrase : Ça allume des lucioles dans les yeux. (lignes 17-18) ?

– Leïla, ça ne va pas ?

Papa m'a entrainée vers le préau et on s'est arrêtés près du garçon aux grands yeux. J'aurais voulu qu'il me regarde mais il ne faisait pas attention à moi. Il suivait toujours le vol des oiseaux. Tout d'un coup, un élève de la classe s'est approché et lui a demandé :

– Comment tu t'appelles ?

Il a répondu :

– L'enfaon.

Dans la classe, la maitresse fait l'appel, puis demande aux élèves d'écrire ce qu'ils ont fait pendant les vacances. L'enfaon n'écrit rien.

[…] Après une demi-heure, nous sommes passés à tour de rôle au tableau, sur l'estrade, pour lire ce que nous avions écrit. Une élève avait été sur la Lune pendant quinze jours avec son père qui était directeur d'une exploitation minière. Elle a raconté les bonds de dix mètres qu'elle avait faits sans avoir besoin de trampoline. Beaucoup d'enfants ont ri. Moi, j'ai parlé de mon séjour chez ma tante qui s'occupait d'un élevage de chienchats. J'ai expliqué que ces chimères avaient le devant du corps « chien » et l'arrière du corps « chat ». J'ai projeté une photo sur le mur, mais mes camarades auraient préféré voir une de ces créatures pour de vrai. J'ai répondu que ce serait possible le jour où ma tante m'en offrirait une.

Je mets en relation

7 **Réponds** aux questions et **justifie** tes réponses en notant les lignes du texte qui les confirment.

a. Qui est le narrateur ou la narratrice de l'histoire ?
b. À ton avis, à quelle époque se passe ce récit ?

8 **Relève** les mots qui désignent Leïla aux lignes 14-15, et ceux qui désignent L'enfaon aux lignes 4-5.

9 **Écris** les noms de tous les personnages de l'histoire ainsi que les lieux où elle se déroule.

10 **Réponds** à la question en citant une phrase du texte.
Leïla est-elle amoureuse ?

11 **Propose** une réponse possible à la question suivante.
Pourquoi L'enfaon préfère-t-il regarder par la fenêtre au moment de l'appel ?

oral Je lis à voix haute

Lis le passage qui décrit la rencontre entre L'enfaon et Leïla (lignes 1-20).

Je lis très vite

exploiter - exercer - examiner
extraire - exister - exagérer - expliciter

Fiche 1 + et ++

Ensuite la maitresse a demandé :

– Est-ce que L'enfaon a un souvenir à partager ?

L'enfaon s'est levé en prenant la feuille sur laquelle il n'avait rien écrit et il est monté sur l'estrade. Une fois en place, il a montré sa page blanche quadrillée et il a déclaré :

– Je viens de là.

Personne n'a compris. C'est seulement plus tard qu'on a réalisé ce qu'il avait voulu dire, quand la maitresse nous a expliqué que L'enfaon n'avait pas de parents, qu'il avait été conçu quelque part en France dans une couveuse artificielle. Il venait d'un laboratoire blanc et froid comme sa feuille, avec des carreaux monotones qui couvraient les murs.

À la récréation, j'ai questionné la maitresse :

– Où habite L'enfaon ? Elle m'a répondu :

– Au Centre des Humains Génétiquement Modifiés, pas très loin de notre village. Lorsqu'il n'était encore qu'un embryon, les scientifiques qui l'ont conçu ont détecté en lui une maladie très rare, mortelle chez les hommes mais inoffensive chez les cerfs. Alors ils l'ont envoyé au CHGM. C'est là qu'il a été opéré. On lui a injecté des gènes de cerf et il a survécu. Du coup, il est devenu un Humain Modifié, un mélange d'enfant et de faon.

– C'est pour ça qu'il s'appelle L'enfaon ?

– Oui, c'est pour ça.

oral Je raconte

1 **Raconte** le début de l'histoire à partir des mots-clés suivants.

L'enfaon - la rentrée - Leïla - des lucioles
la classe - la fenêtre - papa - la maitresse

Je comprends les mots

2 **Choisis** la phrase qui explique le mieux le sens de la phrase en vert.

Il avait été conçu quelque part en France dans une couveuse artificielle.

a. L'enfaon a été fabriqué dans une usine.
b. L'enfaon a été créé dans un appareil médical où il fait toujours la même température.

3 **Explique** les mots : détecté – inoffensive – injecté – survécu. **Aide**-toi du lexique et de la formation des mots.

Je mets en relation

4 **Réponds** aux questions en t'aidant du texte.

a. Pourquoi L'enfaon montre-t-il une page blanche quadrillée ?
b. Comment L'enfaon a-t-il été conçu ?
c. Pourquoi les scientifiques l'ont-ils envoyé au CHGM ?
d. Pourquoi L'enfaon reste-t-il à l'écart des autres élèves ?

5 **Écris** une phrase qui explique pourquoi le personnage principal s'appelle L'enfaon.

oral Je lis à voix haute

Lis le passage dans lequel la maitresse explique les origines de L'enfaon (lignes 54-61).

Fiche 2 + et ++

Écrire on/om, an/am, en/em

Je mémorise

1 **Lis** les mots à mémoriser.

annoncer / une récompense / un flocon / cependant / étrange

- **Écris** les manières d'écrire le son [ɔ̃] et celles d'écrire le son [ɑ̃].
- **Indique** le mot invariable (c'est un adverbe) et les consonnes finales muettes.

2 **Recopie** les mots à mémoriser et **indique** les manières d'écrire le son [ɑ̃].

charmant / urgent / une enveloppe / trembler / camper

- **Entoure** la consonne muette à la fin des deux premiers mots à mémoriser.

Je fais le point

3 **Recopie** les mots suivants et **entoure** la lettre placée après om, em, am.

trompette - sembler - emmener - jambon - remplir - lampe

- **Complète** la phrase :

Devant les lettres m, b et p, le son [ɔ̃] s'écrit ... et le son [ɑ̃] s'écrit ... ou ... .

4 **Trouve** la manière d'écrire le son [ɑ̃] en t'aidant du mot de la même famille.

a. planifier → un pl•
b. romanesque → un rom•
c. océanique → l'océ•
d. paysannerie → un pays•

- **Complète** la phrase :

Pour écrire le son [ɑ̃] dans certains mots, on peut s'aider d'un mot de la ... .

5 Trois mots contenant le son [ɑ̃] s'écrivent ainsi : un faon, un taon, un paon.

- **Recopie** le titre du livre (p. 6) et **entoure** la manière d'écrire [ɑ̃].

Je m'entraine

6 **Récris** les mots avec :

- on ou om : une ép•ge - une p•pe - du pl•b - c•server - rép•dre - un c•bat
- en ou em : ral•tir - un •pire - un alim•t - une t•pête - •mitouflé - s•sible
- an ou am : la c•pagne - une dist•ce - gourm•d - une ch•bre - un t•bour - •cien

7 **Complète** les mots extraits du texte avec en ou an.

a. la r•trée
b. les par•ts
c. les •f•ts
d. un mom•t
e. dem•der
f. •vie

8 **Range** les dix mots mémorisés dans l'ordre alphabétique.

Fiche 3 + et ++

Les relations dans un texte (1)

Je lis et je transpose

L'enfaon

C'est le jour de la rentrée. Un garçon aux grands yeux est dans un coin de la cour. **Il** reste à l'écart. Il n'a pas ses parents avec **lui**. Quand un oiseau passe au-dessus de l'école, il lève la tête vers le ciel et il suit longuement l'oiseau. Il ne joue pas. Il attend. Il ne fait pas attention à moi.

Moi, Leïla, je ressens quelque chose d'inconnu. **Je** ne trouve pas les mots pour **l'**expliquer. Tout à coup, un élève de la classe demande à l'étrange élève :

– Comment **tu** t'appelles ?

– L'enfaon.

Dans la classe, L'enfaon regarde à travers la fenêtre. Il observe la forêt sombre que l'**on** distingue au loin. Il n'écrit rien.

1 **Indique** à quel temps est écrit le texte.

2 **Écris** qui est désigné par les pronoms en gras.

oral 3 **Dis** le texte en parlant de deux enfaons.

4 **Récris** les groupes de mots soulignés en parlant de deux enfaons.

5 **Donne** l'infinitif de tous les verbes que tu as écrits. Pour chaque verbe, **indique** ce qui change.

Je collecte

6 **Colle** les étiquettes à la bonne page de ton cahier de grammaire.

Je m'entraine

7 **Recopie** les mots en bleu en parlant d'une seule personne.

a. Les voisines ont un télescope. Elles observent les étoiles.
b. Les garçons restent dans l'eau. Ils jouent.
c. Les élèves lèvent le doigt. Ils regardent le professeur.

8 **Recopie** les groupes de mots en gras en parlant de plusieurs renardes.

La renarde a faim. **Elle est** sur la route. **Elle regarde** une charrette pleine de poissons arriver. **Elle lève** la tête pour mieux la voir. Puis **elle reste** sans bouger.

Fiche 4 + et + +

Des phrases dans un texte (1)

Je repère et je transforme

1 **Écris** le nombre de phrases du premier paragraphe du texte de la page de gauche.
- **Indique** comment tu reconnais une phrase.
- **Recopie** une des phrases déclaratives de ce paragraphe.

2 **Recopie** la phrase interrogative du texte en mettant tu après le verbe.
N'oublie pas le trait d'union entre le verbe et tu, ni le point d'interrogation.
- **Entoure** le mot interrogatif au début de la phrase.

3 **Lis** les phrases déclaratives du texte à la forme négative.
- **Recopie** les mots de la négation.
- **Explique** pourquoi on écrit n' au lieu de ne dans la dernière phrase.
- **Transforme** ces phrases à la forme affirmative et **réponds** à la question.
Quel mot correspondant à n'... rien, as-tu employé à la forme affirmative ?

Je reconstitue une phrase

4 **Écris** une phrase à partir des groupes de mots suivants.
pose - Leïla - des questions - à la récréation - à la maitresse
- **Recopie** la phrase en changeant de place le groupe à la récréation, puis en le supprimant.

Je m'entraine

5 **Recopie** le texte en ajoutant un point à la fin de chaque phrase.
Dans la classe, Leïla parle de son séjour chez sa tante Samia raconte son voyage sur la Lune Beaucoup d'enfants rient L'enfaon ne raconte rien

6 **Écris** à la forme négative ces phrases déclaratives à la forme affirmative.
Emploie ne ... pas ou n'... pas.
a. Tu trembles de froid.
b. Les sportifs sont sur le stade.
c. Son frère habite ici.
d. Nous annonçons une bonne nouvelle.
e. Il mange quelque chose.

7 **Recopie** les phrases interrogatives en mettant tu ou vous après le verbe.
a. À quoi tu penses ?
b. Tu viens à la maison ce soir ?
c. Où vous allez avec votre vélo ?
d. Vous aimez la glace au chocolat ?

Fiche 5 + et ++

La formation des mots (1)

Je découvre

1 **Explique** comment sont formés les mots-valises suivants que tu as rencontrés dans l'histoire de *L'enfaon*.

- **Indique** les parties de chaque mot en noir que tu retrouves dans le mot en orange.

a. humain / animal → l'**humanimal** b. enfant / faon → L'**enfaon**

- **Écris** des mots-valises à partir des mots suivants.

a. information - automatique
b. ruban - balise
c. émotion - icône

2 **Recopie** le nom de la créature élevée par la tante de Leïla : le chienchat.

- **Entoure** les deux mots qui le composent.
- **Écris** les mots composés correspondant à ces définitions.

a. Un document d'identité pour aller à l'étranger (autrefois pour passer un port).
b. Un crochet pour suspendre (porter) un manteau.
c. Un étui pour ranger des billets, des papiers.

⚠ Dans certains mots, un trait d'union sépare les deux mots, comme dans taille-crayon.

d. Une porte qui est aussi une fenêtre.
e. Un oiseau aussi petit qu'une mouche.
f. Un arc dans le ciel.

3 **Explique** la formation du sigle CHGM à partir de Centre des Humains Génétiquement Modifiés.

- **Écris** le nom que l'on peut écrire à partir de :

a. Société nationale des chemins de fer
b. habitation à loyer modéré
c. sans domicile fixe

Je m'entraine

4 **Recopie** les mots dans le tableau selon la manière dont ils sont formés.
un sèche-linge – la SPA – l'Engourou – un portemonnaie – un VTT

mots-valises	mots composés	sigles

Fiche 6 + et ++

Répondre à des questions de compréhension

Je découvre

1 **Lis** le texte extrait de *L'enfaon.*

Quand la maitresse a fait l'appel et quand elle est arrivée à la lettre « l », elle a lancé :

– Leïla.

J'ai déclaré comme les autres :

– Présente.

Puis elle a dit :

– L'enfaon.

Lui n'a pas répondu. Il regardait à travers la fenêtre. Alors la maitresse a insisté :

– L'enfaon !

Pas de réaction. Il observait la forêt sombre qu'on distinguait au loin.

– L'enfaon !!! a-t-elle répété d'une voix encore plus forte.

Il a tourné lentement la tête et a fixé la maitresse. [...] L'enfaon a juste répondu :

– Absent.

2 **Recopie** les questions de compréhension du texte et leur réponse.

a. Qu'a déclaré Leïla quand la maitresse a lancé son nom ?
→ Quand la maitresse a lancé son nom, Leïla a déclaré présente.
b. Pourquoi la maitresse a-t-elle insisté ?
→ La maitresse a insisté parce que L'enfaon ne répondait pas.

- **Entoure**, dans chaque réponse, les mots qui sont déjà dans la question.
- **Souligne** les mots qui viennent du texte. Tu remarques qu'on ne peut pas toujours utiliser les mots du texte pour répondre à une question.
- **Recopie** le mot utilisé dans la réponse à la question b. pour introduire l'explication.

J'écris

3 **Utilise** ce que tu viens d'apprendre pour répondre aux questions.

a. Que faisait L'enfaon pendant l'appel ?
b. Qu'a fait L'enfaon quand la maitresse a répété son nom plus fort.
c. Pourquoi L'enfaon a-t-il répondu absent ?

Je révise et j'améliore

4 **Vérifie** que tu as employé des mots de la question, des mots du texte et la conjonction parce que.

Fiche 7 + et ++

› Attribuer du sens à des mots inconnus
› Identifier actions, pensées et émotions des personnages

L'enfaon (2)

L'enfaon a des difficultés en classe. Il préfère observer la forêt par la fenêtre.

Un jour, un homme en costume est entré dans la classe et s'est assis au fond pour écouter le cours. À voir la mine de la maitresse, elle n'avait pas été avertie. On a su plus tard qu'il était inspecteur et qu'il était venu décider si L'enfaon pouvait être maintenu ou non dans notre école. […] Juste avant de nous quitter, il s'est approché de L'enfaon qui contemplait la forêt et il lui a lancé :

– Dis donc, petit, tu t'ennuies ? […]

– Non.

– Alors pourquoi tu t'intéresses à ce qui se passe dehors plutôt qu'au cours de ton institutrice ?

– Je pense au poème que j'ai écrit hier. […]

– Tu peux nous le lire ?

L'enfaon a questionné la maitresse du regard pour avoir son accord.

– On t'écoute, a-t-elle dit d'une voix bienveillante. […]

Dans cette classe « normale »,
très souvent j'ai du mal
à comprendre
ce qu'on me demande.
J'ai l'impression que je vaux
moins que les autres.
Mais je sais que c'est faux.
Je suis simplement différent.
Quand les élèves répètent leur leçon,
on dit qu'ils apprennent « par cœur ».
En fait, ils apprennent « par tête ».
C'est moi qui apprends « par cœur »,
parce que j'ai besoin qu'on m'aime
pour donner le meilleur.

oral Je raconte

1 **Raconte** le début de l'histoire en utilisant les mots-clés suivants.

L'enfaon - Leïla - un souvenir - un laboratoire
une page blanche quadrillée - un Humain Modifié

Je comprends les mots

2 **Choisis** la phrase qui explique le mieux le sens de la phrase en vert : À voir la mine de la maitresse, elle n'avait pas été avertie.

a. En voyant les crayons de la maitresse, on a compris qu'elle n'était pas au courant.

b. En voyant la tête de la maitresse, on a compris qu'elle n'avait pas été prévenue.

3 **Relève** le mot qui qualifie la voix de la maitresse (ligne 14). **Trouve** le sens de ce mot parmi les mots suivants.

qui souhaite la bienvenue
gentille – agressive

4 **Fais** des hypothèses sur le sens du mot valeur. **Vérifie** dans le lexique.
Explique ce que signifie la phrase en vert. (lignes 31-32).

[…] Il avait si peu l'habitude qu'on reconnaisse sa valeur.

L'inspecteur, trouve le poème remarquable. Après son départ, les élèves se ruent sur L'enfaon et l'applaudissent.

Je me souviens de ses yeux humides : il avait si peu l'habitude qu'on reconnaisse sa valeur.

J'avais de plus en plus envie de lui avouer mes sentiments. N'avait-il pas dit qu'il avait *besoin qu'on l'aime pour donner le meilleur* ? [...]

Un matin, en arrivant à l'école, j'ai aperçu les élèves de la classe groupés au fond de la cour. [...] J'ai couru pour les rejoindre et me suis arrêtée net en découvrant L'enfaon au centre du cercle. Il ne disait rien. Il portait une sorte de bonnet sur la tête et paraissait gêné.

– Montre-nous ton crâne, L'enfaon ! le harcelaient les gars de la classe. [...]

Je leur ai lancé :

– Laissez-le ! Vous ne voyez pas que vous l'embêtez ?

– On ne l'embête pas. On veut juste qu'il nous montre sa tête.

L'un d'eux a saisi L'enfaon par le bras et l'a tiré jusqu'à lui sous les applaudissements de ses copains. L'enfaon s'est débattu. Un autre en a profité pour lui enlever son bonnet. L'enfaon a crié et s'est déchainé. Alors j'ai hurlé :

– Lâchez-le !

Je mets en relation

5 **Réponds** aux questions en citant des phrases du texte.

a. Quelle est la réaction des personnes qui écoutent le poème ?

b. À quel geste de L'enfaon, Leïla est-elle sensible ?

6 **Écris** une phrase qui explique pourquoi Leïla doit défendre L'enfaon (lignes 40-49).

7 **Choisis** les mots qui qualifient l'attitude des enfants envers L'enfaon à la fin du texte.

agressive - méchante - bienveillante - irrespectueuse

oral **8** **Relis** le poème de L'enfaon et **explique** avec tes propres mots ce qu'il exprime.

oral **9** **Échange** avec tes camarades sur la suite du récit en répondant à la question.

Pourquoi L'enfaon refuse-t-il d'enlever son bonnet ?

oral Je lis à voix haute

Lis du début du texte à la fin du poème.

Je lis très vite

l'aspect - le respect - le suspect
circonspect - un spectateur
la perspective - un prospectus
circonspecte - irrespectueux
spectaculaire

Fiche 8 + et ++

La maitresse est arrivée au même moment. Elle a disputé les garçons et leur a ordonné de rejoindre la classe. L'enfaon, lui, s'est réfugié contre le mur du préau. Il pleurait et il tremblait en cachant son crâne entre ses mains.

– C'est fini, l'a rassuré la maitresse. C'est fini.

Elle lui a rendu son bonnet. Il l'a pris et l'a aussitôt posé sur sa tête. J'ai eu le temps de distinguer deux petites cornes qui pointaient sur son crâne. J'ai d'abord eu un réflexe de recul ; puis, la surprise passée, j'ai réalisé que c'étaient… ses premiers bois.

Alors j'ai osé quelque chose dont je ne me croyais vraiment plus capable : je lui ai adressé un mot, juste un mot. J'ai tendu la main et j'ai murmuré :

– Viens…

Au lieu de me répondre, il a haussé les épaules et est parti bouder sous le poirier de la cour. Il est resté là tout l'après-midi. J'étais morte de tristesse. […]

Le lendemain matin, en arrivant dans la cour, j'ai eu la bonne surprise de le découvrir sans bonnet, comme s'il avait compris qu'il était inutile de cacher ce qu'il était. […]

Juste avant que la sirène sonne, l'incroyable s'est produit : il m'a dévisagée pendant plus de trois secondes ! Je ne m'attendais pas à ça. J'étais complètement troublée.

oral Je raconte

1 **Écris** les mots-clés qui t'aideront à raconter le début du récit. **Échange** avec tes camarades sur les mots choisis et **raconte.**

Je comprends les mots

2 **Choisis** la phrase qui explique le mieux le sens de la phrase en vert.

[…] j'ai réalisé que c'étaient… ses premiers bois.

a. J'ai compris que les cornes de L'enfaon commençaient à pousser sur sa tête.

b. J'ai compris que L'enfaon avait pris du bois dans la forêt.

3 **Relève** les mots qui indiquent ce que ressentent L'enfaon et Leïla.

Je mets en relation

4 **Remets** dans l'ordre chronologique les phrases ci-dessous.

a. Le lendemain, il revient à l'école sans bonnet.

b. Un élève lui enlève de force son bonnet.

c. Un jour, L'enfaon arrive à l'école avec un bonnet sur la tête pour cacher ses bois.

d. Leïla lui vient en aide et la maitresse gronde les élèves malintentionnés.

oral Je lis à voix haute

Lis le texte de *Elle lui a rendu son bonnet* (ligne 54) à la fin du texte.

Fiche 9 + et ++

Écrire *in/im, un, ein, ain, en*

Je mémorise

1 **Lis** les mots à mémoriser.

grimper / brun / informer / la peinture / un refrain

• **Écris** les manières d'écrire le son [ɛ̃].

2 **Recopie** les mots à mémoriser.

une imprimante / le médecin / un lien / craindre / l'entretien

• **Souligne** les deux mots qui ont le son [ɛ̃] écrit de la même manière. **Entoure**-la.

Je fais le point

3 **Recopie** les mots suivants et entoure la lettre placée après im.

un timbre - impatient - grimper - immangeable - une timbale

• **Complète** la phrase : Devant les lettres m, p et b, le son [ɛ̃] s'écrit … .

4 **Trouve** la manière d'écrire le son [ɛ̃] avec le mot de la même famille.

a. jardiner → un jard• b. l'humanité → un hum• c. la famine → la f•
d. manuel → une m• e. pané → du p• f. parfumer → du parf•

• **Entoure** les lettres qui transcrivent le son [ɛ̃] dans les mots que tu as écrits.

• **Complète** la phrase :

Pour écrire le son [ɛ̃] dans certains mots, on peut s'aider du mot de la … .

5 **Trouve** la manière d'écrire le son [ɛ̃] avec le mot au féminin.

a. aucune phrase → … mot b. une fille brune → un garçon …
c. une pluie fine → un tissu … d. une cousine → un …

• **Entoure** les lettres qui transcrivent le son [ɛ̃] dans les mots que tu as écrits.

• **Complète** la phrase :

Pour écrire le son [ɛ̃] dans certains mots, on peut s'aider du mot de leur … .

Je m'entraine

6 **Complète** chaque mot avec un, en, ain ou in en t'aidant du mot en gras.

a. la **matinée** → le mat• b. une **musicienne** → un musici• c. se **baigner** → un b•
d. **prochaine** → proch• e. une **coquine** → un coqu• f. **certaine** → cert•

7 **Récris** ces mots en les complétant avec in ou im.

•mangeable - •direct - •perméable - •buvable - •sensible - •certain

8 **Range** les dix mots mémorisés dans l'ordre alphabétique.

Fiche 10 + et ++

Les relations dans un texte (2)

Je lis et je transpose

L'enfaon

Je vais dans l'école de Leïla. Le matin, je viens en voiture. Le soir, après les cours, je retourne au Centre. Là-bas, je retrouve les autres Humains Génétiquement Modifiés. Eux, ils restent au Centre, ils travaillent avec des enseignants spécialisés. Je les vois le soir, car je mange avec eux.

J'ai l'autorisation de suivre une scolarité « normale ». Je ne suis pas de santé fragile comme les autres HGM. Je suis même très fort en sport, je peux battre tous les élèves à la course.

J'aime la poésie. Mais j'ai parfois du mal quand je fais certaines activités scolaires. Je ne comprends pas toujours ce que l'on me demande. Je ne dis rien et je finis par contempler la forêt par la fenêtre.

1 **Indique** à quel temps est écrit le texte.

2 **Écris** qui ou ce qui est désigné par les mots en bleu.

oral 3 **Dis** le texte en faisant raconter l'histoire par deux enfaons.

4 **Récris** les groupes de mots soulignés en remplaçant Je par Nous. **Indique** ce qui change.

5 **Donne** l'infinitif de tous les verbes du texte, même de ceux qui ne sont pas soulignés.
- **Repère** les verbes qui appartiennent au premier groupe.

Je collecte

6 **Colle** les étiquettes à la bonne page de ton cahier de grammaire.

Je m'entraine

7 **Recopie** les groupes de mots en bleu en remplaçant Nous par Je ou J'.

Nous aimons la montagne. Nous allons en vacances dans un chalet. Nous y retournons tous les ans. Nous sommes toujours dehors. Nous avons de l'espace pour jouer, nous pouvons crier, chanter, courir. Nous faisons toutes sortes de jeux avec les copains du village.

8 **Recopie** les groupes de mots en gras en remplaçant Je ou J' par Nous.

Le matin, **je prends** mon petit déjeuner et aussitôt **je vais** dans la forêt. **Je suis** bien car **j'aime** la nature. **Je fais** attention où **je marche** pour ne pas abimer les plantes. **Je peux** rester des heures à contempler la forêt.

Fiche 11 + et ++

Des groupes nominaux (1)

Je repère

1 **Repère** les noms dans les phrases suivantes.

a. Dans la cour de l'école, Leïla discute avec la maitresse.
b. Dans cette école, certains élèves ont des ordinateurs.
c. Un homme en costume entre dans la classe.
d. Tu as écris un poème remarquable, dit l'inspecteur.
e. De petites cornes pointent sur son crâne. Ce sont ses premiers bois.
f. La tristesse envahit le cœur de Leïla.

• **Recopie** ces noms dans trois colonnes : le nom désigne un être vivant / le nom désigne une chose / le nom désigne une idée.

2 **Lis** ces groupes nominaux.

ses yeux humides - son prochain départ - le cœur de Leïla - une bonne surprise
une voix bienveillante - un homme en costume - la cour de l'école

• **Souligne** le nom principal autour duquel est formé chaque groupe nominal.
Entoure le déterminant qui est devant ce nom.

3 **Indique** la lettre que tu remarques à la fin des noms dans les groupes nominaux suivants.

les élèves - certains élèves - des cornes

• **Explique** sa présence.

Je collecte

4 **Colle** les étiquettes à la bonne page de ton cahier de grammaire.

Je m'entraine

5 **Recopie** chaque groupe nominal en changeant le nom. **Garde** le même déterminant.

un vélo neuf - une grande maison - un animal féroce - une fleur fanée
un rocher pointu - le poisson rouge - la rivière calme - une pluie froide

6 **Complète** chaque groupe nominal avec un nom de saison ou un nom d'animal.

Au ..., les jeunes ... quittent leur nid.
Durant l'..., l'... fait des provisions pour l'....

• **Souligne** les autres noms.

7 **Complète** chaque groupe nominal avec un nom de personne.

Dans son salon, le ... coupe les cheveux de ma ....
Aujourd'hui, un ... apporte un colis.

• **Souligne** les autres noms.

Fiche 12 + et ++

Chercher dans le dictionnaire

Je réfléchis

1 **Recopie** l'alphabet en le complétant avec les lettres qui manquent.
• **Écris** les voyelles en bleu et les consonnes en vert.

a b … d … f g h … j k l … n … p q … s t … v w x … z

2 **Range** les mots de chaque ligne dans l'ordre alphabétique.
• **Explique** ton rangement.

a. farine - perdre - coucher - verser - robinet
b. doigt - dernier - drôle - durer - dame - dimanche
c. courage - corbeille - contre - cogner - comme
d. travailler - tracer - trapèze - trajet - tranquille

3 **Cherche** le mot contempler dans le dictionnaire.
• Pour cela, **indique** à quelle lettre tu vas chercher ce mot. **Explique** pourquoi.
• **Trouve** entre quels mots repères se trouve le mot contempler. **Explique** pourquoi.

a. consolider - constellation
b. consteller - consul
c. consulter - contenir
d. content - contorsion
e. contour - contraire

Je m'entraine

4 **Complète** les suites alphabétiques.

A B C … E … G H … J … L …

M N … P … R … T U V … X … …

5 **Range** les mots dans l'ordre alphabétique.

a. armée - outil - courage - nid - biberon - ramer
b. ordre - opération - ours - obéir - ombre - oser
c. grenouille - grand - gris - groupe - grenier - grue
d. peluche - pelote - pelage - pellicule - pélican

6 **Recopie** les mots du dictionnaire entre lesquels se trouvent les mots en gras.

papillon : panda / pantalon papille / parabole parachever / paraitre
vallée : valide / van vandale / vapoter vadrouille / validation
arbre : apte / arbitre archer / argument arborer / archer

Fiche 13 + et + +

Raconter des vacances

J'observe et je complète

1 **Relis** le passage dans lequel Leïla et deux autres élèves de sa classe racontent leurs vacances (p. 7). Puis **lis** le texte qui raconte les vacances de Zoran en 2090.

Cette année, Zoran passe des vacances extraordinaires avec ses parents et sa sœur. Il accomplit un tour du monde de trois semaines, tout en restant dans sa maison. Et pourtant, il voyage. Chaque semaine, un drone géant transporte sa maison d'un continent à un autre.

Quand ils arrivent, le père de Zoran sort du garage sa moto volante à quatre places, et toute la famille part explorer le continent. Pendant ce temps, un robot fait les courses et prépare les repas. En Afrique, Zoran filme des giralions, des animaux étranges avec un long cou de girafe et une crinière de lion. Il survole le désert et il aperçoit des oasis où l'herbe est bleue et l'eau couleur or.

2 **Écris** les informations données sur les vacances de Zoran dans un tableau comme celui-ci.

durée des vacances	avec qui il part en vacances	où il va en vacances	ce qui relève de la science-fiction (moyen de transport, ce qu'il voit)

3 **J'écris** la suite du texte.

Aujourd'hui, Zoran arrive en Asie. Il vient d'atterrir en Chine ...

Je cherche des idées et j'écris

4 **Imagine** que tu es en l'an 2090. **Raconte** tes vacances. **Écris** tes idées dans un tableau comme celui de l'activité 2.

5 **Rédige** deux paragraphes à partir des idées que tu as trouvées.

Paragraphe 1 : où - quand - avec qui tu es en vacances.
Paragraphe 2 : comment tu te déplaces - ce que tu fais - ce que tu vois.

Je révise et j'améliore

6 **Relis** tes paragraphes et **vérifie** que :

- tu as indiqué où tu es en vacances, pour combien de temps, avec qui ;
- tu as imaginé des éléments de science-fiction ;
- tu as écrit ton texte au présent en utilisant je ;
- tu as mis les majuscules et les points.

Fiche 14 + et ++

› Attribuer du sens à des mots inconnus
› Identifier les caractéristiques du roman de science-fiction

L'enfaon (3)

À la fin du premier trimestre, L'enfaon et moi n'avions toujours pas franchi la distance qui nous séparait. Il demeurait solitaire et sauvage. Un jour, des garçons se sont amusés à s'adresser sur leurs téléphones portables des images d'hommes étranges trouvées sur Internet. C'étaient des peintures provenant de grottes préhistoriques. Les silhouettes portaient des cornes sur la tête comme L'enfaon. Certains élèves ont alors commencé à se moquer de lui en l'appelant « Le sorcier ». Il semblait ne pas accorder d'importance à ces méchancetés. Pourtant je sentais combien ce surnom le blessait.

L'enfaon m'a énormément manqué pendant les vacances de Noël. […]

Quand l'école a repris, je me suis précipitée dans la cour. Je l'ai cherché partout, j'ai attendu au portail, mais il n'est pas venu. J'ai soudain eu peur. Est-ce qu'on l'avait changé d'école ? J'ai questionné la maitresse qui m'a répondu :

– Je ne sais pas où il est. […]

J'étais de plus en plus angoissée. Et s'il était tombé malade ? Si ses gènes de cerf ne fonctionnaient plus ? Mes yeux se gonflaient de larmes. […]

Et puis, en milieu de matinée, trois petits coups ont retenti.

– Entrez ! a lancé la maitresse.

La porte s'est ouverte et L'enfaon est apparu. Toute la classe a poussé un « Wouahhh ! » d'admiration, car ce n'était plus l'enfant avec deux petites cornes qui venait nous rejoindre, mais un garçon arborant une magnifique ramure aux

oral Je raconte

1 **Choisis** trois mots et **raconte** le début de l'histoire.

2 **Indique**, à ton avis, ce qui relève de la science-fiction dans cette histoire.

Je comprends les mots

3 **Dis** avec tes mots ce que tu comprends de la phrase suivante.
Certains élèves ont alors commencé à se moquer de lui en l'appelant « Le sorcier ».

4 **Relève** les phrases employées par Leïla pour exprimer ce qu'elle ressent.

5 **Fais** des hypothèses sur le sens du mot éberluée (ligne 25). **Aide**-toi du contexte. **Vérifie** dans le lexique.

6 **Indique** comment sont appelés les bois de l'enfaon (lignes 20-21 et 32).

7 **Lis** la phrase en vert et **explique** ce qui gêne L'enfaon.
L'enfaon a pénétré dans la salle avec difficulté, l'embrasure de la porte gênant le passage de ses bois.

8 **Relève** la phrase qui compare le cœur de Leïla à un oiseau paniqué.
• **Explique** le sens de cette comparaison.

bois étincelants. Les pointes rayonnaient autour de sa tête. Il avait l'allure d'un prince couronné. J'étais si émue que je suis restée toute bête, bouche ouverte, éberluée. […]

L'enfaon a pénétré dans la salle avec difficulté, l'embrasure de la porte gênant le passage de ses bois. Il a finalement réussi à franchir l'obstacle. Une fois assis, il a fixé les idiots qui l'avaient appelé « Le sorcier ». Ceux-ci n'en menaient pas large. […]

Pour soutenir sa ramure, il serrait entre ses mains deux de ses pointes, les coudes calés sur la table. Évidemment, il ne pouvait plus écrire. Alors j'ai eu envie de l'aider. Mais comment ? Mon cœur battait en moi comme un oiseau paniqué se cognant les ailes contre sa cage. C'était l'affolement.

À la sortie de la classe, j'ai réuni tout mon courage. J'ai attendu dans les escaliers qu'il passe devant moi et j'ai bredouillé :

– Je vais te photocopier… mes notes, comme ça… tu pourras suivre les cours.

Surpris, il s'est arrêté et m'a regardée. J'étais tétanisée. […]

Les semaines s'écoulaient. Je donnais les photocopies des cours à L'enfaon qui chaque fois me remerciait. Nous échangions de temps en temps quelques phrases.

Je mets en relation

9 **Indique** qui pense : Est-ce qu'on l'avait changé d'école ?

10 **Recopie** la phrase qui montre le changement d'attitude des élèves envers L'enfaon après les vacances de Noël.

a. Certains élèves ont alors commencé à se moquer de lui en l'appelant « Le sorcier ».
b. Ceux-ci n'en menaient pas large.

11 **Réponds** à la question en citant des phrases du texte.
Qu'y a-t-il de nouveau dans les relations entre L'enfaon et Leïla ?

12 **Choisis** les groupes de mots qui relèvent de la science-fiction dans la liste ci-dessous.

a. L'enfaon
b. la méchanceté des élèves
c. la ramure de L'enfaon
d. l'amour de Leïla
e. le Centre des Humains Modifiés

oral Je lis à voix haute

Lis le texte de *La porte s'est ouverte* (ligne 18) à la fin du texte.

Je lis très vite

l'oxygène - un psychologue
un paysage - une abbaye
rayonner - bégayer - tutoyer
ennuyer - un kayak - un cacaoyer
un coyote

Fiche 15 + et ++

Les semaines s'écoulent. Une nuit, L'enfaon s'échappe du centre et rend visite à Leïla. Ils vont en forêt écouter les bruits de la nature.

Je n'avais pas peur à ses côtés. Mes parents n'en ont jamais rien su. Nous avons continué à nous voir en cachette, comme deux amis inséparables. Et je n'osais toujours pas lui dire que je l'aimais.

Une nuit, au retour d'une de nos sorties, il a glissé une feuille pliée dans ma poche. Il m'a demandé de ne l'ouvrir qu'une fois seule dans ma chambre. Il avait écrit ceci :

Si tu posais ton oreille sur mon cœur, tu entendrais le chant d'un ruisseau qui s'écoule doucement vers toi. Une seule de ses gouttes pourrait t'inonder de bonheur.

Le lendemain, il m'a conduite dans la forêt et nous nous sommes embrassés. Avec ses ramures qui nous surplombaient, j'avais l'impression d'embrasser la forêt. […]

L'enfaon en grandissant devient le gardien des bois environnant la commune.

Aujourd'hui, lui et moi sommes des adultes. L'enfaon est un homme robuste. Ses ramures font l'admiration des jeunes du village. En plein hiver, elles se dressent avec majesté pour caresser le ciel. Nous avons créé une association baptisée « Enfanteau » afin d'obtenir du gouvernement un plus grand contrôle des activités du CHGM. Nous avons deux enfants : un garçon nommé Ossian et une fille, Artémis.

Pour lire toute l'histoire, retrouvez *L'enfaon*, de Eric Simard, collection Mini Soon, Les Humanimaux, © éditions Syros, 2010

oral Je raconte

1 **Échange** avec tes camarades pour dégager les étapes de l'histoire. **Énonce** une phrase pour chaque étape.

Je comprends les mots

2 **Fais** des hypothèses sur le sens du mot enfanteau à partir de sa formation.

3 **Aide**-toi de la formation du mot en gras pour trouver son sens.

Nous avons continué à nous voir en cachette, comme deux amis **inséparables**.

4 **Relève** et **explique** les mots employés par L'enfaon pour exprimer son amour.

Je mets en relation

5 **Exprime** avec tes mots ce que ressentent L'enfaon et Leïla l'un pour l'autre.

6 **Réponds** aux questions par une phrase.

a. Que deviennent L'enfaon et Leïla une fois adultes ?

b. Pourquoi ont-ils créé une association ?

oral Je vais plus loin

7 **Imagine** qu'un enfant génétiquement modifié arrive dans ta classe. Comment l'accueillerais-tu ?

oral Je lis à voix haute

Lis le texte de *Une nuit, au retour* (ligne 47) à la fin.

Fiche 16 + et ++

Écrire
s, ss, c, ç, t, sc

Je mémorise

1 **Lis** les mots à mémoriser.

voici / rassurer / le cerveau / traverser / une façon

- **Écris** les manières d'écrire le son [s].
- **Écris** les mots suivants dans cinq colonnes.

cervical – façonner – une décision – une traverse – rassurant

Sous chacun d'eux, **écris** le mot à mémoriser qui a le son [s] écrit de la même manière.

2 **Recopie** les mots à mémoriser et **entoure** les manières d'écrire le son [s].

un escalier / puisque / la science / la pollution / un fossile

- **Souligne** le mot invariable.

Je fais le point

3 **Entoure**, dans chaque mot, la lettre juste avant et celle juste après s ou ss.

dépenser – absent – glisser – presque – verser – dessous – bonsoir – brusque – casser

- **Complète** la phrase : Si [s] est transcrit par la lettre s, il faut écrire ss entre deux … .

4 **Entoure** la lettre placée après c ou ç dans chaque mot.

cinéma – agaçant – décider – cygne – ficelle – glaçon – (il a) reçu

- **Complète** la phrase : Si [s] est transcrit par la lettre c, il faut écrire ç devant les voyelles … , … et … .

Je m'entraine

5 **Complète** les mots avec s ou ss pour transcrire [s].

a. dan•er b. une ta•e c. in•taller d. pen•er
e. une chau•ure f. une cai•e g. bon•oir h. un bui•on

6 **Complète** les mots avec c ou ç pour transcrire [s].

a. une •erise b. un in•endie c. une le•on d. voi•i
e. une fa•ade f. un aper•u g. un Ni•ois h. une ra•ine

7 **Écris** les noms correspondant aux verbes suivants.

Exemple : réaliser → une réalisation

a. agiter b. circuler c. fixer d. inonder

8 **Range** les dix mots mémorisés dans l'ordre alphabétique.

Fiche 17 + et ++

Les relations dans un texte (3)

Je lis et je transpose

Les enfaons

Après les vacances de Noël, Les enfaons ne sont pas à l'école. Leila **les** attend au portail mais **ils** ne viennent pas. **Elle** est de plus en plus angoissée. Et puis en milieu de matinée, ils arrivent. La maitresse les regarde.

– Que **vous** êtes beaux !

Les enfaons veulent pénétrer dans la classe mais avec leurs bois, ils ont du mal à passer dans l'embrasure de la porte. Finalement, ils réussissent à entrer et ils vont à leur place. Ils ne peuvent pas écrire. À la sortie de la classe, Leïla réunit tout son courage pour **leur** dire :

– **Vous** ne pouvez pas suivre les cours. Alors, **je** vais vous photocopier mes notes.

Surpris, ils regardent Leila.

1 **Indique** à quel temps est écrit le texte.

2 **Écris** qui ou ce qui est désigné par les mots en bleu.

oral 3 **Dis** le texte en parlant de L'enfaon.

4 **Récris** les groupes de mots soulignés en parlant de L'enfaon. **Indique** ce qui change.

5 **Donne** l'infinitif de tous les verbes conjugués du texte, même de ceux qui ne sont pas soulignés.
- **Repère** les verbes qui appartiennent au premier groupe.

Je collecte

6 **Colle** les étiquettes à la bonne page de ton cahier de grammaire.

Je m'entraine

7 **Recopie** les groupes de mots en bleu en remplaçant Un garçon par Deux garçons.

Un garçon arrive à l'école. Il entre dans la classe et vient près du maitre pour s'excuser.
- Tu es encore en retard, dit le maitre. Tu peux t'installer.
L'élève va à sa place. Il peut commencer à travailler.

8 **Recopie** les groupes de mots en gras en remplaçant Malika par Malika et Lola.

Le jour de Mardi gras, **Malika peut se déguiser**. **Elle a** un costume de sorcière. **Elle réussit** à le mettre. **Elle va** au centre de loisirs avec **son déguisement**.
- Alors, aujourd'hui, **tu es une sorcière** ? demande l'animatrice.

Fiche 18 + et ++

Des phrases dans un texte (2)

Je repère et je transforme

1 **Écris** le nombre de phrases du premier paragraphe du texte de la page ci-contre.
- **Recopie** une des phrases déclaratives de ce paragraphe.

2 **Recopie** la phrase déclarative à la forme exclamative qui exprime l'admiration de la maitresse.

a. Par quel mot exclamatif commence-t-elle ?
b. Par quel signe de ponctuation se termine-t-elle ?

3 **Lis** les phrases déclaratives à la forme négative du texte.
- **Recopie** les mots de la négation.
- **Transforme** ces phrases à la forme affirmative.

Je reconstitue une phrase

4 **Écris** une phrase à partir des mots et groupes de mots suivants :
admirent - dans la classe - les bois magnifiques de L'enfaon - tous les élèves - ce matin
- **Recopie** la phrase en changeant de place les groupes dans la classe, ce matin puis en les supprimant.

Je m'entraine

5 **Recopie** le texte en ajoutant les majuscules et les points.
la porte s'ouvre et L'enfaon apparait toute la classe admire ses bois il a l'air d'un prince couronné je suis si émue que je reste toute bête

6 **Écris** à la forme négative ces phrases déclaratives à la forme affirmative.
Emploie ne … pas ou n'… pas.

a. Les animaux sont dans leur terrier tout l'hiver.
b. Cette alpiniste va escalader les rochers.
c. Elle est de bonne humeur.
d. Vous aimez jouer au rugby.
e. Je vais à la piscine tous les jours.
f. Nous avons fini notre exercice.

7 **Écris** une phrase en utilisant tous les mots et groupes de mots suivants.
dispute - la maitresse - ce matin - les garçons - dans la cour de récréation.
- **Récris** la phrase en supprimant ce matin et dans la cour de récréation.

Fiche 19 + et ++

Des mots pour dire ce que l'on ressent

Je réfléchis

1 **Lis** les phrases et **complète**-les avec des mots évoquant ce que ressent le personnage.

heureuse angoissée en colère éberluée content fier admirative triste

a. Les élèves applaudissent L'enfaon, il a les yeux humides. Il est ... et ....
b. Les gars de la classe ont enlevé son bonnet, L'enfaon pleure et tremble. Il est ... et ....
c. L'Enfaon n'est pas là, Leïla a peur, ses yeux se gonflent de larmes, elle est très inquiète. Elle est ....
d. En voyant la magnifique ramure de L'enfaon, Leila reste la bouche ouverte. Elle est ... et ....
e. Chaque fois que L'enfaon regarde Leïla, elle a le cœur qui bat vite, elle est tétanisée, elle est remplie de joie. Elle est ....

• **Relève** comment se manifeste les émotions que les personnages éprouvent.

2 **Recopie** les adjectifs en gras et **écris** le mot de la même famille.

a. être **inquiet** → éprouver de l'....
b. être **admirative** → être pleine d'....
c. être très, très, très **triste** → être morte de ....
d. être **fier** → ressentir de la ....

• **Entoure** la partie commune aux mots de la même famille.

3 Dans chaque colonne, les mots ont tous un sens proche, sauf un. **Trouve** cet intrus.

éberlué ébahi stupéfait angoissé	inquiet angoissé admiratif anxieux	heureux ravi fier joyeux

4 **Relève** dans les activités 1, 2 et 3 tous les mots qui expriment la joie, l'étonnement, l'inquiétude. **Classe**-les selon ce qu'ils expriment. **Vérifie** ton classement dans le mémo.

Je m'entraine

5 **Écris** une phrase avec le mot angoissé et une autre avec le mot éberlué.

6 **Écris** deux phrases avec dans chacune, des mots présents dans l'activité 3.

• **Emploie** les verbes ressentir et éprouver.

Fiche 20 + et ++

Changer de narrateur (1)

J'imagine

1 **Relis** l'épisode de l'histoire qui raconte le retour en classe de L'enfaon après les vacances de Noël. Tu vas récrire cet épisode en imaginant que c'est L'enfaon qui raconte ce qu'il ressent. Ton texte aura quatre paragraphes.

- L'arrivée à l'école en milieu de matinée et la cause du retard : difficulté pour s'habiller ; peur d'aller en classe avec une telle ramure…
- L'entrée dans la classe :
  - l'accueil par toute la classe, comment ; pourquoi ;
  - l'émotion ressentie à ce moment-là ;
  - la réaction de Leila ; ce que L'enfaon en pense ; ce qu'il ressent pour elle.
- Les difficultés pour pénétrer dans la classe et pour écrire.
- La proposition de Leila et ce qu'il en pense.

oral **2** **Échange** avec tes camarades pour trouver la cause du retard de L'enfaon et ce qu'il peut ressentir.

3 **Formule** les phrases dans ta tête avant de les écrire.

4 **Relis** dans le mémo, la page : Des mots pour exprimer ce que l'on ressent.

J'écris le texte

5 Voici le début de ton texte, **rédige** la suite.

> Aujourd'hui, c'est le jour de la rentrée, après les vacances de Noël. J'arrive à l'école en milieu de matinée. Je suis en retard car …
>
> Je frappe trois petits coups à la porte …

Aide-toi du texte pages 22-23 pour vérifier que tu n'oublies rien et pour écrire les mots sans erreur.

Je révise et j'améliore

6 **Relis** ton texte et **vérifie** que :

- tu as respecté les différentes parties ;
- tu as exprimé ce que le narrateur ressent et pense ;
- tu as employé la 1re personne du singulier pour parler de L'enfaon ;
- tu as employé la 3e personne pour parler des autres ;
- tu as écrit le texte au présent et la bonne terminaison des verbes ;
- tu as mis les majuscules et les points à la fin de chaque phrase ;
- tu as bien orthographié les mots que tu as repris du texte.

Fiche 21 + et ++

Protéger la Terre

Inestimables forêts

On compte encore près de 4 milliards d'hectares de forêts dans le monde, dont la moitié dans les zones tropicales. L'ensemble disparaît à vue d'œil : il est urgent de les protéger.

Une déforestation alarmante

Entre 2000 et 2010, la superficie de la forêt mondiale a perdu environ 13 millions d'hectares chaque année. La tendance a un peu ralenti : sur la période 1990-2000, 16 millions d'hectares étaient détruits tous les ans. Les causes de cette destruction massive sont nombreuses. La principale est la conversion de forêts en terres agricoles nécessaires à l'élevage intensif et aux cultures à forte production (les plantations de caféiers ou de cacaoyers sont bien plus rentables que le commerce de certains arbres pour leur bois).

Les organisations non gouvernementales (*ONG*) comme Greenpeace dénoncent aussi l'exploitation industrielle du bois. Des forêts entières sont rayées de la carte du monde en quelques mois pour fournir du bois de chauffage ou pour fabriquer des meubles et des charpentes de maison. Le dernier facteur important dans ce processus de déforestation est l'augmentation des incendies (VOIR p. 57).

chiffres

Répartition des forêts dans le monde

Je sais déjà

1 **Connais-tu** le rôle de la forêt sur la Terre ?

Je repère l'organisation des deux pages

2 **Indique** les différentes parties du document :
- Le titre et la présentation du sujet ;
- Les deux textes informatifs et leur titre ;
- Le document image de la rubrique **Chiffres**, son titre, sa légende ;
- La rubrique **Agir contre la déforestation**, son titre, son commentaire.

Je comprends les mots

3 **Explique** le sens du mot alarmante à partir de celui du mot alarme.

4 **Indique** ce que signifient ONG, FSC.

5 **Cherche** dans le lexique le sens des mots conversion, érosion, photosynthèse.

6 Quel est le sens du mot facteur dans le texte ? **Recopie**-le.

a. Personne qui distribue le courrier.
b. Cause d'un évènement.

Un bien très précieux

Les hommes gèrent les forêts comme des ressources inépuisables dont on peut se servir à volonté. Or, les forêts sont fragiles et inestimables pour l'environnement. Elles sont utilisées pour leur bois, mais aussi pour fabriquer des résines, des fibres, des médicaments et des colorants. Elles constituent la plus extraordinaire réserve de ***biodiversité*** du monde (VOIR P. 34) et participent grandement à la protection des sols menacés par l'érosion (usure des sols). Elles jouent surtout un rôle majeur dans la préservation de la qualité de l'air grâce à la ***photosynthèse*** (VOIR P. 48), un processus naturel des plantes, qui associe le soleil, l'air et l'eau.

AGIR CONTRE LA DÉFORESTATION

Quelques gestes simples permettent de limiter le gaspillage du bois, en particulier pour les ***espèces*** menacées.

À la maison, vérifie que les meubles en bois exotique achetés par tes parents portent bien le label FSC (VOIR P. 28). Ce label garantit que le meuble n'a pas été construit avec une espèce menacée.

À l'école, utilise le verso des feuilles imprimées pour faire tes dessins ou comme brouillon. Incite aussi ton entourage à éviter de faire des photocopies quand cela n'est pas absolument nécessaire.

Quand tes parents achètent des livres, demande-leur de vérifier s'ils sont fabriqués avec du papier certifié FSC (avec des arbres provenant de forêts gérées dans les principes du développement durable).

Je comprends les informations

7 **Écris** les trois causes de la destruction massive des forêts.

8 **Nomme** les pays qui abritent 67 % des forêts du monde.

9 **Explique** les quatre actions pour limiter le gaspillage du bois.

10 **Indique** pourquoi les forêts sont inestimables pour l'environnement.

11 **Réponds** aux questions.

a. Que désigne le groupe de mots Un bien précieux ?

b. Quel est le rôle de chacune des parties du document de cette double page ?

oral Je formule ce que j'ai appris

12 Pourquoi faut-il protéger les forêts ?

oral Je lis à voix haute

Lis la rubrique **Agir contre la déforestation.**

Je lis très vite

inépuisable - inestimable
inaccessible - inutilisé
intensif - l'incendie - une invasion
inconscient - incroyable - incrusté
inexploré - indécis - inextricable

Je sais déjà

1 As-tu entendu parler des feux de forêts à la radio ou à la télévision ?

Je repère l'organisation de la rubrique Zoom

2 **Indique** les éléments suivants et leur rôle.
a. Le logo de la rubrique ;
b. la légende du document image.

zoom Les feux de forêts

Chaque année, dans le monde, plus de 350 millions d'hectares de bois partent en fumée : l'équivalent de la superficie de l'Inde !

Bien que les feux de forêts puissent avoir des causes naturelles (la foudre, par exemple), 90 % d'entre eux sont dus aux hommes : comportements imprudents ou stupides, travaux agricoles ou forestiers mal contrôlés, ruptures de lignes électriques… Les feux de forêts sont beaucoup moins meurtriers que la plupart des autres *catastrophes naturelles*, mais ils ont un coût considérable car ils détruisent des bois de grande valeur, des zones d'habitation et des réseaux de communication.
Selon l'ONU, le montant de la destruction des espaces forestiers et de la lutte contre les incendies s'élèverait à plusieurs milliards d'euros chaque année alors que ces feux sont les catastrophes les plus faciles à éviter.

Les feux de forêts dévastent en quelques jours des *écosystèmes* quand ils ne causent pas la disparition d'*espèces* uniques au monde (VOIR P. 40). Globalement, ils ont un impact considérable sur les émissions de gaz à *effet de serre* dans l'*atmosphère* (VOIR P. 103).
Pour limiter ces dangers, la prévention repose surtout sur l'aménagement et l'entretien des espaces forestiers, la surveillance des zones à risques et l'information des populations sur leurs responsabilités.

Informer le public
On donne des consignes de prudence aux promeneurs. Il ne faut pas :
1 allumer des feux hors des zones autorisées
2 abandonner des objets en verre
3 jeter des cigarettes mal éteintes
4 aller en forêt aux périodes à fort risque d'incendie

Surveiller les zones à risques
5 Être attentif à la température et au type de végétation, facteurs de risques
6 Redoubler de vigilance à proximité d'une zone habitée, d'une voie ferrée ou d'une ligne électrique

Aménager les espaces forestiers
7 Créer une zone coupe-feu
8 Débroussailler régulièrement
9 Aménager un point d'eau et des pistes pour faciliter l'intervention des pompiers

J.-M. Billioud, *Dokéo + Protéger la Terre*, coll. Dokéo, Nathan, 2011.

Je comprends les mots

3 **Explique** les mots meurtrier et prévention à partir des mots meurtres et prévenir.

4 **Indique** ce que signifie ONU.

oral 5 **Échange** avec tes camarades pour expliquer écosystème, espèce, effet de serre, atmosphère.
Vérifie dans le lexique.

Je comprends les informations

6 **Cite** d'autres catastrophes naturelles que les incendies.

7 **Réponds** aux questions et **indique** où et comment tu trouves la réponse.
a. Quelles sont les causes des feux de forêts ?
b. Que ne faut-il pas faire quand on va en forêt ?
c. Pourquoi ne doit-on pas abandonner d'objets en verre dans la forêt ?

Je formule ce que j'ai appris

8 Qu'as-tu appris que tu ne savais pas sur les feux de forêts ?

oral Je lis à voix haute

Lis la légende du document image.

Fiche 23 + et ++

Écrire c, cu, cc, qu, q, k, ck, ch

Je mémorise

1 **Lis** les mots à mémoriser.

quitter / un choc / presque / rencontrer / un accord

- **Écris** les manières d'écrire le son [ĸ].
- **Indique** l'adverbe et la consonne finale muette.
- **Copie** ces mots à mémoriser en trois colonnes : les verbes / les noms / l'adverbe.

2 **Recopie** les mots à mémoriser.

expliquer / quelquefois / un kilogramme / accuser / une chorale

- **Entoure** la manière d'écrire [k] dans chaque mot. **Souligne** l'adverbe.

Je fais le point

3 **Recopie** les mots suivants et **entoure** les manières d'écrire le son [k].

un kimono – quand – un coq – un ticket – un choriste – la cueillette

- **Complète** la phrase :

Les différentes manières d'écrire le son [k] sont : … .

Le plus souvent, pour écrire [k], on écrit c ou qu.

4 **Recopie** les verbes et noms suivants. **Entoure** la manière d'écrire le son [k] dans les mots de chaque famille.

a. expliquer / une explication b. indiquer / une indication c. compliquer / une complication

- **Complète** la phrase :

Le nom correspondant à un verbe terminé par -quer se termine par … .

Je m'entraine

5 **Écris** le verbe correspondant à chaque nom.

une embarcation – la fabrication – l'éducation – l'application – une intoxication

6 Pour chaque mot, **écris** un mot de la même famille contenant la même manière d'écrire le son [k].

a. un équipier → une … b. un skieur → le … c. orchestrer → un …
d. un lecteur → la … e. occasionnel → une … f. clouer → un …

7 **Range** les dix mots mémorisés dans l'ordre alphabétique.

Fiche 24 + et ++

Le verbe

Je lis et je réfléchis

a. Je vais à l'école. • Nous allons à l'école.

b. Le garçon reste dans un coin. • Les garçons restent dans un coin.

c. Elle regarde la forêt. • Elles regardent la forêt.

d. Il ne fait pas certaines activités. • Ils ne font pas certaines activités.

e. Tu réussis à entrer. • Vous réussissez à entrer.

f. Vous voyez la ramure de L'enfaon. • Vous verrez la ramure de L'enfaon.

g. Mon cœur battra très vite. • Mon cœur battait très vite.

1 **Repère** les verbes et **explique** comment tu les reconnais.
- **Indique** à quelle personne et à quel temps chaque verbe est conjugué.
- **Trouve** l'infinitif de chaque verbe.

2 **Indique** les verbes du 1er groupe. Comment se termine leur infinitif ?
- Le verbe réussir appartient au 2e groupe de verbes.
  Conjugue-le aux trois personnes du pluriel du présent.
  Comment se termine son radical ?
- **Cite** les autres verbes. Ils sont du 3e groupe.

3 **Indique** l'infinitif des verbes en bleu.

La forêt est fragile. Les hommes ont un bien précieux : la forêt.

On appelle ces verbes des auxiliaires.

Je conclus

oral 4 **Dis** ce qu'il faut retenir sur le verbe et **lis** la page correspondante dans le mémo.

Je m'entraine

5 **Recopie** uniquement les verbes.

finir - prendre - forêt - pouvoir - grandir - monde - trouver - médicament - aller
choisir - mentir - vouloir - attraper - feuille - adorer - parents - tristesse - perdre

- **Indique** le groupe de chaque verbe.

Fiche 25 + et ++

Le sujet du verbe

Je réfléchis

1 **Lis** les phrases.

a. L'homme gère les forêts comme des ressources inépuisables.

b. À la maison, quelques gestes simples limitent le gaspillage.

c. Vous utilisez le verso des feuilles imprimées.

d. Pendant l'été, des incendies détruisent des bois de grande valeur.

- **Repère** le verbe de chaque phrase.
- **Trouve** son sujet :

- en posant la question Qui est-ce qui ... ? ou Qu'est-ce qui ... ?
- en l'encadrant avec C'est ... qui ... ou Ce sont ... qui ....

2 **Lis** les phrases.

a. Les bois et les forêts couvrent 30 % de la superficie de la planète.
b. Nous luttons contre les feux de forêt.
c. En quelques jours, ils dévastent la forêt.
d. La forêt disparait à vue d'œil.

- **Trouve** les verbes et leur sujet.
- **Classe** les sujets de l'activité 1 et de l'activité 2 en deux colonnes : le sujet est composé d'un ou plusieurs groupes nominaux / le sujet est un pronom personnel.
- **Cite** les autres pronoms personnels sujets.

Je conclus

3 **Dis** ce qu'il faut retenir sur le sujet du verbe et **lis** la page correspondante dans le mémo.

Je m'entraine

4 **Souligne** le verbe et **entoure** son sujet.

a. Au cinéma, les spectateurs attendent le début du film.
b. Je descends les escaliers à toute vitesse.
c. Au football, vous marquez des buts.
d. Des camions et des voitures stationnent au pied de l'immeuble.

- **Indique** si le sujet est un groupe nominal ou un pronom personnel.

Fiche 26 + et ++

Lire un article de dictionnaire (1)

Je réfléchis

1 **Lis** cet article de dictionnaire consacré au mot dévaster.

- **Réponds** aux questions.

a. À quelle classe grammaticale appartient le mot ? On dit que c'est sa **nature**.
b. Comment est-elle indiquée ?
c. Que signifie (conjug. 3) ?

- **Recopie** la définition et **entoure** le verbe qui l'introduit.
- **Lis** la phrase exemple.
Comment est indiqué le synonyme (mot de sens proche) de dévaster ?
- **Recopie** le mot de la même famille au masculin et au féminin.
Comment est-il indiqué ?
Explique le rapport de sens avec dévaster.
- **Entoure** la partie commune avec le verbe dévaster.
C'est **le radical.**

dévaster v. (conjug. 3) Détruire entièrement, faire de gros dégâts. *L'ouragan a dévasté l'île.* → **ravager.**
▸ **dévastateur, dévastatrice** adj. Qui détruit, abîme tout. *Un ouragan dévastateur.*

2 **Lis** l'article de dictionnaire consacré au mot répartir.

- **Indique** la nature du mot défini, son synonyme.
- **Réponds** aux questions.

a. Combien le mot défini a-t-il de sens ?
b. Comment est-ce indiqué ?

- **Recopie** le verbe défini et le mot féminin de la même famille.
Indique à quelle famille appartiennent les deux mots.
Recopie ce mot radical.
Explique le rapport de sens entre ces mots.

répartir v. (conjug. 11) **1.** Partager. → **distribuer.** *Le professeur a réparti le travail entre les élèves.* **2.** Étaler dans le temps. *Le stage est réparti sur trois semaines.*
▸ **répartition** n. f. Partage. → **distribution.** *La répartition des tâches entre tous les collaborateurs.*
▷ Mots de la famille de part.

© *Le Robert junior illustré*, 2019

Je m'entraine

3 **Complète** ces articles de dictionnaire en indiquant la nature du mot et **écris** une phrase exemple.

renoncer :	...	décider de ne pas faire, de ne pas continuer.
constituer :	...	composer, former.
inciter :	...	pousser à faire quelque chose.
préserver :	...	protéger.
arborer :	...	porter avec fierté.
vérifier :	...	examiner, contrôler.

Fiche 27 + et ++

Légender un texte documentaire

J'observe le document

oral **1** **Échange** avec tes camarades pour formuler les huit gestes que l'on peut faire au quotidien pour protéger la planète.

Protéger la planète

Le mode de vie de l'homme a des conséquences désastreuses sur l'environnement. Chacun d'entre nous peut contribuer à la protection de la planète.

Huit gestes pour protéger la planète

Je complète la légende du dessin

2 **Écris** les gestes à faire en utilisant des verbes à l'infinitif comme dans le texte page 34.

- **Choisis** ces verbes parmi ceux-ci : maintenir – privilégier – trier – boire – consommer – prendre – éteindre – fermer – éviter – respecter – proposer – acheter

Je révise et j'améliore

3 **Vérifie** que tu as écrit les verbes à l'infinitif.

Fiche 28 + et ++

› Identifier actions et pensées des personnages
› Identifier les caractéristiques du texte théâtral

Balzac en liberté (1)

Les personnages

- **Mip** (la fille ainée)
- **Lo** (le garçon, plus jeune)
- **Isaure** (la maman) de Mip et Lo
- **Darwin** (le papa de Mip et Lo)
- **Balzac** (le chien) • **Gustave** (le chat)
- **Le gendarme**

Scène 1

C'est l'été. Mip, Lo et leurs parents dinent dehors. Lo observe Gustave en train de grimper dans les branches des arbres et se lève d'un bond.

Lo : Papa, est-ce que je peux sortir de table ?

Darwin : Non, mon chéri, il faut d'abord finir ton diner. Tu es grand maintenant et tu sais bien que les repas sont un moment important pour nous.

Lo : Mais est-ce qu'on pourra jouer après ? Il fait si beau dehors.

Mip : Lo a raison ! Ce serait merveilleux de pouvoir continuer à s'amuser un peu ou d'aller se promener. Même les oiseaux chantent encore.

Darwin : Sans doute ! Mais dans la vie, on est libre quand on a terminé son diner !

Isaure sert la salade de fruits.

Isaure : Et encore ! Il y a école demain et il ne faudrait pas tarder à aller vous coucher.

Lo engloutit son dessert et brandit son assiette toute propre.

Lo : C'est bon ! Je peux me lever maintenant ?

Mip recule sa chaise.

Mip : Moi aussi, ça y est !

Darwin : Ok, filez, vous êtes libres ! On vous donne un quart d'heure pour aller jouer. […]

Mip et Lo s'en vont dans le jardin, suivis de Gustave.

oral J'anticipe

1 **Dis** ce que tu vois sur la couverture et **imagine** ce dont va parler le texte.

2 **Indique** le titre, le nom de l'auteur et de l'illustratrice.

Je comprends les mots

3 **Reformule** le sens des mots en gras avec tes propres mots.

Lo **engloutit** son dessert et **brandit** son assiette toute propre.

4 **Choisis** la phrase qui explique le mieux la phrase en vert et **définis** le mot en gras.

Les hommes sont bien **égoïstes** à vouloir enfermer les animaux.

a. Les hommes ne pensent qu'à eux en gardant les animaux enfermés.

b. Les hommes privent les animaux de liberté pour leur faire plaisir.

5 **Trouve** la signification des paroles prononcées par Mip.

C'est à nos risques et périls, mais… allons-y !

Scène 2

Tandis que les enfants s'échangent un ballon, celui-ci vient rebondir sur la niche de Balzac.

Mip : Attention, Lo ! Balzac se repose à l'heure qu'il est.

Lo : Ce doit quand même être terrible pour lui d'être enfermé par un temps pareil. Et si nous allions le libérer ?

Mip : Mais quelle drôle d'idée ! Que ferions-nous sans notre chien ?

Lo : Ce n'est pas la question, Mip ! Puisque Balzac a terminé son diner, il devrait avoir l'autorisation de sortir. C'est ce que Papa vient de nous dire.

Gustave s'approche des enfants.

Gustave : Lo n'a pas tort... Les hommes sont bien égoïstes à vouloir enfermer les animaux.

Lo : Il faut libérer Balzac !

Mip : C'est à nos risques et périls, mais... allons-y !

Mip, Lo et le chat courent vers la niche du chien. Gustave gratte à la porte.

Balzac : Bonsoir, les amis ! Vous venez me souhaiter bonne nuit ?

Lo : Non, mon chien, on vient s'assurer que tu as fini tes croquettes.

Balzac : Évidemment, comme tous les soirs...

Lo : Alors tu es libre, Balzac !

Mip : Libre comme l'air !

Balzac : Mais que voulez-vous dire ? Libre de quoi ?

Lo : Eh bien de jouer, de sortir, d'aller où tu veux.

Je mets en relation

6 **Indique** de quel genre de texte il s'agit.

7 **Indique** le nom des personnages.

8 **Indique** à quoi servent les didascalies (phrases du texte en italique).

9 **Réponds** aux questions avec une phrase.

a. Pourquoi Lo veut-il sortir de table ?
b. Que doivent faire les enfants pour être autorisés à sortir de table ?
c. Que décident de faire Lo et Mip ?

10 **Indique** qui parle.

Que ferions-nous sans notre chien ?

oral **11** **Imagine** la suite de la pièce en répondant à la question.

Balzac va-t-il décider de partir ? Pourquoi ?

oral Je lis à voix haute

Lis la Scène 2.

Je lis très vite

égoïste - du maïs - naïf - une héroïne
un astéroïde - un aïeul - la faïence - l'aïoli
une naïade - coïncider - un glaïeul - inouïe

Fiche 29 + et ++

Balzac : Mais si je m'en vais, vous ne m'en voudrez pas ?

Mip : Bien sûr que non ! Si ton écuelle est bel et bien vide, alors, tu dois être libre ! Papa était catégorique tout à l'heure.

Les enfants incitent Balzac à sortir. Le chien se laisse faire.

Mip : Alors comment te sens-tu ?

Balzac : Je ne me rends pas bien compte... Est-ce qu'on a toujours droit à ses croquettes dans la cuisine quand on est libre ?

Lo : Pas forcément mais tu pourras aller les chercher ailleurs.

Gustave : C'est le prix de la liberté.

Balzac : Cela coute bien cher, je trouve. On risque la faim.

Gustave : Tu préfères mener une vie de chien, recroquevillé dans ta niche ?

Balzac : Je ne dis pas cela, Gustave. Mais je te le demande : où est l'avantage de la liberté ?

Gustave : Eh bien, tu fais ce que bon te semble, tu rencontres tes amis, tu te baignes dans le ruisseau, tu te roules dans les flaques, tu croques un pigeon, tu cours après les poules et personne ne te gronde si tu aboies toute la nuit.

Balzac : Alors, d'accord ! J'aurai bien de la peine à vous quitter, mais ce que tu décris est formidable, Gustave !... Je m'en vais.

Gustave : À condition de ne pas faire trop de bêtises quand même parce qu'on peut être sage même quand on est libre. […]

Tous deux rentrent se coucher. Balzac est déjà loin...

oral Je raconte

1 **Raconte** le début de la pièce de théâtre en utilisant les mots suivants : le diner - Lo - le père de Lo - le ballon - Balzac - Gustave.

Je comprends les mots

2 **Trouve** un mot ayant le même sens qu'écuelle (ligne 45).

3 **Lis** les phrases en remplaçant les mots en gras par des groupes de mots de sens proche que tu connais.

a. Papa était **catégorique** tout à l'heure.
b. Tu préfères mener une vie de chien, **recroquevillé** dans ta niche ?

4 **Indique** qui parle et **explique** la signification de ces paroles.

C'est le prix de la liberté.

Je mets en relation

5 **Réponds** à la question. **Indique** les lignes du texte concernées.

Quelles questions se posent Balzac avant de décider de partir ?

6 **Écris** la liste des arguments qui incitent Balzac à quitter la niche. **Indique** le nom du personnage qui arrive à le convaincre de partir.

oral **7** **Exprime** avec tes mots ce que ressent Balzac.

oral **8** **Lis** la dernière didascalie et **imagine** ce qui arrive à Balzac.

oral Je lis à voix haute

Lis les six dernières répliques.

Fiche 30 + et ++

Écrire g, gg, gu

Je mémorise

1 **Lis** les mots à mémoriser.

gouverner / la fatigue / guider / un toboggan / agréable

- **Écris** les manières d'écrire le son [g]. **Entoure** celle qui est rare.
- **Souligne** l'adjectif qualificatif.

2 **Recopie** les mots à mémoriser.

grave / malgré / guérir / un wagon / une goutte

- **Souligne** le mot invariable et **entoure** l'adjectif qualificatif.
- **Entoure** la manière d'écrire [g] différente des autres.

Je fais le point

3 **Recopie** les mots et **entoure** la lettre placée après la lettre g qui se prononce [g].
élégant – un tigre – l'escargot – la gloire – une figure

- **Recopie** chaque mot et **entoure** la lettre placée juste après les lettres gu qui se prononcent [g].
  du muguet – un guide – une baguette – la langue – distinguer – une guitare
- **Complète** la phrase : Pour transcrire le son [g], j'écris g devant ... et gu devant ....

4 **Complète** les mots et **indique** ce que tu constates.
a. navi•er → la navi•ation → Nous navi•ons → Il navi•ait.
b. conju•er → la conju•aison → Nous conju•ons → Je conju•ais.

- **Complète** le phrases :

Les verbes terminés par -guer gardent le ... dans toutes leurs conjugaisons.
Les noms formés à partir de ces verbes ne gardent pas le ... .

Je m'entraine

5 **Récris** les mots en les complétant avec g ou gu.
un pin•ouin – une •irlande – ai•u – une merin•e – une •alerie – mai•re

6 **Écris** un verbe de la famille de chacun des noms ci-dessous.
un glissement – le gout – la maigreur – le regard – un déguisement

7 **Range** les dix mots mémorisés dans l'ordre alphabétique.

Fiche 31 + et ++

Les relations dans un texte (4)

Je lis et je transpose

À la fin du diner

Lo est à table. Il dit à son père :

– J'ai envie de jouer, je veux aller avec Gustave dans le jardin. Je peux sortir de table ?

– Non, tu termines ton diner d'abord. Tu prends ton dessert. Ensuite, tu seras libre.

Lo engloutit son dessert, brandit une assiette propre :

– J'ai terminé !

– Tu es libre maintenant, répond Papa. Tu peux aller jouer.

– Tu reviens dans un quart d'heure, dit Maman.

– Je lance plusieurs fois le ballon, je fais des tirs dans le but et je rentre.

1 **Lis** la phrase qui est au futur et celle qui est au passé.
• **Explique** l'emploi de ces temps.

oral 2 **Dis** le texte en remplaçant Lo par Lo et Mip.

3 **Récris** les groupes de mots soulignés en parlant de Lo et Mip. **Indique** ce qui change.

4 **Donne** l'infinitif de tous les verbes conjugués du texte, même de ceux qui ne sont pas soulignés.
• **Distingue** les verbes du 1er, 2e, 3e groupe et les auxiliaires (*avoir* et *être*).

Je collecte

5 **Colle** les étiquettes à la bonne page de ton cahier de grammaire.

Je m'entraine

6 **Recopie** les groupes de mots en bleu en remplaçant Lina et Nora par Lina.

Lina et Nora sont sur le port. Elles disent à leur oncle Jules qui est pêcheur :
- Aujourd'hui, nous pouvons aller avec toi sur le bateau ?
- Si vous aimez la mer, vous pouvez venir, mais vous prenez un anorak.
- Nous n'avons pas notre anorak mais nous pouvons aller le chercher dans la voiture.

7 **Recopie** les groupes de mots en gras en remplaçant Lina par Lina et Nora.

Lina est sur le pont du bateau, puis **elle va** dans la cabine.
- **Tu peux** m'apporter un sandwich ? demande Jules.
- **Je viens** tout de suite. **J'en prépare un pour moi**.
Lina remonte sur le pont. **Elle a** très faim. **Elle engloutit son sandwich** en quelques minutes.

Fiche 32 + et ++

Des groupes nominaux (2)

Je repère

1 Lis les phrases suivantes.

a. Le chien est dans sa niche.
b. Ces enfants jouent avec leur ballon devant la niche de Balzac.
c. Ce soir, Gustave grimpe dans les branches de l'arbre.
d. Ensuite, Lo engloutit son dessert.
e. Les hommes privent les animaux de leur liberté.

- **Recopie** les noms avec leur déterminant.
- **Indique** comment tu reconnais un nom.
- **Explique** la présence d'une majuscule au début de certains noms.

2 Lis les groupes de mots suivants.

un moment important – aller se promener – son diner – une bonne nuit – tes croquettes – chanter encore

- **Trouve** les groupes nominaux.
- **Recopie** chaque nom avec son déterminant.

3 Lis les groupes nominaux suivants.

un jeune garçon – le chat de Mip et Lo – les branches de l'arbre – la niche de Balzac – des hommes égoïstes

- **Trouve** le nom principal de chaque groupe nominal.

Je collecte

4 Colle les étiquettes à la bonne page de ton cahier de grammaire.

Je m'entraine

5 Recopie seulement les groupes nominaux. **Souligne** le nom, **entoure** le déterminant.

a. un orage violent
b. courir rapidement
c. une splendide maison
d. des villages inondés
e. le film drôle
f. glisser vite
g. plonger
h. un explorateur imprudent
i. des rochers

6 Recopie les groupes nominaux. **Souligne** le nom principal de chaque groupe nominal.

a. un chat paresseux
b. la fille d'Isaure
c. le jardin public
d. des animaux en liberté
e. un temps superbe
f. le ballon de Lo

Fiche 33 + et ++

Des mots de la pièce de théâtre

Je réfléchis

1 **Associe** chaque mot que l'on utilise au théâtre à sa définition.

a. une didascalie
b. une réplique
c. une scène
d. une pièce

1. un texte écrit pour être joué au théâtre
2. une partie d'une pièce de théâtre
3. une indication donnée sur la manière de jouer la pièce
4. les paroles d'un acteur

2 **Remplace** les mots en gras par des mots de même sens employés dans le texte.

s'assurer — incitent — brandit — engloutit — recroquevillé — sortir de

a. Papa, est-ce que je peux **quitter la** table ?
b. Léo **avale rapidement** son dessert.
c. Il **agite en la tenant en l'air** une assiette.
d. Les enfants **poussent** Balzac à sortir.
e. Tu préfères mener une vie de chien **replié sur toi-même** dans ta niche ?
f. On vient **vérifier** que tu as fini tes croquettes.

3 **Trouve** le radical à partir duquel sont formés les mots d'une même famille.

a. bondir – un rebond – rebondir
b. autoriser – une autorisation
c. souhaiter – un souhait – souhaitable
d. croquer – croquant – une croquette
e. bête – une bêtise – bêtement

• **Explique** le rapport de sens entre les mots d'une même famille.

Je m'entraine

4 **Relève** une didascalie et une réplique dans la Scène 2.

5 **Choisis** un mot de l'activité 2 et **écris** une phrase contenant ce mot.

6 **Recopie** les mots et **entoure** le radical à partir duquel ils sont formés.

a. observer – une observation – un observateur
b. promener – une promenade – un promeneur
c. baigner – la baignade – un baigneur – une baignoire

Fiche 34 + et ++

Écrire des répliques

J'observe

1 **Lis** et **réponds** aux questions.

Balzac trottine dans la rue, puis entre dans un parc. Là, il rencontre un chien sans maitre.

Balzac : Bonsoir. Je suis content de rencontrer quelqu'un ! Comment t'appelles-tu ? Moi, c'est Balzac.

Chien : Moi, c'est Chien. Qu'est-ce que tu fais ici en pleine nuit ? Je ne t'ai jamais vu. Tu es perdu ?

a. Comment est indiquée la didascalie ?
b. Comment sont indiqués les personnages qui parlent ?
c. À quel temps sont les verbes ?

2 **Relève** les points qui terminent les phrases et **explique** leur rôle.

J'imagine

oral **3** **Échange** avec tes camarades sur les idées suivantes afin d'écrire la suite de la conversation entre Balzac et Chien.

- Balzac raconte sa vie auprès de ses maitres.
- Balzac pose des questions à Chien sur sa vie sans maitre.
- Chien raconte sa vie de chien en liberté.
- Balzac lui pose des questions sur ce qu'il pense de sa vie en liberté.
- Chien pose des questions à Balzac pour savoir ce qu'il pense de sa vie de chien enfermé.
- Chien lui propose de rester avec lui.
- Ce que Balzac décide et pourquoi.

J'écris

4 **Recopie** le texte de l'activité 1, puis **écris** la suite en respectant la mise en page d'une scène de théâtre.

- **Utilise** le texte de la pièce de théâtre pour écrire les mots dont tu as besoin et les idées de la classe.
- **Termine** ton texte avec une didascalie pour indiquer ce que font les deux chiens.

Je révise et j'améliore

5 **Relis** ton texte et **vérifie** que :

- tu as respecté la présentation d'une scène de théâtre ;
- tu as écrit des didascalies ;
- tu as employé le temps qui convient et tu as écrit la bonne terminaison des verbes ;
- tu as mis les majuscules, les points qui conviennent à la fin de chaque phrase ;
- tu as bien orthographié les mots que tu as repris du texte et/ou qui étaient écrits au tableau.

Fiche 35 + et ++

› Identifier actions et pensées des personnages
› Identifier les caractéristiques du texte théâtral

Balzac en liberté (2)

Scène 3

Le lendemain matin, dans la cuisine, les enfants prennent leur petit déjeuner. […] Darwin entre, l'air inquiet.

Darwin : C'est curieux, on n'entend pas le chien aboyer ce matin…

Lo : C'est normal, papa, on l'a délivré hier soir. […]

Isaure : Enfin, qu'est-ce qui vous a pris ?

Mip : On l'a laissé partir puisqu'il avait terminé son diner.

Darwin : C'est une catastrophe !

Lo : Mais Papa, tu nous as dit hier qu'on était libre si on finissait bien son repas. Balzac avait mangé toutes ses croquettes : on l'a serré contre nous et on lui a dit de partir. On a suivi tes recommandations : la liberté à condition de bien obéir !

Gustave saute par terre.

Gustave : Oui, les enfants ont été parfaits. Ils lui ont dit de s'en aller découvrir le vaste monde : ils lui ont dit de revenir bien vite aussi et d'être prudent. Ce seront de très bons parents, surtout s'ils ont des chiens.

Darwin : Enfin, c'est insensé ! Ce que je vous ai dit à vous ne vaut pas pour Balzac !

Mip : Mais pourquoi ?

Darwin : Parce que les enfants ne sont pas des chiens, voyons. Vous, vous pouviez vous lever de table après avoir achevé votre diner. Mais ce n'est pas parce que l'écuelle de Balzac était vide que vous pouviez le laisser s'échapper.

oral Je raconte

1 **Raconte** le début de la pièce en adoptant le point de vue de Lo.

Je comprends les mots

2 **Fais** des hypothèses sur le sens des mots en gras à partir de leur formation.

a. Enfin, c'est **insensé** ! C'est **incompréhensible** !
b. Vous êtes **irresponsables**.
c. Enfants et parents retrouvent le chien **affectueusement**.

oral **3** **Dis** avec tes propres mots ce que tu comprends des phrases suivantes.

a. Ce que je vous ai dit à vous ne vaut pas pour Balzac !
b. Les animaux ne répondent pas aux mêmes lois que les hommes.

4 **Relève** une phrase qui exprime la colère de Darwin.

5 **Lis** la phrase suivante en remplaçant le mot en gras par un mot de même sens parmi les mots ci-après.

heureux fier honteux malheureux

Derrière le gendarme le chien apparait, tout **penaud**.

On ne doit pas se fixer ses propres règles, on ne peut pas distribuer la liberté n'importe comment et à n'importe qui. Et puis réfléchissez, quand même ! Les animaux ne répondent pas aux mêmes lois que les hommes.

Mip : C'est incompréhensible !

Gustave : Mip a raison ! L'éducation est une histoire trop compliquée pour qu'on la confie aux grandes personnes, croyez-en mon regard de chat !

Lo : Mais alors, tu nous aurais menti ?

Darwin : Pas du tout, nous vous avons donné votre liberté parce que vous avez obéi à nos règles. Et vous êtes allés vous coucher au bout d'un quart d'heure. Balzac, lui, est encore en train de courir la campagne on ne sait où. Vous êtes irresponsables.

Un coup de sonnette retentit soudain. Darwin va ouvrir et laisse entrer un gendarme. [...] Le chien apparait, tout penaud. Enfants et parents le retrouvent affectueusement.

Je mets en relation

6 **Relève** les didascalies qui concernent les déplacements des personnages.

7 **Indique** qui est désigné par les pronoms en gras.

On l'a laissé partir puisqu'**il** avait terminé son diner.

8 **Réponds** aux questions avec une phrase.

a. Pourquoi Darwin est-il inquiet, puis fâché ?

b. Pourquoi est-ce un gendarme qui ramène Balzac au domicile ?

9 **Recopie** la phrase qui permet de répondre à la question.

La famille est-elle heureuse de retrouver Balzac ?

oral **10** **Imagine** la suite de la pièce en répondant à la question.

À ton avis, qu'a fait Balzac lorsqu'il était libre ? Va-t-il repartir ?

oral Je lis à voix haute

Lis le texte de *Gustave saute* (ligne 12) jusqu'à la fin.

Je lis très vite

une écuelle - un barbecue - une cuillère - cueillir
un écueil - un cercueil - un recueil - cuire
recueillir - un écuyer - vaincu

Fiche 36 + et ++

Scène 4

Lo : Alors, Balzac, dis-nous un peu : c'était comment, la liberté ?

Balzac : Eh bien... difficile. Je crois que cela s'apprend. C'était un peu nouveau pour moi, je ne savais pas très bien quoi faire. C'est compliqué de choisir un chemin quand on a le droit d'aller partout. Quand j'ai mes croquettes devant moi, je ne me pose pas la question. C'est plus simple.

Lo : Mais alors, c'est quoi la liberté ?

Gustave : Ce sont des croquettes qu'on est capable de ne pas manger. […]

Darwin : La liberté, c'est ce que peuvent faire les enfants entre les règles que leur dictent les parents.

Mip : Par exemple, se promener entre le moment où on se lève de table et le moment où on va se coucher ?

Darwin : Oui, si tu veux. La liberté c'est l'autorisation.

Balzac : Mais ça sert à quoi d'être libre, si on a eu l'autorisation de s'en aller mais qu'on n'aime pas passer la nuit triste et seul dans la forêt ?

Darwin : Cela sert à arriver où on veut, une fois qu'on a décidé où on voulait aller.

Gustave interpelle le chien.

Gustave : Tu entends, Balzac ? Il faut que tu réfléchisses à un projet. Et ensuite, tu sauras quoi faire de ta liberté.

Balzac : Peut-être, oui ! Mais je ne peux pas réfléchir si on ne me donne pas mes croquettes. La liberté, ça creuse.

Sylvain Tesson, *Balzac en liberté*, coll. Lire et jouer,
Nathan et L'avant-scène – Théâtre, 2018

oral Je raconte

1 **Raconte** le début de la pièce de théâtre en adoptant le point de vue du chien.

Je comprends les mots

oral **2** **Dis** avec tes propres mots ce que tu comprends de la phrase ci-dessous.
Donne le sens du mot en gras dans ce contexte.
La liberté, c'est ce que peuvent faire les enfants entre les règles que leur **dictent** les parents.

3 **Lis** la didascalie en remplaçant le mot en gras par un mot de sens proche que tu connais.
*Gustave **interpelle** le chien.*

Je mets en relation

4 **Écris** les différentes définitions de la liberté données par Balzac, Gustave et Darwin.

Je vais plus loin

5 **Écris** ta définition de la liberté.

oral **6** **Échange** et **réponds** à la question.
a. As-tu des animaux domestiques chez toi ?
b. Que penses-tu du comportement de Mip et Lo ?

7 **Donne** ton avis sur cette pièce de théâtre.

oral Je lis à voix haute

Lis les six dernières répliques.

Fiche 37 + et + +

Écrire g, ge, j

Je mémorise

1 **Lis** les mots à mémoriser.

agile / surgir / un plongeon / un objet / l'énergie

- **Écris** les manières d'écrire le son [ʒ].
- **Recopie** l'adjectif qualificatif et le verbe. Puis **recopie** les trois noms.

2 **Recopie** les mots à mémoriser.

joindre / sauvage / la jeunesse / davantage / allonger

- **Souligne** l'adverbe et **entoure** le mot à la fois adjectif qualificatif et nom.

Je fais le point

3 **Recopie** les mots et **entoure** la lettre placée juste après la lettre g qui se prononce [ʒ].

un genou – un régime – la neige – changer – un gymnase – une bougie – agir

- **Recopie** les mots et **entoure** la lettre placée juste après les lettres ge qui se prononcent [ʒ].

  nous mangeons – une orangeade – un geai – en nageant – la rougeole

- **Complète** les phrases : Si [ʒ] est transcrit par la lettre g, il faut écrire g devant les voyelles ….

  Si [ʒ] est transcrit par la lettre g, il faut écrire ge devant les voyelles ….

4 **Indique** comment s'écrit [ʒ] dans ces mots.

la berge – la gorge – du linge – un singe – l'orange – un mensonge
du gibier – du givre – une gifle – une angine – l'origine – un gigot

- **Complète** la phrase :

  À la fin d'un mot, [ʒ] s'écrit …. Devant un i, [ʒ] s'écrit avec un … (sauf un tajine).

Je m'entraine

5 **Récris** les mots avec g ou ge.

a. corri•er b. une man•oire c. du •ivre d. un bour•ois

6 **Conjugue** chaque verbe au présent avec le pronom sujet nous.

a. ranger b. bouger c. exiger d. protéger

7 **Écris** un nom formé avec le même radical que les mots ci-après.

a. un garagiste → un … b. un stagiaire → un … c. voyager → le …
d. un journaliste → un … e. un jardinier → un … f. projeter → une …

8 **Range** les dix mots mémorisés dans l'ordre alphabétique.

Fiche 38 + et ++

Les relations dans un texte (5)

Je lis et je transpose

Le retour de Balzac

Le lendemain matin, les enfants prennent leur petit déjeuner dans la cuisine. Quand Darwin entre, ils voient tout de suite son air inquiet.

– Vous avez vu Balzac ce matin ?

– Nous l'avons délivré hier soir.

– Vous plaisantez ? Vous n'êtes pas sérieux ? Vous faites n'importe quoi. Vous ne réfléchissez pas aux conséquences.

– Balzac reviendra. Il nous aime bien.

Un gendarme arrive avec Balzac qui a l'air triste. Les enfants vont vers le chien. Ils le caressent.

– Nous sommes contents de te retrouver, disent-ils.

– Vous avez votre sac ? dit Isaure, il est l'heure d'aller à l'école.

1 **Lis** la phrase qui est au futur et celles qui sont au passé.
- **Explique** l'emploi de ces temps.

oral 2 **Dis** le texte en remplaçant les enfants par Mip.

3 **Récris** les groupes de mots soulignés en parlant de Mip. **Indique** ce qui change.

4 **Donne** l'infinitif de tous les verbes conjugués du texte, même de ceux qui ne sont pas soulignés.
- **Distingue** les verbes du 1er, 2e, 3e groupe et les auxiliaires.

Je collecte

5 **Colle** les étiquettes à la bonne page de ton cahier de grammaire.

Je m'entraine

6 **Recopie** les groupes de mots en bleu en remplaçant Allan par Allan et Issa.

Allan voit Balzac dans la rue. Il va vers lui. Il le caresse. Balzac dit :
- Tu as le même sac que Lo. Tu es à son école ?
- Oui, je suis dans sa classe, dit Allan.
- Tu fais des jeux avec lui ? Tu l'aimes bien ?

7 **Recopie** les groupes de mots en gras en remplaçant Allan et Issa par Issa.

Allan et Issa vont à l'école avec Balzac. Quand **ils arrivent**, **ils voient** Maïwenn.
- **Vous avez** un chien ? demande-t-elle.
- Non. **Nous sommes** avec Balzac, le chien de Lo, **disent-ils**.

Fiche 39 + et ++

Le déterminant et le nom

Je réfléchis

1 **Lis** la page 13 de ton cahier de grammaire.

- **Souligne** les noms, **entoure** les déterminants.
  Indique ce que chaque nom désigne : un être vivant, une chose ou une idée.
- **Recopie** deux noms communs avec leur déterminant et deux noms propres.
  N'oublie pas la majuscule aux noms propres.
- **Liste** les déterminants qui sont des articles définis et ceux qui sont des articles indéfinis.

2 **Indique** le genre et le nombre de chaque nom.

- **Explique** comment tu reconnais le genre du nom précédé de l'.
- **Entoure** la lettre muette que l'on trouve à la fin des noms au pluriel.

3 **Lis** les groupes nominaux suivants.

un air inquiet - ce matin - un gendarme - un chien content

- **Repère** chaque nom et son déterminant.
  Le nom est le **noyau du groupe nominal**.

Je conclus

4 **Écris** le titre de la page 13 sur ton cahier de grammaire : Groupes nominaux : déterminant, nom.

oral **5** **Dis** ce qui est à retenir sur le nom, le déterminant et le groupe nominal et **lis** la page correspondante dans le mémo.

Je m'entraine

6 **Recopie** les groupes nominaux suivants à leur place dans le tableau.

des rues animées - un jardin tranquille - l'immense tristesse - des beaux livres
la faim - les repas - le théâtre - les canapés - une grosse voix

	masculin	féminin
singulier		
pluriel		

- **Souligne** les noms, **entoure** en bleu les articles définis, en vert les articles indéfinis.

Fiche 40 + et ++

Lire un article de dictionnaire (2)

Je réfléchis

1 **Lis** cet article de dictionnaire consacré au mot liberté.

- **Réponds** aux questions suivantes.

a. Que signifie n. f. ?
b. Combien le mot a-t-il de sens ?

- **Compare** ces définitions de la liberté à celles données dans la pièce de théâtre.
- **Recopie** le synonyme de liberté dans son sens 1.
- **Recopie** le contraire de liberté dans son sens 2. **Écris** une phrase en employant ce contraire.

> **liberté** n. f. **1.** Droit de faire, de penser et de dire ce que l'on veut. *Si tu n'es pas d'accord, tu as toute liberté de refuser*, tu es libre de refuser. → **latitude.** *Les peuples luttent pour la liberté, contre la tyrannie.* **2.** Situation d'un être qui n'est pas enfermé. *Les otages ont retrouvé la liberté. Elle élève des oiseaux en liberté dans le jardin.* ▮ contraire : **captivité.**

2 **Lis** cet article de dictionnaire consacré au mot catastrophe.

- **Indique** la nature et le genre du mot.
- **Distingue** la définition de la phrase exemple.
- **Recopie** les deux mots synonymes de catastrophe.
- **Recopie** le mot de la même famille et **indique** sa nature. **Explique** son rapport de sens avec catastrophe. **Entoure** le radical et **souligne** le suffixe utilisé.

> **catastrophe** n. f. Malheur terrible et brutal. → **cataclysme, désastre.** *La catastrophe aérienne a fait cent morts.*
> ▸ **catastrophique** adj. Extrêmement grave. *La sécheresse a eu des conséquences catastrophiques pour l'agriculture.* → **désastreux, épouvantable.**

Je m'entraine

3 **Lis** cet article de dictionnaire.

- **Indique** le mot défini, sa nature et son genre.
- **Recopie** son synonyme. **Écris** une phrase exemple avec ce synonyme.

> **écuelle** n. f. Petite assiette creuse, sans rebord. *Le chat mange sa pâtée dans une écuelle.* → **gamelle.**

© *Le Robert junior illustré*, 2019

4 **Remplace** chaque groupe de mots en gras par un mot formé avec le suffixe -ique.

a. une suite de mots rangés dans l'ordre **de l'alphabet** → ...
b. une conversation **au téléphone** → ...
c. un objet **en forme de cylindre** → ...
d. un objet **qui relève de la magie** → ...
e. une profession **qui a un rapport avec un artiste** → ...
f. un produit **obtenu par la chimie** → ...
g. un objet **en métal** → ...

Fiche 41 + et ++

Écrire en changeant le genre du texte

Je découvre

1 **Lis** le texte et **réponds** aux questions.

Darwin, Isaure, leur fille Mip et leur fils Lo dinent dehors. En voyant le chat Gustave grimper dans les branches d'un arbre, Lo demande s'il peut sortir de table pour profiter encore un peu du beau temps. Darwin refuse car on est libre quand on a terminé son diner mais pas avant. Isaure sert alors le dessert. Peu de temps après, leur dessert terminé, Lo et Mip se lèvent de table, ils sont libres d'aller jouer dans le jardin avec Gustave pendant un quart d'heure avant d'aller se coucher.

a. Quelle scène de l'histoire de *Balzac en liberté* est racontée ?
b. Est-elle écrite sous la forme d'une pièce de théâtre ?
c. À quel temps est écrit le texte ?

J'écris

2 **Pour t'aider à écrire la suite du récit qui raconte l'histoire de *Balzac en liberté*, réponds aux questions suivantes dans ta tête.**

Scène 2
a. Qui est enfermé par ce beau temps ?
b. Pourquoi les enfants pensent-ils que Balzac peut être libre ?
c. Que font les enfants ?
d. Balzac accepte-t-il tout de suite ?

Scène 3
a. Le lendemain, au petit déjeuner, pourquoi Darwin est-il inquiet ?
b. Que lui expliquent les enfants ?
c. Quelle est sa réaction ?

Scène 4
a. Qui ramène Balzac ?
b. Que pense-t-il de sa liberté ?
c. Que faut-il avoir pour pouvoir profiter de sa liberté ?

3 **Relis** le texte de l'activité 1 et **écris** trois paragraphes pour raconter les scènes 2, 3 et 4. **Aide**-toi des mots du texte de la pièce et des réponses aux questions ci-dessus. **Termine** ton texte en donnant ta définition de la liberté.

Je révise et j'améliore

4 **Relis** ton texte et **vérifie** que :
- tu as écrit trois paragraphes ;
- tu as employé le présent et écrit la bonne terminaison des verbes ;
- tu as mis les majuscules et les points ;
- tu as bien orthographié les mots que tu as repris de la pièce de théâtre.

Fiche 42 + et ++

› Anticiper le contenu d'un roman
› Identifier les actions et les pensées des personnages
› Identifier le narrateur

John et le royaume d'en bas (1)

La vie de Talie se résume en trois mots : creuser, manger, dormir. Jusqu'au jour où la taupe découvre dans ses galeries un bébé. Croyant l'avoir mis au monde, elle l'adopte avec bonheur. Mais ce nouveau-né minuscule et sans poil ne ressemble en rien à ceux de ses voisines…

Talie s'arrêta net au bout de sa galerie et tendit l'oreille. […]

C'est là qu'elle sentit quelque chose de bizarre sous ses côtes.

La taupe a une très mauvaise vue, mais un bon odorat, et elle flaira cette chose.

C'était un bébé !

Son cœur fit un bond. Elle venait de mettre au monde un petit !

Depuis si longtemps, elle en voulait un !

C'est qu'elle n'en avait jamais eu, et que les copines, défilant fièrement avec leur petite famille, la regardaient avec pitié et même, parfois, ricanaient dans son dos.

Le cœur gonflé de bonheur, Talie lécha l'enfant avec soin. Celui-ci repéra tout de suite le distributeur de lait et se mit à téter. Talie en fut si émue que le lait afflua[1]. Elle n'osa plus bouger. Et, pour la première fois de sa vie, elle se sentit vraiment heureuse.

Si elle avait eu de meilleurs yeux, elle aurait vu que son bébé n'était pas rouge comme une taupinette, mais d'un rose délicat comme les bébés pinks[2]. […]

1. Normalement, une femelle n'a de lait que si elle met au monde un petit.
2. Un tout petit être humain.

J'anticipe

1 **Observe** la couverture. **Dis** ce que tu vois et **imagine** ce dont va parler le texte.

2 **Indique** le titre et le nom de l'auteur.

Je comprends les mots

3 **Explique** ce que signifient les phrases en vert. **Trouve** un synonyme des mots en gras.

a. La taupe a une très mauvaise vue, mais un bon odorat, et elle **flaira** cette chose.

b. Talie en fut si émue que le lait **afflua**.

4 **Recopie** le sens du mot galerie dans le texte.

a. porte-bagages sur une voiture

b. passage souterrain

c. magasin de vente d'œuvres d'art

d. lieu de passage avec des boutiques

5 **Cherche** le mot palet dans le lexique.

• **Exprime** avec tes propres mots le sens de la phrase en vert.

Matamore […] fila plus vite qu'un palet sur un lac gelé.

oral **6** **Fais** des hypothèses sur le sens de : **son sang n'avait fait qu'un tour… et elle demi-tour.**

Talie parcourt les galeries en criant qu'elle a un fils, puis elle le dépose sur les herbes et les feuilles qui constituent son nid. Elle le lèche, ronge un lacet qui pend à son cou et qui tombe dans les feuilles. Puis elle part à la recherche de nourriture. Mais voilà, Matamore, un des fils de sa voisine Pona, entend la nouvelle et se précipite dans la chambre.

Matamore flaira vite la petite chose fragile couchée dans le nid, et, d'un grand coup de patte, l'enfonça dans le matelas, l'assommant à moitié.

– Pour cette fois, ricana-t-il, tu t'en tires bien. Mais tu as intérêt à t'écraser si tu ne veux pas qu'il t'arrive des bricoles. Vu ?

Son rire s'étrangla. Un grognement résonnait sur les parois. Talie !

Car, lorsque la taupe avait senti une odeur étrangère dans ses appartements, son sang n'avait fait qu'un tour... et elle demi-tour. Elle planta ses griffes dans les fesses de Matamore, qui fila plus vite qu'un palet sur un lac gelé. Talie se précipita vers son fils et caressa son visage de sa grosse patte pour vérifier qu'il était toujours en vie. [...]

Je mets en relation

7 **Relève** les noms des personnages et **indique** qui raconte l'histoire.

8 **Réponds** à la question par une phrase. Pourquoi Talie est-elle si heureuse ?

9 **Relève** les mots qui indiquent que Talie n'a pas réellement donné naissance à ce bébé.

10 **Recopie** la phrase qui indique de quelle espèce est le bébé.

11 **Indique** qui parle. **Choisis** la phrase qui résume le mieux le sens de la phrase en vert.

Mais tu as intérêt à t'écraser si tu ne veux pas qu'il t'arrive des bricoles. Vu ?

a. Matamore veut impressionner le bébé en lui faisant peur et en le menaçant.

b. Matamore fait une blague au bébé et propose de bricoler avec lui.

oral **12** **Échange** et **imagine** la suite du récit.
Le bébé va-t-il survivre ? Que va-t-il lui arriver ?

oral Je lis à voix haute

Lis de *Thalie parcourt les galeries* (ligne 18) à la fin.

Je lis très vite

affluer – l'affluence – l'affliction – affligé
effleurer – efflanqué – des effluves
offenser – officieux – offusquer

Période 2

Fiche 43 + et ++

Le nouveau-né se met à poser des questions sur les pattes, les yeux, les oreilles de la taupe et déclare soudainement qu'il s'appelle John Keskessé à la grande surprise de Talie. Le temps passe, John grandit et Talie s'inquiète. John est intelligent mais bizarre. Il reste petit avec des poils frisés uniquement sur la tête. Talie passe beaucoup de temps avec John mais elle parcourt si vite les galeries qu'un jour, il n'arrive pas à la suivre et se perd. Il croise alors Pona et ses enfants. Une des filles de Pona s'adresse à John.

– T'es tout petit et tout maigre. (Elle cria) Maman, on a le droit de manger les taupes trop petites ?

– En principe non, répondit sa mère, et ça ferait des histoires avec Talie. C'est son raté de fils. [...]

C'est là que le dernier de la file arriva. Matamore ! John se souvint trop tard qu'il le connaissait déjà : au moment où un coup de patte l'envoya s'écraser dix pas plus loin.

Il sentit les larmes lui monter aux yeux. Il se dit que c'était parce qu'il s'était fait mal en tombant, mais c'était plus grave que ça. Il se releva bravement et, les yeux tout brouillés, repartit.

C'est comme ça qu'il arriva dans le grand tunnel où, d'après Talie, il était venu au monde.

oral Je raconte

1 **Raconte** le début du roman en utilisant les mots suivants.

la taupe - Talie - un bébé - des galeries Matamore

Je comprends les mots

2 **Indique** le prénom et le nom du bébé et **réponds** à la question.
Que remarques-tu en prononçant son nom ?

3 **Trouve** des adjectifs qui qualifient John.

4 **Lis** la phrase suivante en remplaçant le mot en gras par un mot que tu connais.
[...] ça ferait des **histoires** avec Talie.

5 **Fais** des hypothèses sur le sens du mot en gras en t'aidant du contexte.
Il se releva bravement et, les yeux tout **brouillés**, repartit.

Je mets en relation

6 **Relève** les mots qui permettent de réaliser le portrait physique de John.

7 **Réponds** aux questions par une phrase.

a. Pourquoi John est-il séparé de Talie ?

b. Où se retrouve-t-il après sa rencontre avec Matamore ?

c. Pourquoi Pona dit-elle que John est le fils raté de Talie ?

8 **Exprime** avec tes propres mots ce que ressent John après sa rencontre avec la famille de Pona.

oral Je lis à voix haute

Lis l'ensemble du texte.

Fiche 44 + et ++

Écrire é, er, ez, ai, e (1)

Je mémorise

1 **Lis** les mots à mémoriser.

la liberté / baisser / serrer / un trésor / hélas

- **Écris** les manières d'écrire le son [e].
- **Recopie** l'adverbe, les deux noms, puis les deux verbes.

2 **Recopie** les mots à mémoriser.

installer / effacer / saisir / un métal / la beauté

- **Entoure** dans chaque mot la manière d'écrire [e]. **Souligne** les verbes.

Je fais le point

3 **Écris** l'infinitif et le groupe de chaque verbe.

tu marches – vous chantez – nous mangeons – elles dessinent – j'avale – il joue

- **Conjugue** ces verbes au présent avec le pronom personnel vous.

poser – pouvoir – prendre – rouler – vouloir – coller – creuser

- **Complète** les phrases :

À l'infinitif, les verbes du 1er groupe se terminent par [e] qui s'écrit ... .

À la 2e personne du pluriel, les verbes se terminent par [e] qui s'écrit ... .

4 **Recopie** ces noms et **entoure** la manière d'écrire [e].

un oranger – un citronnier – un prunier – un pommier

un boulanger – un fromager – un infirmier – un pompier

- **Complète** la phrase :

De nombreux noms d'... et de ... se terminent par -er.

Je m'entraine

5 **Complète** les verbes à l'infinitif et les verbes conjugués.

a. dans• b. vous lis• c. vous part• d. rest•
e. assist• f. vous parl• g. enlev• h. vous ôs•

6 **Écris** les noms des arbres qui donnent les fruits suivants.

l'olive – la poire – la figue – l'abricot – la cerise – la pêche

7 **Écris** les noms de métiers de la famille des noms suivants.

la police – une banque – une bijouterie – une pâtisserie – le jardin – la couture

8 **Range** les dix mots mémorisés dans l'ordre alphabétique.

Fiche 45 + et ++

Les relations dans un texte (6)

Je lis et je transpose

Toi, Talie

Talie, tu es une taupe au pelage gris et soyeux, tu as trois ans. Dans ta journée, **tu** creuses des galeries sous la terre, tu manges des vers de terre, des insectes, des larves, des limaces et tu dors. Dans les galeries, tu files à toute vitesse. Tu vois tes voisines et tu les entends ricaner. Cependant, tu ne t'arrêtes pas.

Un jour, dans le grand tunnel, sous tes côtes, tu flaires un bébé. Quelle bonne surprise ! Tu viens de mettre au monde un bébé ! Alors, vite, tu veux le mettre dans la meilleure chambre. Tu le saisis par la peau du cou et tu vas à l'autre bout de tes appartements en courant. Aux croisements, tu ne ralentis pas. Tu dis d'une voix forte pour prévenir tes voisines :

- Laissez-moi passer. **Je** vais dans mon nid mettre mon fils à l'abri.

Tu finis par arriver et tu glisses le nouveau-né sur un lit de feuilles et d'herbes.

1 **Écris** qui est désigné par les mots en gras.

2 **Dis** le texte en employant vous pour t'adresser à Talie.

3 **Récris** les groupes de mots soulignés en remplaçant tu par vous. **Indique** ce qui change.

4 **Donne** l'infinitif de tous les verbes conjugués du texte, même de celui qui n'est pas souligné.
- **Distingue** les verbes du 1er, 2e, 3e groupe et les auxiliaires.

Je collecte

5 **Colle** les étiquettes à la bonne page de ton cahier de grammaire.

Je m'entraine

6 **Recopie** les groupes de mots en bleu en remplaçant vous par tu.

Vous êtes Goupil, le renard. Le soir, vous dites à Hermine votre femme :
- Je vais à la chasse.
Puis vous quittez le terrier. Vous chassez dans la forêt. Parfois vous allez jusqu'à la ferme du seigneur et vous glissez votre museau à travers la porte du poulailler. Vous voyez les poules, vous voulez en attraper une, mais comment entrer ?

7 **Recopie** les phrases en remplaçant Toi, Justin par Vous, Justin et Jules.

Toi, Justin, tu finis un travail, tu saisis ta console de jeux et tu joues. Puis tu dis à tes parents :
- Je vais à la bibliothèque.
Quand tu reviens, tu montes dans ta chambre te reposer.

Fiche 46 + et ++

Des phrases dans un texte (3)

Je repère et je transforme les phrases

1 **Écris** le nombre de phrases du premier paragraphe du texte de la page ci-contre.
- **Recopie** une des phrases déclaratives de ce paragraphe.

2 **Recopie** les deux phrases déclaratives à la forme exclamative qui expriment l'étonnement et la joie de Talie.

a. Par quel mot exclamatif commence l'une de ces phrases ?
b. Par quel signe de ponctuation se terminent les deux phrases ?

3 **Lis** les phrases déclaratives du texte qui sont à la forme négative.
- **Transforme** ces phrases à la forme affirmative ?

4 **Recopie** la phrase qui exprime un ordre donné par Talie.
C'est une phrase **impérative**.

Je reconstitue une phrase

5 **Écris** une phrase à partir des groupes de mots suivants.
parcourt - la taupe - à toute vitesse - ce matin - les galeries
- **Souligne** le verbe et **entoure** le sujet.
- **Recopie** la phrase en changeant de place les deux groupes qui peuvent l'être, puis en les supprimant. Ces groupes supprimables et déplaçables sont des **compléments**, ils complètent la phrase.

Je collecte

6 **Colle** les étiquettes à la bonne page de ton cahier de grammaire.

Je m'entraine

7 **Écris** à la forme négative ces phrases déclaratives affirmatives.
- **Emploie** ne … pas **ou** n'… pas.

a. Dans les galeries, Talie regarde ses voisines.
b. Les voisines de Talie observent le nouveau-né.
c. John, le jeune pink a l'air d'une taupe.
d. Les galeries sous le jardin sont très longues.

8 **Entoure** le sujet d'une couleur et **souligne** le verbe des phrases suivantes.
- **Entoure** d'une autre couleur le complément déplaçable et supprimable.

a. Dans une galerie, la taupe voit sa voisine Pona.
b. Talie caresse le visage de son fils avec sa grosse patte.
- **Recopie** chaque phrase en déplaçant le complément qui peut l'être, puis en le supprimant.

Fiche 47 + et ++

La formation des mots (2)

Je réfléchis

1 **Observe** les noms suivants.

une charge – une recharge – une surcharge

- **Trouve** leur partie commune : le radical.
- **Recopie** les préfixes ajoutés à ce radical pour former de nouveaux noms.
- **Indique** le sens du radical et de chaque préfixe.

2 **Lis** l'article de dictionnaire.

- **Explique** la formation du mot de la famille de taupe en indiquant son radical et le suffixe.
- **Écris** le mot du texte (page 56) employé par l'auteur pour nommer le petit d'une taupe.
- **Entoure** le suffixe qui a été ajouté au radical.

> **taupe** n. f. Petit animal qui vit sous terre en creusant de longues galeries. → planches **Mammifères, sol.** *Les taupes sont presque aveugles.*
> ▸ **taupinière** n. f. Petit tas de terre rejeté par la taupe qui creuse sa galerie. *Il y a des taupinières dans le jardin.*

© *Le Robert junior illustré*, 2019

3 **Recopie** cette famille de mots.

la terre – un terrain – un terrier – souterrain – déterrer – enterrer

- **Indique** le rapport de sens entre ces mots.
- **Entoure** le radical de chaque mot.
- **Souligne** d'une couleur les préfixes et d'une autre couleur les suffixes.
- **Trouve** le suffixe qui indique que les mots sont des verbes.

Je m'entraine

4 **Reconstitue** les quatre familles de trois mots chacune.

explorer – un laveur – une sonnette – manger – un explorateur – une sonnerie
une laverie – l'exploration – mangeable – un lavoir – une mangeoire – sonner

5 **Barre** l'intrus dans ces mots de la même famille.

a. plier – déplier – un pli – plaire
b. une chevelure – un chevalier – un cheval – la chevalerie
c. un magasin – emmagasiner – un magazine – un magasinier
d. répondre – un reportage – un répondeur – une réponse

6 **Recopie** les mots dans la colonne qui convient :

mots formés avec un préfixe / mots formés avec un suffixe.

la grandeur – un rebond – désagréable – un jardiner – rapidement – impossible

- **Entoure** le radical de chaque mot.

Fiche 48 + et ++

Écrire un texte informatif

Je trouve des informations

1 **Relis** le texte *John et le royaume d'en bas*, le texte *Toi, Talie* (p. 60) et l'article de dictionnaire (p. 62).

oral • **Relève** toutes les informations qui peuvent t'aider à décrire une taupe et les verbes qui parlent de ses activités.

• **Recopie**-les en les classant dans les rubriques suivantes :
– présentation générale et lieu de vie ;
– description physique et activités ;
– nourriture ;
– reproduction.

2 **Complète** les rubriques avec les informations suivantes, et d'autres que tu trouveras sur Internet.

a. mammifère
b. dans les jardins et les prés
c. grosses pattes comme des pelles
d. yeux minuscules
e. 4 à 6 petits, rosés et sans poils
f. une portée par an
g. de fortes et grandes griffes
h. une bonne ouïe
i. museau tout fin

J'écris le texte

3 **Écris** le texte informatif sur la taupe en quatre parties :
– une phrase de présentation générale ;
– plusieurs phrases la décrivant physiquement ;
– une ou deux phrases indiquant ce qu'elle mange ;
– une ou deux phrases indiquant comment elle se reproduit.

• **Écris** ton texte au présent, à la troisième personne du singulier.

Je révise et j'améliore

4 **Relis** ton texte et **vérifie** que :
– tu as écrit quatre paragraphes ;
– tu es allé(e) à la ligne à la fin de chaque paragraphe ;
– tu as utilisé des verbes précis pour parler des activités de la taupe ;
– tu as écrit les verbes au présent avec la bonne terminaison ;
– tu as mis les majuscules et les points ;
– tu as bien orthographié les mots que tu as repris des informations relevées sur la taupe.

Fiche 49 + et ++

› Attribuer du sens à des mots inconnus
› Identifier actions et pensées des personnages
› Faire des inférences

John et le royaume d'en bas (2)

Dans le grand tunnel, John trouve un rectangle de lainage bleu qui lui évoque de doux souvenirs et s'en fait une cape. Puis il sort vers la lumière et échappe de justesse à une vipère. Il se confectionne un slip avec sa peau.

Maintenant, il ressemblait à Superman-Tarzan. [...]. Il serait bien sorti tester sa nouvelle tenue, mais il lui aurait fallu un plan des appartements pour ne pas se perdre.

Il eut alors une idée géniale : la peau de vipère était un genre de parchemin* !

Il prit son morceau de charbon de bois et dessina la chambre, les W-C., le couloir, le tunnel...

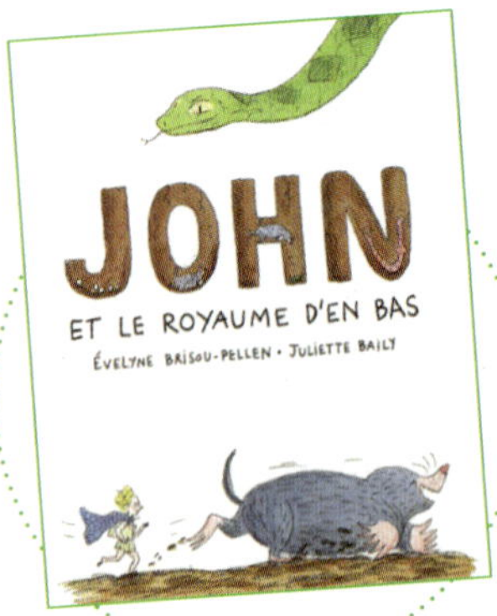

Pendant ce temps, Matamore perce un trou dans la galerie supérieure et fait caca sur la tête de John. Celui-ci reconnait le coupable à son rire. John est triste, il se trouve trop petit, trop faible. Il monte se laver dans une source, puis redescend se sécher sur son lit de feuilles. Là, il découvre un lacet où pendent quatre objets : un rond et un plat, un long marron et transparent, une plume très douce et un cercle élastique.

À ce moment, il entendit « ploc... ploc » dans le couloir. Méfiant, cette fois, il jeta juste un coup d'œil. Deux boules translucides étaient tombées par une cheminée d'aération.

Et ploc ! une autre !

Il leva la tête... Sidérant ! Quelque chose de gluant bouchait l'aération !

3. Un parchemin est de la peau tannée, généralement de mouton ou de veau. Mais si on écrit petit, une peau de vipère, c'est surement parfait.

oral Je raconte

1 **Souviens**-toi des personnages et de leur histoire.

2 **Lis** les textes et **choisis** celui qui résume le mieux le début de l'histoire.

a. Talie a donné naissance à un bébé taupe qu'elle protège et nourrit. Mais un jour, John est capturé par Matamore.

b. Talie croit avoir donné naissance à un bébé taupe mais plus John grandit, plus elle comprend qu'il est différent. Matamore cherche toujours à embêter John.

c. Talie a donné naissance à un bébé taupe. Matamore le protège.

Je comprends les mots

3 **Fais** des hypothèses sur le sens des mots suivants. **Aide**-toi de leur formation ou du contexte.
lainage - géniale - translucides - l'aération ventilé

4 **Cherche** le sens du mot sidérant dans le lexique.

5 **Trouve** un synonyme de gluant.

6 **Cherche** le mot chapelet dans le lexique et **exprime** avec tes propres mots le sens de la phrase en vert.
Une autre boule tomba, et encore une. Un vrai chapelet !

Sa mère ne serait pas contente, car un appartement devait être ventilé en permanence.

Une autre boule tomba, et encore une. Un vrai chapelet ! Et elles sortaient d'un petit trou situé sur le côté de la chose gluante.

John décide d'aller voir.

– Eh ! On ne jette pas ses saletés chez les voisins !

Deux longs tubes, avec un œil au bout, surgirent de ce qui était en fait une tête. Et une bouche plissée articula :

– Ah... Je me disais bien aussi que c'était trop facile à creuser. Toute une ponte fichue !

– Eh bien, il fallait faire attention. Ici, tu es chez les taupes.

– Tu ne pouvais pas le dire plus tôt ? râla l'autre.

– J'ai fait aussi vite que j'ai pu. Je m'appelle John.

– Ah... Moi, c'est Hector.

– Tu es un garçon et tu ponds des œufs ?

– Évidemment, je ponds des œufs ! Comment j'aurais des petits, sinon ? Allez, salut !

John propose aux taupinettes de déguster les œufs ensemble mais elles se moquent de lui. Il retourne alors dans sa chambre, se recouvre de la peau de vipère et ressort en criant. Les taupinettes s'enfuient, effrayées par l'odeur de la peau.

De retour dans sa chambre.

Je mets en relation

7 **Explique** pourquoi John ressemble à Superman-Tarzan.

8 **Réponds** aux questions par une phrase.

a. Comment John utilise-t-il la peau de vipère ?

b. Trouve-t-il d'autres objets ? Lesquels ?

c. Pourquoi John doit-il se nettoyer ?

9 **Réponds** à la question en citant des phrases du texte.

John est-il maintenant accepté par les enfants de Pona ?

10 **Indique** le nom de celui qui parle et **explique** pourquoi il prononce ces paroles.

Toute une ponte fichue !

• **Remplace** fichue par un mot de langage courant.

11 **Relève** les phrases qui décrivent Hector.

oral **12** **Échange**, **trouve** des informations et **explique** :

– la reproduction chez les escargots ;

– l'importance de l'un des cinq sens évoqué dans la dernière phrase du texte.

oral Je lis à voix haute

Lis de *John décide d'aller voir* (ligne 25) à la fin du texte.

Je lis très vite

l'aération – un aéroport – un aérosol

l'aéronautique – un phaéton – un israélien

l'aéroélasticité – l'aérothermodynamique

Fiche 50 + et ++

John posa l'un sur l'autre les rectangles de peau de vipère, plia le tout en deux et retira la plume de son pendentif. Une plume, ça servait à écrire ! […]

Il fit un petit mélange d'eau et de terre, y trempa sa plume, et inscrivit en titre sur la couverture : CAHIER D'OBSERVATION.

Puis il écrit ce qu'il sait des escargots, des taupes, des vipères, des chats et des jardiniers. John a récupéré un mégot appartenant au jardinier.

Un jour, John se retrouve face à un lombric prénommé Loulou, celui que sa mère cherche à attraper depuis longtemps. C'est sa gourmandise préférée.

– Ah… Mais pourquoi tu descends ici ? C'est dangereux ! […]

– Je respire par la peau et, pour ça, je dois la conserver humide. Alors, quand la chaleur arrive, direction le sous-sol.

– Pas ici ! protesta John. Si tu tiens à la vie, creuse ailleurs. Tu es sur le territoire des taupes. […]

– T'es un vrai pote, toi. Je te serrerais bien la main si j'en avais… Enfin le cœur y est. Merci ! […]

John soupira.

– J'ai réussi à me faire un ami… mais impossible de le présenter à ma mère.

Il rejoignit Talie en se léchant les doigts pour lui faire croire qu'il avait bel et bien attrapé Loulou et l'avait mangé.

oral Je raconte

1 **Raconte** le début du roman en utilisant les mots-clés suivants.

parchemin - escargot - ponte

Je comprends les mots

2 **Lis** les sens possibles du mot plume et **indique** son sens dans le texte.

a. la plume de l'oiseau **b.** le stylo à plume

3 **Fais** des hypothèses sur le sens du mot lombric. **Aide**-toi du contexte, puis **vérifie** dans le lexique.

4 **Trouve** un mot de langage courant synonyme du mot familier pote dans le texte.

5 **Indique** qui parle et fais des hypothèses sur le sens de l'expression suivante (ligne 56).

Enfin le cœur y est.

Je mets en relation

6 **Réponds** aux questions par une phrase.

Que fabrique John ? Pourquoi ?

7 **Réponds** à la question en citant une phrase du texte.

Quel objet appartenant au jardinier, John a-t-il récupéré ?

8 **Écris** pourquoi John ne peut pas parler de son nouvel ami à Talie.

9 **Relève** les mots qui donnent des indications sur l'aspect physique de Loulou.

oral Je lis à voix haute

Lis de *De retour dans sa chambre* (ligne 40) à la fin du texte.

Fiche 51 + et ++

Écrire è, e, ê, ei, ai, et (1)

Je mémorise

1 **Lis** les mots à mémoriser.

une forêt / le relief / la peine / auprès / cruel

- **Écris** les manières d'écrire le son [ɛ] .
- **Recopie** l'adjectif qualificatif, le mot invariable, puis les trois noms.

2 **Recopie** les mots à mémoriser.

une barrière / complet / le fer / naitre / le respect

- **Entoure** les différentes manières d'écrire le son [ɛ].

Je fais le point

3 **Recopie** les mots et **entoure** les lettres placées avant et après e qui se prononce [ɛ].

fer - respect - geste - perdre - univers - naturel - lecture

- **Complète** la phrase : Placée entre ..., la lettre e se prononce toujours [ɛ].

4 **Écris** deux par deux les mots de la même famille. Que remarques-tu ?

bestial - une fête - forestier - une bête - la forêt - festif

- **Complète** la phrase :

Dans certains mots, l'accent circonflexe indique la disparition de la lettre ... . On retrouve ce s dans les mots de la même famille.

5 **Recopie** les mots féminins. **Entoure** ce qui change par rapport au masculin.

a. le berger / la bergère b. le caissier / la caissière c. léger / légère

- **Complète** la phrase :

Les noms de métiers et les adjectifs finissant par -er se terminent par -ère au ....

Je m'entraine

6 **Écris** le féminin de chacun de ces noms de métiers.

l'horloger - un banquier - un fromager - un pâtissier - l'infirmier

7 Pour chaque mot, **écris** un mot de la même famille contenant le son [ɛ].

a. neigeux → la ... b. souhaiter → un ... c. blesser → une ...
d. dix → une ... e. mielleux → du ...

8 Pour chaque mot, **écris** un mot de la même famille comme dans les exemples.

Exemple : dix → la dizaine vingt → la vingtaine

a. douze → la ... b. trente → la ... c. quarante → la ... d. cent → la ...

9 **Range** les dix mots mémorisés dans l'ordre alphabétique

Fiche 52 + et ++

Le présent des verbes du 1er groupe

Je lis et je réfléchis

1 **Lis** la page 2 de ton cahier de grammaire.
- **Souligne** le verbe et **entoure** son sujet dans chaque phrase.
- **Indique** à quel temps sont conjugués les verbes.
- **Indique** l'infinitif des verbes et leur groupe.

2 **Recopie** le pronom sujet et le radical des verbes suivants.
- En t'aidant de ton cahier, **écris** leur terminaison.

a. J'aim… b. Tu gliss… c. Il rest…
d. Nous rentr… e. Vous termin… f. Ils arriv…

3 **Écris** les verbes suivants à la 1re personne du pluriel au présent.
- **Indique** ce qu'il ne faut pas oublier à la fin du radical de ces verbes.

bouger - ranger - avancer - tracer

Je conclus

4 **Écris** le titre de la page 2 de ton cahier de grammaire : Le présent des verbes du 1er groupe.

5 **Conjugue** le verbe jouer à toutes les personnes en énonçant oralement les terminaisons.
- **Lis** dans le mémo la page sur le présent des verbes du 1er groupe.

Je m'entraine

6 **Conjugue** les verbes au présent avec le sujet proposé.

a. Nous jouons au football tous les samedis. → Tu …
b. Le touriste loue un bateau pour aller en mer. → Les touristes …
c. Je retourne à la voiture. → Vous …
d. Vous annoncez une bonne nouvelle. → Nous …
e. Tu ajoutes du lait au chocolat. → L'enfant …
f. Les chevaux sautent au-dessus de la barrière. → Je …

7 **Conjugue** les verbes à l'infinitif au présent.

a. L'élève (regarder) une carte du relief de la France.
b. J' (installer) des chaises dans la salle de sport.
c. Vous (baisser) la vitre de la voiture.
d. Tu (serrer) la main du professeur.
e. Les enfants (trembler) de froid.
f. Nous (allonger) le malade sur son lit.

8 **Écris** une phrase au présent avec chacun des verbes à différentes personnes.

glisser - traverser - décider - casser

Fiche 53 + et ++

L'adjectif qualificatif

Je réfléchis

1 **Lis** la page 14 de ton cahier de grammaire.

- **Entoure** le déterminant d'une couleur, **souligne** le nom dans chaque groupe nominal.
- **Entoure** d'une autre couleur, l'adjectif qualificatif.
- **Indique** quelle précision, chaque adjectif qualificatif apporte au nom.
- **Précise** où l'adjectif peut être placé par rapport au nom.
- Pour chaque groupe nominal, **indique** son genre et son nombre.

2 **Recopie** ces groupes nominaux en ajoutant :
a. **un adjectif avant le nom :** le ... tunnel - sa ... tenue - un ... trou
b. **un adjectif après le nom :** une idée ... - une plume ... - un lainage ...
c. **un adjectif avant et un après le nom :** un ... escargot ...

Je conclus

3 **Écris** le titre de la page 14 de ton cahier de grammaire : Groupes nominaux avec un adjectif qualificatif.

oral 4 **Dis** ce qui est à retenir sur l'adjectif qualificatif.
Lis la page correspondante dans le mémo.

Je m'entraine

5 **Recopie** les groupes nominaux suivants dans un tableau comme celui-ci.
des animaux marins - une vieille maison - les voitures polluantes - un énorme éléphant
une pomme ridée - un oiseau affolé - des personnes immobiles - les gros arbres

	masculin	féminin
singulier		
pluriel		

- **Souligne** les noms, **entoure** les adjectifs.

6 **Recopie** les groupes nominaux en gras en ajoutant l'adjectif qui convient.
roux - profond - grave - sucrés - rond - imprudent - gourmandes
a. **Le ballon** ... est tombé dans **un trou** ... .
b. Ces renardes ont **un pelage** ... .
c. **L'oiseau** ... vient d'échapper à **un** ... **danger**.
d. **Les personnes** ... mangent **des gâteaux trop** ... .

- **Remplace** chaque adjectif par un autre.

7 **Recopie** les groupes nominaux suivants, **classe**-les selon leur genre et leur nombre.
des réponses fausses - des lions méchants - une crête épaisse - un ours blanc

Fiche 54 + et ++

Lire un article de dictionnaire (3)

Je réfléchis

1 **Lis** cet article de dictionnaire. **Écris** le mot défini.

- **Réponds** aux questions suivantes.

a. Quelle est la nature du mot ?

b. Combien le mot a-t-il de sens ?

- **Indique** dans quel sens le mot est employé dans le texte page 64 : Je respire par la peau et, pour ça, je dois la conserver humide.
- **Recopie** les contraires de humide.
- **Écris** une phrase en employant chacun de ces contraires.

humide adj. Légèrement mouillé. *Une serviette humide.* contraire : **sec.** *Une région humide,* où il pleut beaucoup. contraire : **aride.**
▸ **humidifier** v. (conjug. 9) Mouiller légèrement. ➜ **humecter.** *Cet appareil humidifie l'air.* contraires : **dessécher, sécher.**
▸ **humidité** n. f. Vapeur d'eau que contient l'air. *Les murs de la cave sont moisis à cause de l'humidité.*

2 **Recopie** les mots de la famille de l'adjectif humide.

- **Indique** leur nature.
- **Entoure** le radical de ces mots.
- **Souligne** les suffixes ajoutés à ce radical.
- **Explique** le rapport de sens entre ces mots.

Je m'entraine

3 **Trouve** les adjectifs rencontrés dans le texte correspondant à ces définitions (p. 62).

a. Qui étonne énormément.

b. Qui laisse passer la lumière mais ne permet pas de distinguer nettement les objets à travers.

c. Qui est inspirée par le génie.

d. Qui est collant.

- **Écris** une phrase exemple pour chacun de ces adjectifs.

4 **Complète** chaque phrase avec l'adjectif de la famille du nom en gras.

a. On ne jette pas ses **saletés** chez les voisins.

→ On ne jette pas de choses ... chez les voisins.

b. Mais pourquoi tu descends ici ? Il y a du **danger** !

→ Mais pourquoi tu descends ici ? C'est ... !

c. Le lainage bleu évoque à John des souvenirs plein de **douceur**.

→ Le lainage bleu évoque à John de ... souvenirs.

Fiche 55 + et ++

Désigner un personnage dans un récit

Je découvre

1 **Écris** qui est désigné dans le récit *John et le royaume d'en bas* par chaque groupe nominal en gras.

l'escargot – John – Matamore

a. **Ce nouveau-né minuscule et sans poil** ne ressemble en rien à ceux de ses voisines.
b. Elles sortaient d'un petit trou situé sur le côté de **la chose gluante**.
c. **Une bouche plissée** articula : [...]
d. Celui-ci reconnait **le coupable** à son rire.
e. Matamore flaira vite **la petite chose fragile** couchée dans le nid.
f. **Quelque chose de gluant** bouchait l'aération.
g. **Deux longs tubes, avec un œil au bout**, surgirent.
h. Talie se précipita vers **son fils**.

• **Indique** ce que la manière de désigner chaque personnage nous apprend.

J'écris le texte

2 **Écris** un texte au présent qui parle de Matamore. **Présente**-le, et **raconte** ce qu'il fait à John.

oral Pour cela, **trouve** des groupes nominaux pour désigner Matamore en donnant des informations sur son aspect physique, son caractère, sa famille, ses actions.

Je révise et j'améliore

3 **Relis** ton texte et **vérifie** que :

– tu as utilisé des groupes nominaux différents pour désigner Matamore ;
– tu as désigné Matamore en donnant des informations sur lui ;
– tu as employé le présent ;
– tu as écrit la bonne terminaison des verbes ;
– tu as mis les majuscules et les points ;
– tu as bien orthographié les groupes nominaux trouvés collectivement.

Fiche 56 + et ++

› Identifier et comprendre actions, pensées et émotions des personnages
› Attribuer du sens à des mots inconnus

John et le royaume d'en bas (3)

– Je ne trouve plus de lombric, grogna Talie. Au début, on en attrape, et ensuite terminé, ces traitres se carapatent. Ça devrait être interdit par la loi !

– Peut-être qu'ils t'entendent creuser, supposa John. Les légumes sont moins vifs, c'est plus facile d'être végétarien. [...]

Au niveau de la dérivation, John trouve des morceaux de verre placés par le jardinier pour éliminer les taupes, et un mégot. Soudain réapparait Matamore qui l'écrase contre le mur.

Et l'agresseur se retrouva avec la griffe de Talie plantée sous la mâchoire.

– C'est la deuxième fois que je te pique chez moi, tonna la taupe. Je vais t'étriper, t'embrocher, te saigner, te massacrer, t'exterminer, te réduire en bouillie !

C'est que, depuis qu'elle avait son fils, elle avait pris gout aux mots. Elle finit :

– Cette fois, c'est la mort !

Son discours réveilla John. Matamore méritait une punition mais, la mort, c'était exagéré. Il s'interposa :

– Maman, tu ne peux pas le tuer !

– Si ! C'est la loi. Si quelqu'un pénètre sur ton territoire, tu en as le droit !

John protesta :

– Oh ça, c'est une vieille loi pourrie des temps barbares ! La nouvelle loi dit qu'on doit d'abord lancer un avertissement. Au bout de deux avertissements, c'est le blâme et alors... (Il menaça Matamore du doigt.) Je te préviens, c'est ton deuxième avertissement !

oral Je raconte

1 **Choisis** trois mots-clés et **raconte** l'essentiel du roman.

Je comprends les mots

2 **Fais** des hypothèses sur le sens des mots suivants à partir de leur formation.
dérivation - avertissement

3 **Trouve** un mot de langage courant synonyme des mots familiers suivants.
se carapatent - pique - pourrie

4 **Cherche** le mot végétarien dans le lexique et **exprime** avec tes propres mots le sens de la phrase contenant ce mot (lignes 3-4).

5 **Indique** les différentes façons de nommer Matamore.

6 **Relève** les verbes employés par Talie pour menacer Matamore.

7 **Lis** la définition du mot blâme.

▸ **blâme** n. m. Réprimande que l'on fait à quelqu'un qui a commis une faute grave.

© Le Robert junior illustré, 2019

• **Indique** avec tes propres mots son sens dans la phrase en vert.

Au bout de deux avertissements, c'est le blâme et alors...

La taupe fila sans demander son reste.

Enfin, « fila » n'était pas le bon mot, parce que Matamore boitait. Il s'était fait mal ? Eh bien on n'allait pas le plaindre !

Et John songea que, maintenant qu'il lui avait sauvé la vie, ce malotru lui ficherait la paix.

Du moins, il l'espérait. […]

John revoit son copain Loulou le lombric qui le cherche.

John fut émerveillé que quelqu'un le cherche. Il avait enfin un copain ! Même si c'était un drôle de copain : son corps était une succession d'anneaux, dont un plus large au milieu, d'un rose orangé, que John appela « le seigneur des anneaux ». […]

Puis il repensa au morceau de verre qu'il avait laissé dans la nouvelle galerie. Il ne fallait pas que quelqu'un se blesse dessus ! Il allait y retourner.

John enfonça le morceau de verre dans la terre pour qu'il ne blesse personne et regarda ses mains avec intérêt. Elles étaient petites et menues, mais pouvaient faire des tas de choses ! Son sourire s'effaça quand il entendit :

– Toi ! Lèche mon pied !

Matamore ! Son pied saignait !

John vit de près ses dents acérées, et il dut faire un effort pour protester :

– Tu exagères, je t'ai sauvé la vie ! […]

Je mets en relation

8 **Exprime** ce que ressent John en sachant que son ami le cherche.

9 **Trouve** des informations et **explique** pourquoi John appelle son ami le seigneur des anneaux.

10 **Réponds** aux questions par une phrase.
- a. Pourquoi Talie veut-elle tuer Matamore ?
- b. Comment Matamore s'est-il blessé ?
- c. Pourquoi le jardinier veut-il éliminer les taupes ?

11 **Réponds** aux questions en citant des phrases du texte.
- a. Pourquoi John tente-t-il de sauver la vie de Matamore ?
- b. Matamore est-il reconnaissant envers John ?

oral **12** **Échange** et **réponds** aux questions.
Que penses-tu de l'attitude de Matamore ?
John le soignera-t-il ?

oral Je lis à voix haute

Lis de *Et John songea que* (ligne 25) à la fin du texte.

Je lis très vite

un œil – des œillères – une œillade – un œillet – un œdème
écœurant – la rancœur – un manœuvre
un fœtus – l'œsophage – un phœnix – la mœlle – mœlleux

Fiche 57 + et ++

Matamore blessé par les morceaux de verre du jardinier oblige John à le soigner.

Son sens de l'entraide reprenant le dessus, John oublia que Matamore était son ennemi et, n'ayant rien d'autre sous la main, lui entoura le pied de son plan. Puis il chercha quelque chose pour maintenir le pansement.

Hélas, il n'avait que son élastique ! Même si l'abandonner lui faisait mal au cœur, il ne s'écouta pas. […]

Matamore fut étonné d'avoir été si bien soigné. Malgré tout il grogna :

– Et tu as intérêt à ce que ça tienne, pauvre larve ! Sinon tu auras de mes nouvelles !

John avait sacrifié son plan, son élastique, et il n'avait même pas eu un « merci » ! Alors il glissa quelque chose dans le pansement. […]

John suit discrètement Matamore. Celui-ci passe un mauvais moment car sa famille le chasse du secteur.

Pour tout dire, John avait glissé dans le pansement… le mégot ! Et ça donnait au « mâle dominant » l'odeur du jardinier, le pire ennemi des taupes ! […]

Oui... enfin... « En paix », ce ne serait pas si simple. D'ailleurs, « paix » n'était pas un mot que John avait appris de Talie. D'où lui venaient donc tous ces mots inconnus au royaume des taupes ? Un étrange mystère...

Évelyne Brisou Pellen, Juliette Baily, *John et le royaume d'en bas*, Bayard Jeunesse, 2019.

oral Je raconte

1 **Indique** ce que ressent John et tout ce qu'il réussit malgré ses différences.

Je comprends les mots

2 **Indique** le sens du mot larve dans le texte.

a. un tout petit être sans importance

b. la forme de certains animaux avant d'être adultes

3 **Indique** qui parle, à qui et **dis** avec tes mots ce que tu comprends.

- Et tu as intérêt à ce que ça tienne, pauvre larve ! Sinon tu auras de mes nouvelles !

4 **Trouve** un synonyme du mot secteur (ligne 55).

a. partie d'un territoire

b. un quartier

c. une entreprise

Je mets en relation

5 **Réponds** aux questions.

a. Que sacrifie John pour soigner Matamore ?

b. Comment John se débarrasse-t-il de Matamore ?

Je vais plus loin

oral **6** **Échange** et **réfléchis.**

- **Explique** le titre : *John et le royaume d'en bas.*
- **Dis** ce que tu penses de ce roman.

oral Je lis à voix haute

Lis de *Son sens de l'entraide* (ligne 44) à la fin du texte.

Fiche 58 + et ++

Écrire [ɛ] ou [e] devant une consonne double (2)

Je mémorise

1 **Lis** les mots à mémoriser.

presser / la tendresse / une guerre / une erreur / une noisette

- **Écris** la manière d'écrire le son [ɛ].
- **Recopie** le verbe, puis les noms.

2 **Recopie** les mots à mémoriser.

une blessure / terrible / embellir / une pierre / un effort

- **Entoure** les deux mots dans lesquels la lettre e transcrit le son [e].

Je fais le point

3 **Recopie** les mots et **entoure** la manière d'écrire le son [ɛ] ou [e].

la vitesse - une ficelle - serrer - dessiner - une antenne - mettre
une galette - une magicienne - le tonnerre - efficace - la vaisselle

- **Souligne** les consonnes doubles qui suivent e transcrivant [ɛ] ou [e].
- **Complète** la phrase : Devant des ..., la lettre e qui transcrit [ɛ] ou [e] ne prend jamais d'accent.

Je m'entraine

4 **Récris** les mots avec è ou e.

a. le tonn•rre b. une pi•ce c. une tr•sse d. un mod•le
e. une éch•lle f. une l•ttre g. la col•re h. une ant•nne

5 **Récris** les mots avec é ou e.

a. une •cole b. un •ffet c. •ffacer d. •clater
e. •ssayer f. •rafler g. l'•ssence h. bl•sser

6 **Écris** un mot terminé par -tte de la famille de chaque verbe.

a. cacher → une ... b. calculer → une ... c. balayer → une ...
d. allumer → une ... e. tirer → une ... f. pousser → une ...

7 **Écris** au féminin les mots suivants. Dans chaque mot, la consonne n est doublée.

a. un chien b. un gardien c. le mien
d. un magicien e. un collégien f. un Européen.

8 **Range** les dix mots mémorisés dans l'ordre alphabétique

Fiche 59 + et ++

Les relations dans un texte (7)

Je lis et je transpose

John et Jack avec Loulou et Doudou

John et Jack profitent du sommeil de Talie pour aller dans le royaume d'en haut. Là, ils voient un merle manger un ver de terre. Pourvu que ce ne soit pas Loulou ou Doudou !

Juste à ce moment, John et Jack voient Loulou et Doudou les lombrics. Ouf ! Ils sont vivants. **Ceux-ci les** cherchent. John et Jack sont contents de **les** voir. **Ils** ont enfin des copains !

Soudain, John et Jack repensent au morceau de verre laissé dans la nouvelle galerie. Vite, ils **y** retournent, prennent le morceau de verre et **l'**enfoncent dans la terre pour qu'**il** ne blesse personne.

En faisant **cela**, ils regardent leurs mains. Ils peuvent faire des tas de choses avec !

1 **Écris** qui ou ce qui est désigné par les mots en gras.

2 **Dis** le texte en parlant uniquement de John et uniquement de Loulou.

3 **Récris** les groupes de mots soulignés en remplaçant John et Jack par John et Loulou et Doudou par Loulou. **Indique** ce qui change.

4 **Donne** l'infinitif de tous les verbes soulignés.
Distingue les verbes du 1er groupe, ceux du 3e et les auxiliaires.

Je collecte

5 **Colle** les étiquettes à la bonne page de ton cahier de grammaire.

Je m'entraine

6 **Recopie** les groupes de mots en bleu en remplaçant le merle par les merles.

Un merle est sur le sol. Il voit un ver sortir de la terre. Aussitôt il l'avale, puis il retourne dans un arbre. Le merle est dangereux pour Loulou. Il peut l'attraper à tout moment.

7 **Recopie** chaque phrase en mettant le sujet au singulier à la même personne.

a. Les chats n'aiment pas les taupes. Ils veulent les attraper.
b. Nous creusons des galeries et nous mangeons les racines des plantes.
c. Les jardiniers chassent les taupes. Ils placent des pièges.
d. Vous marchez dans le jardin et vous regardez les taupinières.

Fiche 60 + et ++

Des phrases dans un texte (4)

Je repère et je transforme

Talie est toujours pressée. John a souvent bien du mal à la suivre. Où court-elle toujours si vite ? Quand s'arrêtera-t-elle de creuser ? Est-ce que Talie sera bientôt fatiguée ? Surement ! Une taupe dort quatre heures toutes les quatre heures. Est-elle endormie maintenant ? Est-ce que John va en profiter pour aller dans le royaume d'en haut ? Attention à l'ennemi des taupes, le jardinier !

1 **Indique** le nombre de phrases déclaratives du texte.

2 **Recopie** les phrases interrogatives du texte. **Distingue** celles dont la réponse peut être oui ou non.

- **Entoure** le mot interrogatif qui se trouve au début de certaines de ces phrases.
- **Indique** où est situé le verbe par rapport au sujet, puis **réponds** aux questions suivantes.

a. Quel signe relie le verbe au sujet ?
b. Quelle lettre est parfois intercalée entre deux traits d'union ?

- **Récris** la phrase interrogative Est-elle endormie maintenant ? en commençant par Est-ce que.
- **Récris** les phrases interrogatives commençant par Est-ce que en plaçant le sujet après le verbe.

Je reconstitue une phrase

3 **Écris** une phrase à partir des groupes de mots suivants.

des morceaux de verre – pendant le sommeil de Talie – découvre – le jeune Pink – ce matin

- **Souligne** le verbe, **entoure** le sujet.
- **Recopie** les phrases en déplaçant les compléments qui peuvent l'être, puis en les supprimant.

Je m'entraine

4 **Complète** les phrases interrogatives avec le pronom qui convient.

a. John et Jack restent-... dans le royaume d'en bas ?
b. Les taupes sont-... aveugles ?
c. Le chat chasse-t-... les taupes ?
d. L'hirondelle mange-t-... des vers de terre ?

5 **Entoure** le sujet d'une couleur et **souligne** le verbe.

- **Entoure** d'une autre couleur le complément déplaçable et supprimable.

a. Dans le royaume d'en haut, John voit une vipère et un merle.
b. Tous les jours, dans son jardin, le jardinier surveille les taupes.

- **Recopie** les phrases en déplaçant les compléments déplaçables et supprimables.

Fiche 61 + et ++

Les mots de *John et le royaume d'en bas*

Je réfléchis

1 **Remplace** les mots en gras par les verbes du dialogue qui conviennent.

s'interpose – soupire – grogne – ricane – tonne – proteste – suppose – râle

a. Pour cette fois, tu t'en tires bien, **dit en riant bêtement** Matamore.
b. Tu ne pouvais pas le dire plus tôt ? **dit avec mauvaise humeur** l'escargot.
c. **John dit en respirant longuement** :
- J'ai réussi à me faire un ami… mais impossible de le présenter à ma mère.
d. Je ne trouve plus de lombric, **dit tout bas, mécontente**, Talie.
e. Peut-être qu'ils t'entendent creuser, **dit sans être sûr** John.
f. C'est la deuxième fois que je te pique chez moi, **dit très fort et en colère** la taupe.
g. John **dit en se mettant entre Talie et Matamore** :
- Maman tu ne peux pas le tuer !
h. John **dit qu'il n'est pas d'accord** :
- Oh ça, c'est une vieille loi pourrie des temps barbares !

2 **Trouve** le verbe à partir duquel est formé chaque nom en gras.
• **Explique** leur rapport de sens.

a. Matamore mérite une **punition**.
b. C'est ton deuxième **avertissement**.
c. L'**agresseur** se retrouva avec la griffe de Talie plantée sous la mâchoire.
d. Il cherche quelque chose pour maintenir le **pansement**.
e. Au bout de deux avertissements, c'est le **blâme**.
f. Au niveau de la **dérivation**, John trouve un morceau de verre.

Je m'entraine

3 **Complète** les phrases avec des verbes de l'activité 1.

- Je ne trouve plus ma gomme, … Jules mécontent. Je suis sûr que c'est toi qui me l'a prise !
- Non, ce n'est pas moi, … sa sœur.
- Alors, elle est peut-être restée à l'école, … Jules.
Maman … :
- Arrêtez de vous disputer ! Allez plutôt vous laver les mains, nous allons diner.

4 **Écris** le verbe à partir duquel est formé chaque nom.

a. l'organisation b. un divertissement c. un chanteur
d. l'obéissance e. un juge f. un bavardage

Fiche 62 + et ++

Raconter la vie de John

Je recherche des idées

1 **Relève :**

- ce que fait Talie au moment où elle dépose John sur son nid de feuilles (page 55) ;
- ce que John trouve plus tard sur ce lit de feuilles (page 62) ;
- ce qui lui évoque de doux souvenirs (page 62) ;
- ce que l'on sait de John : son physique, son nom ;
- les informations qui montrent que John n'est pas une taupe.

• **Observe** John sur les illustrations reproduites du livre.

2 **Lis** ce texte pour t'aider à imaginer l'histoire de John.

John mesure à peine quelques centimètres : c'est un pink, un tout petit humain. Seulement ça, il ne le sait pas... Car le jour de sa naissance, à la suite d'une grande catastrophe, c'est une taupe qui lui sauve la vie. Croyant qu'il est son fils, elle l'élève avec amour... Hélas, comme taupe, John est un peu raté, et tout le monde se moque de lui.

Mais John est malin et bien décidé à se faire des copains. Tant pis si ça bouscule la vie dans les galeries !

oral **3** En t'aidant des activités 1 et 2, **imagine :**

a. où est John avant la catastrophe qui le conduit dans une galerie de taupe ;
b. de quelle catastrophe, il peut s'agir.

J'écris un texte

4 **Rédige** un texte au présent en trois paragraphes, à la troisième personne, à partir des idées trouvées dans l'activité 3.

- La vie de John auprès de ses parents pinks ;
- la catastrophe qui le conduit dans la galerie de la taupe ;
- sa découverte par Talie.

Je révise et j'améliore

5 **Relis** ton texte et **vérifie** que :

- tu as écrit trois paragraphes ;
- tu es allé(e) à la ligne à la fin de chaque paragraphe ;
- tu as décrit la catastrophe ;
- tu as employé le présent ;
- tu as écrit la bonne terminaison des verbes ;
- tu as mis les majuscules et les points ;
- tu as bien orthographié les mots que tu as repris de l'activité 3.

Fiche 63 + et ++

› Identifier actions et pensées des personnages
› Identifier les caractéristiques de la bande dessinée

Marion Duval, Un croco dans la Loire (1)

Alex, le père de Marion est journaliste. Un viticulteur de Touraine, Mr Bigot a téléphoné au journal pour dire qu'il avait vu un crocodile dans la Loire. Dans un bar, Marion raconte à son père qu'elle a reçu un coup de téléphone bizarre de son ami Fil.

* Scoop : information ou photo qu'un journaliste est le premier à posséder et publier.

J'anticipe

1 **Observe** la couverture de la bande dessinée et **imagine** l'histoire.

Je comprends les mots

2 **Explique** le métier de Mr Bigot et **indique** la région où il l'exerce.

3 **Trouve** un synonyme du mot en gras et **relève** les signes de ponctuation.
- **Explique** ce que signifie la phrase en vert.

Un **scoop** ! Un scoop !... Tu ne penses qu'à tes scoops !

4 **Trouve** un mot de langage courant synonyme de chaque mot de langage familier prononcé par Alex.

5 **Cherche** le mot chantage dans le lexique et **trouve** un synonyme du mot odieux.
- **Exprime** avec tes propres mots le sens de la phrase en vert.

Mais !! C'est du chantage ! C'est odieux !

Je mets en relation

6 **Relève** les noms des personnages de cette planche de bande dessinée.

7 **Réponds** à la question par une phrase.
De quel scoop s'agit-il ?

8 **Trouve** ce qu'indique la forme des bulles de la 3e vignette de la 1re bande.

9 **Explique** comment on sait qu'Alex connait la mère de Fil ?

10 **Indique** qui prononce les paroles indiquant que la nouvelle doit rester secrète.
Comment sait-on qui prononce ces paroles ?

11 **Indique** quelle vignette te permet de répondre à la question suivante.
Marion accompagne-t-elle son père à la Chapelle-Saint-Martin ?
- **Recopie** le contenu du cartouche.

12 **Fais** la liste des éléments qui caractérisent une bande dessinée.

oral 13 **Échange** et **imagine** la suite de l'histoire en répondant aux questions.
a. Qui Marion et Alex vont-ils voir en Touraine ?
b. Que va-t-il se passer ?

Je lis très vite

un crocodile - la cruauté - crucial - une craquelure
un accroc - escroquer - croasser - concrétiser
une concrétion - un cancrelat - un acronyme

oral Je lis à voix haute

Lis la planche entière.

Fiche 64 + et ++

oral Je raconte

1 **Raconte** le début de l'histoire avec les mots-clés suivants.

un scoop - journaliste - Marion - un crocodile
la Loire

Je comprends les mots

2 **Recopie** la phrase qui exprime un doute sur la véracité de l'information.

3 **Relève** l'onomatopée et **indique** son sens.

4 **Lis** les définitions.

a. **Le plan général :** vue d'ensemble sur le décor. Peu de détails, les personnages sont peu visibles.

b. **Le plan moyen** (en pied) : cadre les personnages en entier. Il précise l'action.

Je mets en relation

• **Indique** de quel type de plan il s'agit dans la 2e vignette.

5 **Réponds** à la question par une phrase.

Pourquoi le dessinateur propose-t-il des plans différents selon les vignettes ?

6 **Lis** les deux textes. **Repère** les fausses informations.

a. Marion et Alex vont en Touraine visiter un parc aux crocodiles. Ils arrivent sur les bords de la Loire mais ils ne trouvent pas.

b. Alex et Marion vont en Touraine car il y aurait un crocodile dans la Loire.

oral Je lis à voix haute

Lis la planche entière.

Fiche 65 + et ++

Écrire *il*, *ill*, *ll* pour transcrire [j] (1)

Je mémorise

1 **Lis** les mots à mémoriser.

meilleur / un conseil / la corbeille / ailleurs / un caillou

- **Écris** les manières d'écrire le son [j].
- **Recopie** l'adjectif qualificatif, l'adverbe, puis les trois noms.

2 **Recopie** les mots à mémoriser.

une abeille / le sommeil / un détail / un chevreuil / briller

- **Entoure** les lettres qui transcrivent [j] dans chaque mot.

Je fais le point

3 **Recopie** les mots en deux colonnes : masculin et féminin.

la corbeille – un détail – le sommeil – du fenouil – la feuille – la bataille – un fauteuil

- **Complète** la phrase :

> Les noms terminés par [aj], [ej], [œj], [uj] se terminent par ... au masculin et par ... au féminin.

- **Entoure** la manière d'écrire [œj] dans ces noms masculins.

un portefeuille – un millefeuille – le chèvrefeuille

- **Complète** la phrase : Les noms masculins composés avec le mot ... se terminent par -ille .

4 **Entoure** la manière d'écrire [aj], [ej].

a. le travail → travailler → je travaille
b. le réveil → réveiller → nous réveillons
c. un détail → détailler → vous détaillez
d. le sommeil → sommeiller → ils sommeillent

- **Complète** la phrase :

> Dans un verbe formé à partir d'un nom terminé par -ail ou -eil, le son [j] s'écrit ....

Je m'entraine

5 **Récris** les mots avec -il ou -ille.

a. un porta•
b. une grenou•
c. un orte•
d. de la pa•
e. un écureu•
f. un portefeu•

6 **Recopie** en ajoutant devant chaque mot un, une ou elle.

a. surveille
b. merveille
c. détail
d. réveil
e. conseille
f. trouvaille
g. travaille
h. corbeille

7 **Écris** un nom de la famille de chaque verbe.

batailler – rouiller – ensoleiller – débroussailler – effeuiller

8 **Range** les dix mots mémorisés dans l'ordre alphabétique.

Fiche 66 + et ++

Le présent des verbes *être, avoir, aller*

Je lis et je réfléchis

1 **Lis** la page 3 de ton cahier de grammaire.
- **Souligne** le verbe et **entoure** son sujet dans chaque phrase.
- **Indique** à quel temps sont conjugués les verbes.
- **Indique** l'infinitif des verbes.

2 **Conjugue** les verbes suivants à toutes les personnes. **Aide**-toi de ton cahier.

être – avoir – aller

- **Indique :**

a. la lettre que l'on retrouve à la fin des trois verbes avec tu, nous et celle avec ils/elles ;
b. le verbe qui ne se conjugue pas comme les deux autres à la première personne du pluriel ;
c. le verbe qui ne se conjugue pas comme les deux autres à la deuxième personne du pluriel.

Je conclus

3 **Écris** le titre de la page 3 de ton cahier de grammaire : Le présent des verbes *être, avoir, aller*.
Dans le mémo, **lis** la page concernant la conjugaison de ces verbes au présent.

Je m'entraine

4 **Trouve** le verbe conjugué et **écris** son infinitif.

a. Vous avez une voiture neuve.
b. Ce marchand est sur le marché tous les samedis.
c. Je suis souvent en retard.
d. Les habitants de l'ile ont beaucoup de chance.
e. Tu vas dans le centre de la ville.
f. Vous êtes dans le bus.

5 **Conjugue** les verbes au présent avec le sujet proposé.

a. Tu as une montre connectée. → Nous ...
b. Ce médecin est très célèbre. → Vous ...
c. Nous allons dans un petit village pendant les vacances. → Le voisin ...
d. Le coiffeur a de bons ciseaux. → Les coiffeurs ...
e. Les abeilles vont sur les fleurs. → L'abeille ...

6 **Conjugue** les verbes à l'infinitif au présent.

a. Les félins être des mammifères.
b. Pour te repérer, tu avoir une boussole.
c. Les eaux usées aller dans les égouts.
d. J' avoir des boutons sur la jambe.
e. Ces alpinistes avoir l'intention d'aller au sommet de l'Himalaya.

Fiche 67 + et ++

Des groupes nominaux (3)

Je repère

1 **Lis** les phrases suivantes.

Marion discute avec son père :
– Mon ami Fil m'a raconté des choses bizarres. Il court un grave danger ainsi qu'Esther sa mère.
Alex dit à sa fille :
– Un viticulteur a téléphoné à mon journal pour dire qu'il y avait un crocodile dans la Loire.
Le lendemain, Fil et Alex partent en Touraine pour rencontrer le viticulteur.

- **Recopie** les groupes nominaux.
  Identifie les déterminants, les noms communs, les noms propres et les adjectifs qualificatifs.
  Indique le genre et le nombre de chaque groupe nominal.
- **Recopie** les déterminants en deux colonnes :
  les articles / les déterminants qui indiquent une relation avec quelqu'un.

2 **Lis** les groupes nominaux suivants.

a. un viticulteur de Touraine
b. la voiture du journal
c. la grande carte de France
d. la mère de Fil
e. la fille d'Alex
f. les rives de la Loire

- **Trouve** le nom principal dans chaque groupe nominal.

Je collecte

3 **Colle** les étiquettes à la bonne page de ton cahier de grammaire.

Je m'entraine

4 **Recopie** seulement les groupes nominaux.

la Terre – l'eau glacée – téléphoner – un scoop extraordinaire – un étonnant message
partir vite – des informations fausses – des journaux intéressants – apprendre

- **Souligne** le nom, **entoure** avec des couleurs différentes le déterminant et l'adjectif quand il y en a.
  Classe-les suivant leur genre et leur nombre.

5 **Recopie** les groupes nominaux. **Entoure** le nom principal de chaque groupe nominal.

un fleuve de France – la rive de la Loire – la mâchoire du crocodile – le pull rouge de Marion
les lunettes de son père – la voiture du journaliste

Fiche 68 + et ++

Des mots de la bande dessinée (1)

Je réfléchis

1 **Associe** chaque mot du vocabulaire de la bande dessinée à sa définition.

1. **une bande**
2. **une vignette ou case**
3. **une planche**
4. **une bulle ou un phylactère**
5. **un cartouche**
6. **un appendice**
7. **une onomatopée**

a. une page entière de BD
b. une suite horizontale de plusieurs images
c. une image d'une bande dessinée délimitée par un cadre
d. une forme qui contient les paroles ou pensées des personnages
e. une flèche ou des petits ronds pour indiquer qui parle ou pense
f. un petit rectangle avec du texte qui fait le lien entre deux vignettes
g. un mot qui indique le bruit d'un objet

2 **Dessine** la bulle correspondant à chaque manière de parler.
• **Écris** les paroles à l'intérieur.

a. - Mon ami est en danger et toi tu ne penses qu'à tes scoops ! s'écrie Fil.
b. - Parle moins fort ! chuchote Alex.
c. - Mais Esther, je la connais, pense Alex.
d. - Bon ! Demain, j'irai là-bas ! dit Alex.

• **Remplace** chaque verbe du dialogue par un verbe de même sens.

déclare - songe - murmure - s'exclame

3 **Remplace** chaque groupe de mots par un des verbes ci-dessous.

répondre - ajouter - confier - répliquer - refuser - insister

a. Donner une réponse : ...
b. Demander plusieurs fois quelque chose : ...
c. Ne pas accepter : ...
d. Répondre vivement à quelqu'un : ...
e. Dire des choses qui doivent rester secrètes : ...
f. Dire en plus : ...

Je m'entraine

4 **Observe** la bande dessinée (page 78).
• **Complète** le texte avec des mots de l'activité 1 ou 2.

Sur cette page, il y a une ... composée de quatre ... et de onze ... .
Sur la troisième vignette de la première bande, la forme de la bulle montre que Marion ... .
Sur la première vignette de la deuxième bande, une des bulles montre qu'Alex ... à Esther.

Fiche 69 + et + +

Transformer une BD en dialogue

Je lis le dialogue

1 **Lis** le dialogue correspondant à la première bande de la planche (p. 78).

Alex dit en cachant sa bouche derrière sa main pour qu'on ne l'entende pas :

– Un crocodile !? La Loire !? Ce serait donc vrai ? Mais c'est un scoop formidable, ça !

– Un scoop ! Un scoop !... tu ne penses qu'à tes scoops ! Ne comprends-tu pas que Fil est en danger ? ... En danger de mort, peut-être !! s'écrie Marion en colère.

– Chchchut !, murmure Alex.

- **Relève** la ponctuation du dialogue.
- **Indique** les verbes qui introduisent le dialogue et **justifie** leur choix.
- **Relève** ce qui a été ajouté dans le dialogue pour montrer l'attitude et les émotions des personnages.

Je complète le dialogue

2 **Écris** des verbes du dialogue de la deuxième bande.

- **Choisis**-les parmi ceux du mémo.
- **Ajoute** des éléments visibles sur la BD qui sont indispensables pour comprendre l'histoire.

Marion ... :
- Sa mère aussi d'ailleurs, est peut-être en danger de mort ... .
- Esther..., ... Alex en se souvenant ... .
- Bon ! Demain, j'irai là-bas ! ... Alex.
- Là-bas ? Où ça là-bas ? ... Marion.
- Le type qui a téléphoné au journal... Il appelait d'un patelin nommé « La Chapelle-Saint-Martin ». C'est là qu'il prétend avoir vu le crocodile, ... Alex.

J'écris la suite du dialogue

3 **Observe** les deux autres bandes de la planche (p. 78) et **écris** le dialogue entre Alex et Marion.

- **Emploie** des verbes du dialogue. **Ajoute** des éléments pour montrer l'attitude et les émotions de Marion et d'Alex.

Je révise et j'améliore

4 **Relis** ton texte et **vérifie** que :
- tu as bien mis la ponctuation du dialogue ;
- tu as utilisé des verbes du dialogue.

Fiche 70 + et ++

Marion Duval, Un croco dans la Loire (2)

Marion et Alex sont chez Mr Bigot. Il habite une maison troglodyte près d'une propriété immense louée à un prince étranger. Mr Bigot pense que le crocodile pourrait venir de cette propriété. Alex et Mr Bigot décident d'aller photographier le crocodile.

Marion descend dans le puits, arrive dans le jardin voisin où elle voit deux crocodiles et deux panthères. Elle entre dans la maison. Elle surprend une conversation entre le Prince et Esther qu'il retient prisonnière avec son fils Fil. Marion parvient à délivrer Fil.

Je raconte

1 **Raconte** le début de l'histoire en prenant le point de vue de Marion.

Je comprends les mots

2 **Lis** l'origine du mot troglodyte et **fais** des hypothèses de sens.
• **Explique** le sens de la phrase en vert.
Il habite une maison **troglodyte** près d'une propriété immense louée à un prince étranger.

Troglodyte est un nom commun venant d'un mot latin emprunté au grec ancien et signifiant pénétrer *dans un trou.*

3 **Lis** les différents sens du mot propriété et **indique** son sens dans le texte.
a. un terrain
b. une belle maison avec un terrain
c. une particularité
d. un immeuble

4 **Lis** les phrases prononcées par Mr Bigot, **relève** les mots que tu ne connais pas.
• **Fais** des hypothèses de sens en t'aidant du contexte.

5 **Relève** une onomatopée et **indique** son sens.

Je mets en relation

6 **Observe** la ponctuation dans les phrases en vert, **explique** son sens.
• **Indique** qui prononce ces paroles.
Un passage secret !?... Pourquoi ?

7 **Réponds** aux questions.
a. Où se rendent Alex et Mr Bigot ?
b. Marion descend-elle dans le puits ?
c. Que découvre-t-elle dans le jardin et dans la maison ?

8 **Relève** des mots ou groupes de mots qui relèvent du récit policier.

oral 9 **Échange** et **indique** en quoi cette histoire est une intrigue policière.

oral 10 **Échange** et **imagine** comment Marion a délivré Fil.

oral Je lis à voix haute

Lis la planche entière.

Je lis très vite

troglodyte - troglodytique - le troglodytisme
une tringle - un ganglion - un imbroglio
la négligence - la glycérine - une agglomération

Fiche 71 + et + +

Marion et Fil réussiront-ils à échapper au crocodile et à délivrer Esther, Alex et Mr Bigot retenus prisonniers par le Prince Melcar ?

Marion Duval, Un croco dans la Loire, BD Kids, © éditions Bayard, 2014

oral Je raconte

1 **Raconte** les différents épisodes de cette histoire policière avec les mots-clés suivants.
le scoop - Fil - le puits - prisonnière - le prince délivrer

Je comprends les mots

2 **Trouve** la phrase qui indique le lien entre le prince et Esther, et la qualité de leurs relations.

3 **Observe** la forme de la bulle contenant Mais !
- **Explique** ce qu'elle indique, ainsi que le point d'exclamation.

Je mets en relation

4 **Indique** le type de plan dans la vignette 4.

5 **Observe** les vignettes et **réponds** aux questions.
a. Qu'est-il arrivé à Alex et à Mr Bigot ?
b. Où se trouvent Fil et Marion ?

6 **Nomme** les prisonniers du prince.

oral 7 **Échange** et **imagine** comment Marion et Fil vont délivrer les prisonniers du prince.

Je vais plus loin

oral 8 **Échange** et **indique** en quoi cette histoire est une intrigue policière.

oral Je lis à voix haute

Lis la planche entière.

Fiche 72 + et ++

Écrire *i*, *y* pour transcrire [j] (2)

Je mémorise

1 **Lis** les mots à mémoriser.

vérifier / l'arrière / la matière / un lieu / la frayeur

- **Écris** les manières d'écrire le son [j].
- **Recopie** le verbe et les quatre noms.

2 **Recopie** les mots à mémoriser.

la poussière / une question / employer / un musicien / une période

- **Entoure** la lettre qui transcrit [j] dans chaque mot.

Je fais le point

3 **Recopie** les mots et **entoure** la lettre placée avant la lettre i qui transcrit [j].

plusieurs – un mariage – un camion – plier – du miel – un piano – mieux

Complète la phrase :

À l'intérieur d'un mot, après une consonne, [j] est le plus souvent transcrit par la lettre … .

4 **Recopie** ces mots et **entoure** les lettres placées avant et après le y.

rayer – noyer – ennuyer – payer – foudroyer – effrayer – vous voyez – nous fuyons
un crayon – joyeux – bruyant – une voyelle – un moyen – un rayon

Complète la phrase :

Entre …, …, ou …, la lettre y a souvent le rôle de deux … .

Je m'entraine

5 **Récris** les mots avec i ou y pour transcrire le son [j].

a. un mil•eu
b. pa•er
c. un l•on
d. un sent•er
e. nous envo•ons
f. abo•er

6 **Écris** le verbe qui contient [j] de la famille de chaque nom.

un balai – un ennui – un appui – une pagaie – un bégaiement – un essai

7 **Écris** un nom qui contient [j] de la famille de chaque verbe.

nettoyer – voyager – noyer – balayer – essayer

8 **Complète** chaque mot avec -ier ou -yer.

un ceris• – effra• – un menuis• – débla• – flambo• – un bijout•

9 **Range** les dix mots mémorisés dans l'ordre alphabétique.

Fiche 73 + et ++

Le présent des verbes du 2e groupe et des plus fréquents du 3e

Je lis et je réfléchis

1 **Lis** la page 4 de ton cahier de grammaire.
- **Souligne** le verbe et **entoure** son sujet dans chaque phrase.
- **Indique** à quel temps sont conjugués les verbes.
- **Indique** l'infinitif des verbes et leur groupe.

2 **Souligne** le radical de chaque verbe et **recopie** la terminaison :
- des verbes pouvoir et vouloir et celles des autres verbes avec je et tu ;
- de tous les verbes (sauf prendre qui n'a pas de terminaison) avec il ou elle ;
- de tous les verbes avec nous ;
- des verbes faire et dire et celles des autres verbes avec vous ;
- du verbe faire et celles des autres verbes avec ils ou elles.

3 **Observe** le radical des verbes du 2e groupe.
Par quelles lettres se termine-t-il aux trois personnes du pluriel ?
- **Indique** les changements que tu remarques à l'oral et à l'écrit dans le radical des autres verbes à certaines personnes.

Je conclus

4 **Écris** le titre de la page 4 de ton cahier de grammaire :
Le présent des verbes du 2e groupe et des plus fréquents du 3e groupe.

oral **5** **Récapitule** les régularités et les particularités que tu observes dans la conjugaison de ces verbes au présent.
- **Lis** la page de la conjugaison de ces verbes au présent dans le mémo.

Je m'entraine

6 **Conjugue** les verbes au présent avec le sujet proposé.

a. Le spectateur applaudit. → Les spectateurs …
b. Tu vois une ombre passer devant la fenêtre. → Nous …
c. Nous pouvons observer la Lune le soir. → Je …
d. Je prends un livre scientifique. → L'étudiant …
e. Les savants font des expériences. → Vous …

7 **Conjugue** les verbes à l'infinitif au présent.

a. Je vouloir être astronaute plus tard.
b. Vous dire le poème avec beaucoup d'émotion.
c. Les artistes venir saluer le public à la fin du spectacle.
d. Nous réussir notre examen.

Fiche 74 + et ++

Des phrases dans un texte (5)

Je repère et je transforme

Marion est curieuse. Elle ne cesse de poser des questions à Mr Bigot.
- Il y a de l'eau au fond du puits ? Pourquoi y a-t-il un passage secret ? Où ce passage secret conduit-il ?
Puis Alex monte dans une barque avec Mr Bigot pour essayer de prendre le crocodile en photo :
- Reste ici Marion. Ne bouge surtout pas ! Nous serons prudents. Nous reviendrons bientôt.

1 **Indique** le nombre de phrases déclaratives du texte.

2 **Recopie** la phrase interrogative du texte dont la réponse peut être oui ou non.
- **Récris** cette phrase avec Est-ce que, puis en plaçant le sujet après le verbe.
- **Lis** les autres phrases interrogatives.
- **Lis** les phrases impératives. **Recopie** celle qui est à la forme négative et à la forme exclamative. **Trouve** ce qu'elle exprime.

Je reconstitue une phrase

3 **Écris** une phrase à partir des groupes de mots suivants.
un vieux puits - Marion - dans la propriété de Mr Bigot - aperçoit - pendant sa visite
- **Souligne** le verbe, **entoure** le sujet.
- **Recopie** la phrase en changeant de place, puis en supprimant, les compléments déplaçables et supprimables.

Je collecte

4 **Colle** les étiquettes à la bonne page de ton cahier de grammaire.

Je m'entraine

5 **Récris** les phrases interrogatives avec Est-ce que, puis en rappelant le sujet après le verbe.
a. La neige va tomber aujourd'hui ?
b. Le crocodile est toujours dans la Loire ?
c. Farah a un chien maintenant ?
d. Les musées sont ouverts aujourd'hui ?

6 **Entoure** d'une couleur le sujet et **souligne** le verbe.
- **Entoure** d'une autre couleur le complément déplaçable et supprimable.
a. Marion regarde le puits avec beaucoup d'intérêt.
b. Près de sa propriété, sur la Loire, monsieur Bigot possède une barque.
c. Dans ce livre, la bande dessinée parle d'un crocodile.

Fiche 75 + et ++

Des mots de la bande dessinée (2)

Je réfléchis

1 Mr Bigot emploie des mots que l'on utilisait autrefois dans sa région.
Associe le mot en gras à son sens.

1. un **villotin**
2. une **souvenance**
3. une **demeurance**
4. une **bouillée**

a. une demeure
b. un habitant de la ville
c. une touffe
d. un souvenir

• **Entoure** le suffixe utilisé dans les mots souvenance et demeurance.

2 **Lis** l'article de dictionnaire.
• **Indique** le nom défini et l'adjectif de la même famille.
Dans quel sens, l'adjectif truffé est-il employé dans les propos de Mr Bigot ?
[...] nos demeures troglodytes en sont truffées, de passages secrets [...]
• **Remplace** le mot truffé par garni de truffes ou rempli.
a. Le teeshirt est sale, il est truffé de taches.
b. Nous avons mangé du poulet truffé.

truffe n. f. **1.** Champignon noir, au goût très délicat, qui pousse sous la terre. → planche **Champignons.** *Une omelette aux truffes.* **2.** *Une truffe (en chocolat),* un bonbon fait de beurre et de chocolat mélangés. **3.** Bout du museau du chien. *Le cocker a posé sa truffe humide sur le genou de Théo.*
▸ **truffé, truffée** adj. **1.** Garni de truffes. *Du foie gras truffé.* **2.** Rempli. *Cette dictée est truffée de fautes.*

3 **Complète** chaque phrase avec un adjectif de la famille du nom en gras contenant le suffixe -eux ou -ieux.
a. Avec le crocodile, il y a du **danger**. → C'est ... .
b. L'origine du puits est un **mystère**. → C'est ... .
c. Marion a du **courage**. → C'est ... de descendre dans le puits.
d. Le **silence** règne dans la classe. → C'est ... .
e. Il y a de la **poussière**. → C'est ... .

Je m'entraine

4 **Écris** le nom à partir duquel sont formés les adjectifs suivants.
a. victorieux → la ...
b. aventureux → l' ...
c. paresseux → la ...
d. huileux → l'...
e. merveilleux → une ...
f. astucieux → l'...
g. délicieux → un ...
h. herbeux → l'...
i. capricieux → un ...
• **Écris** une phrase avec un des noms que tu as écrits et l'adjectif correspondant.

5 **Écris** les noms que l'on peut former à partir des verbes suivants et du suffixe -ance.
a. espérer → l' ...
b. assurer → une ...
c. surveiller → la ...
d. endurer → l'...
e. résister → la ...
f. maltraiter → la ...
g. souffrir → la ...
h. ignorer → l'...
i. confier → la ...

Fiche 76 + et ++

Réaliser une bande dessinée

Je réalise des bulles

1 **Lis** le dialogue suivant, puis **réalise** les bulles.

Un pingouin dans la ville

– À ce soir ! dit Yann en sortant de la maison.
– Bonne journée, travaille bien ! répond Papa.
Yann revient aussitôt. Il crie en ouvrant la porte à toute volée.
– Papa, viens vite ! Il y a un pingouin sur le trottoir !
– Arrête de dire des bêtises, dit Papa.
– Mais c'est vrai, insiste Yann. Viens voir !
– Je ne vois rien ! dit Papa en regardant dans la rue.
« Il est parti, il a dû avoir peur quand j'ai crié, pense Yann. »

Je réalise la suite

2 **Écris** la fin de l'histoire sous forme de dialogue. Dans chaque vignette, fais parler tous les personnages.

Vignette 1 : À l'école, Yann raconte à son copain Alex ce qu'il a vu sur le trottoir.
Vignette 2 : En classe, Yann, distrait, pense au pingouin. Le maitre lui demande ce qu'il a.
Vignette 3 : Le soir, son père lui dit que des animaux s'étaient échappés d'un camion.
Vignette 4 : Yann demande ce que les animaux sont devenus.

- **Réalise** les quatre vignettes de ta bande dessinée. **Indique** dans un cartouche quand se passe ce qui est raconté dans la vignette 3.

Je révise et j'améliore

3 **Relis** ton texte et **vérifie** que :
- tu as dessiné la forme qui convient pour les bulles ;
- tu as respecté la ponctuation du dialogue ;
- tu as employé des verbes du dialogue ;
- tu as dessiné ce qui ne devait pas être écrit ;
- tu as ajouté un cartouche pour donner une indication de temps.

Fiche 77 + et ++

DOSSIER

Lire un paysage et réaliser un croquis

Après avoir lu un paysage, le géographe nomme les différents éléments, les classe et les situe. Un croquis sert à simplifier et à organiser un paysage pour mieux le comprendre.

1 Lire un paysage : la Seine à Paris

(France, Ile-de-France)

La passerelle des Arts (1), le pont du Carrousel (2) et le pont Royal (3) enjambent le fleuve qui traverse Paris : la Seine. Sur la rive* droite de la Seine, on aperçoit les toits du palais du Louvre (4). Sur la rive gauche, se dresse la tour Eiffel (5). Le mont Valérien (6) est la plus haute colline sur la ligne d'horizon*.

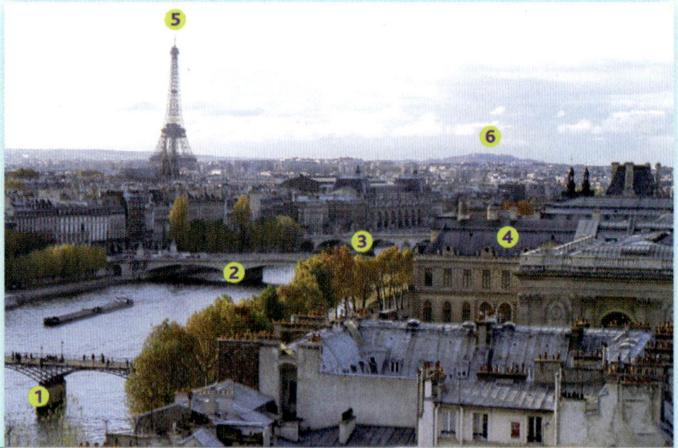

- Quelle couleur domine dans le paysage ?
- Que voit-on le plus : les constructions ou la végétation ?
- Compare la photographie et le croquis. Que vois-tu au premier plan* ? au deuxième plan* ? au troisième plan ? à l'arrière-plan* ?
- En quelle saison la photographie a-t-elle été prise ? Justifie ta réponse.

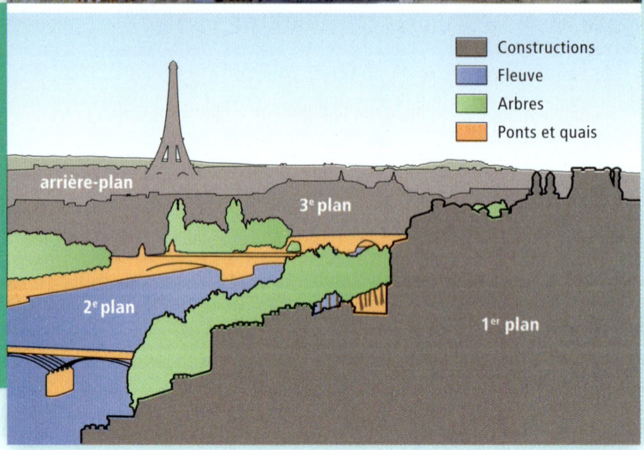

2 Réalise…

Le Rhin tra… région … de l'Allem… rives on v… et, sur les p… ensoleillées… comme la… aperçoit au… et un vieux…

Vocabulaire

* Une légende … expliquer une ph… ou une carte.
* La ligne d'hori… le ciel et la terre.
* Les plans :
– **premier plan** : … l'observateur ;
– **deuxième plan** … éléments du prem…
– **arrière-plan** : … l'observateur.
* Une rive : une … cours d'eau : fleuve…

Je sais déjà

1. Qu'est-ce que la géographie ?
2. Sais-tu faire un croquis de paysage ?

Je repère l'organisation des deux pages

3. À qui s'adresse cette double page ?
4. **Indique** les différentes parties de la leçon :
   - le titre du dossier ;
   - la présentation du sujet, la carte ;
   - les deux parties de la leçon et leur titre ;
   - le Vocabulaire ;
   - la fiche qui explique une méthode.
5. À quoi servent les étoiles à côté de certains mots ?

DOSSIER

…uis de paysage : la vallée du Rhin (Allemagne)

…une
…use
les
…rêts
…plus
…ures
On
…age
…fort.

- Place un calque sur la photographie.
- Dessine le sommet des montagnes : c'est la ligne d'horizon.
- Dessine puis colorie le fleuve en bleu.
- Entoure les habitations en rouge : le château fort, le village…
- Repère les routes sur chaque rive puis trace-les en noir.
- Repère les forêts puis colorie-les en vert.
- Colorie tous les espaces cultivés en jaune.
- Fais la légende* à partir des différents éléments : espaces bâtis, espaces cultivés, forêts, fleuve…
- Donne un titre à ton croquis.

…e ou des signes pour …e, un dessin, un plan

…igne de contact entre

… trouve le plus près de

… se trouve derrière les

… trouve le plus loin de

…e la terre qui borde un …

Comment réaliser un croquis de paysage ?

On réalise un croquis à l'aide d'un calque posé sur la photographie. Une fois le calque posé :

1. on dessine la ligne d'horizon ;
2. on repère les différents éléments (végétation, constructions, voies de communication…) ;
3. on trace les limites de ces différents éléments ;
4. on attribue une couleur à chaque élément ;
5. on fait la légende du croquis et on lui donne un titre.

J'observe les documents

6 **Indique** la nature des documents sur la double page du manuel.

7 Pourquoi la photo et le croquis sont-ils l'un en dessous de l'autre ?

8 **Réponds** oralement aux questions posées sur la photo de la Seine et le croquis.

- Repérer les informations essentielles
- Opérer un va et vient entre les documents pour construire du sens
- Identifier la nature d'un document

Je comprends les informations

9 **Recopie** ce qui est vrai.

a. C'est une leçon d'histoire.

b. Le croquis du paysage a une légende.

c. Avec le croquis, on comprend le paysage.

d. À Paris, il y a plus de végétation que de constructions.

oral Je formule ce que j'ai appris

10 **Écris** une phrase pour dire ce que l'on apprend en lisant cette double page.

oral Je lis à voix haute

Lis la partie Vocabulaire et la fiche **Comment réaliser un croquis de paysage ?**

Je lis très vite

montagneux – le vignoble – hargneux
grognon – un magnolia – l'ignorance
la répugnance – l'ignominie
un cigogneau – besogneux

Fiche 78 + et ++

Le Val de Loire est inscrit sur la liste du patrimoine mondial de l'UNESCO. C'est un paysage culturel vivant : la nature et l'action de l'Homme y sont en interaction. Il comprend des villes et villages historiques, des châteaux, des terres cultivées, un ensemble diversifié d'oiseaux et des traditions comme la balade en gabarre sur la Loire.

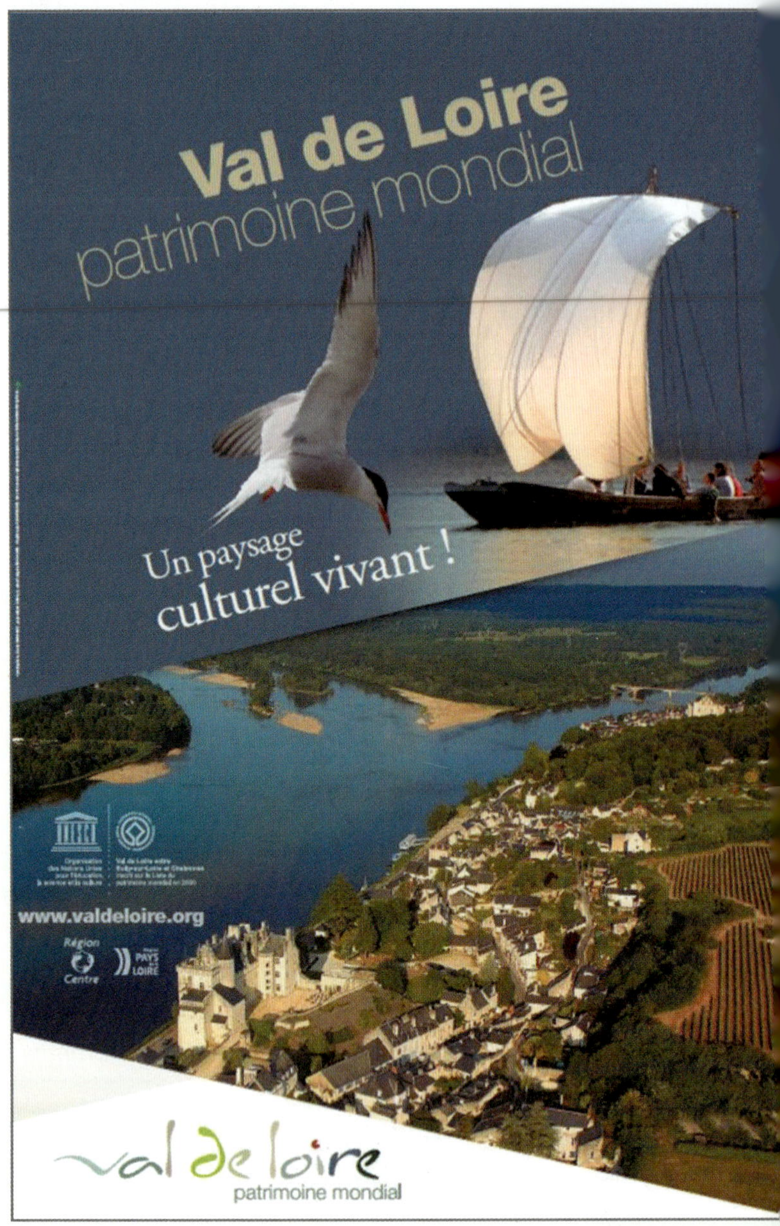

Affiche réalisée en 2014 par la Mission Val de Loire. La Loire est l'occasion de belles découvertes : l'observation des sternes, la visite de châteaux comme celui de Montsoreau au confluent de la Loire et de la Vienne ou la balade sur le fleuve.

Je sais déjà

1 Qu'est-ce que l'UNESCO ?
- **Cherche** sur Internet, la liste des sites inscrits au patrimoine mondial de l'UNESCO.
- **Situe** le Val de Loire sur une carte de France.

Je repère l'organisation de l'affiche

2 **Indique** la nature du document, sa source et ses deux parties.

Je comprends les informations

3 **Cite** tous les éléments que tu vois dans chaque partie.
- **Distingue** ce qui relève de la nature, de l'action de l'homme ou des deux conjugués.
- **Indique** quel oiseau est représenté.

4 **Réponds** aux questions.
a. Qu'est-ce qu'un confluent ?
b. Comment s'appelle le village ?
c. Quel message délivre cette affiche ? Dans quelle intention ?

oral Je formule ce que j'ai appris

Explique pourquoi on dit que Le Val de Loire est un paysage culturel vivant.

oral Je lis à voix haute

Lis le texte qui présente le Val de Loire et la légende de l'affiche.

Fiche 79 + et ++

Le féminin des noms et des adjectifs (1)

Je mémorise

1 **Lis** les mots à mémoriser.

un client / (un) géant / un touriste / différent / aigu

• **Écris**-les au féminin.

2 **Recopie** les mots à mémoriser.

violent / un artisan / souriant / général / suivant

• **Écris**-les au féminin.

Je fais le point

3 **Recopie** les mots et **entoure** la marque du féminin ajoutée à certains noms ou adjectifs masculins.

a. un ami / une amie
b. le renard / la renarde
c. sourd / sourde
d. un pianiste / une pianiste
e. gris / grise
f. clair / claire
g. lourd / lourde
h. tiède / tiède
i. amical / amicale

• **Complète** la phrase :

Pour former le féminin d'un nom d'être animé ou d'un adjectif, on ajoute généralement un … au mot au masculin. Certains noms ou adjectifs ne changent pas du masculin au féminin.

4 **Écris** les noms et adjectifs suivants au féminin.

urgent – profond – un candidat – un Anglais – un lauréat – confus

• **Complète** la phrase :

Les consonnes finales muettes de certains noms ou adjectifs servent à former leur … .

Je m'entraine

5 **Récris** les noms au féminin.

un employé – un marquis – un inconnu – un savant – un marchand

6 **Récris** chaque groupe nominal en écrivant l'adjectif comme il convient.

une route étroit – une eau pur – une mauvais note – une mine pointu

7 **Récris** les noms au masculin avec la consonne finale muette qui convient.

une étudiante – une Allemande – une commerçante – une experte

8 **Range** les dix mots mémorisés dans l'ordre alphabétique.

Fiche 80 + et ++

Les relations dans un texte (8)

Je lis et je transpose

Réaliser un croquis de paysage

– Prendre une photographie de paysage.
– Poser un calque sur la photo.
– Dessiner la ligne d'horizon.
– Repérer les différents éléments du paysage.
– Tracer les limites de ces différents éléments.
– Choisir une couleur pour chaque élément.
– Faire la légende du croquis.
– Donner un titre au croquis.

1 **Indique** sous quelle forme sont écrits les verbes soulignés.
• **Repère** les verbes du 1er groupe, celui du 2e groupe et les deux du 3e groupe.

2 **Dis** le texte en conjuguant les verbes au présent. **Utilise** plusieurs personnes de la conjugaison.

3 **Choisis** une personne de la conjugaison et **écris** les verbes au présent à cette personne.
• **Vérifie** ce que tu as écrit avec les tableaux de conjugaison (page 246).

Je m'entraine

4 **Trouve** les verbes conjugués et **écris** leur infinitif.
Aujourd'hui des touristes italiens arrivent à Paris. Ils montent à la tour Eiffel. Ils font de belles photographies de Paris. Ils traversent la Seine. Pour cela, ils empruntent la passerelle des Arts. Ils déjeunent rapidement car ils veulent visiter le palais du Louvre. En fin d'après-midi, ils vont au mont Valérien.

5 **Conjugue** les verbes au présent.
a. Sur la photo de Paris, je (voir) beaucoup de constructions.
b. Au premier plan, nous (observer) les toits du Louvre.
c. Des touristes (être) sur la passerelle des Arts.
d. Des ponts (enjamber) la Seine.
e. Une péniche (naviguer) sur le Rhône.

6 **Écris** chaque phrase avec le sujet proposé.
a. Je prends des photos. → Nos amies …
b. Tu dis au revoir. → Vous …
c. Nous voyons un arc-en-ciel. → Elle …
d. Les canards plongent dans l'eau. → Nous …

Fiche 81 + et ++

Des phrases et des groupes nominaux (1)

Je repère les phrases et les groupes

1 **Lis** le texte suivant.

Dans **cette leçon de géographie**, les élèves lisent un paysage : la Seine à Paris. Sur **la rive droite de la Seine**, ils observent **les toits du Louvre**. Ils voient une haute colline sur **la ligne d'horizon**. Ensuite, ils réalisent **un croquis de paysage** : **la vallée du Rhin**. Sur la photo, le fleuve traverse **une région montagneuse** de l'Allemagne. Sur ses rives, les élèves aperçoivent des forêts, des cultures, un village et un vieux château fort.

2 **Compte** le nombre de phrases.

- **Indique** leur type : déclaratif / interrogatif / impératif.
- Dans les phrases en bleu, **souligne** le verbe, **entoure** le sujet d'une couleur et les compléments déplaçables et supprimables d'une autre.

oral • **Dis** ces phrases en déplaçant, puis en supprimant les compléments déplaçables et supprimables.

Je repère

3 **Relève** les noms du texte avec leur déterminant, puis avec les adjectifs.

- **Distingue** les noms communs et les noms propres.
- **Recopie** les groupes nominaux en gras (bleus et noirs). **Entoure** le nom principal de chaque groupe nominal

Je collecte

4 **Colle** les étiquettes à la bonne page de ton cahier de grammaire.

Je m'entraine

5 **Souligne** le verbe, **entoure** le sujet d'une couleur et le complément déplaçable et supprimable d'une autre.

a. Des viticulteurs cultivent de la vigne sur un versant ensoleillé.

b. Dans cette petite ville, plusieurs ponts enjambent le fleuve.

c. Sur une grande photographie, le géographe observe des collines et une haute tour.

- **Recopie** les groupes nominaux, **souligne** les déterminants et les adjectifs avec des couleurs différentes.
- **Classe**-les suivant leur genre et leur nombre.

Fiche 82 + et ++

Des mots pour décrire un paysage

Je réfléchis

1 **Relève** les mots qui désignent les éléments du paysage dans les textes (pages 96-97) et dans les deux textes ci-dessous.

• **Classe**-les selon qu'ils se rapportent à la montagne, au bord de mer, à une vallée.

Une station balnéaire : Biarritz

La ville est située le long de la côte basque au bord de l'océan Atlantique. Une longue plage de sable fin longe la ville. On voit des immeubles qui bordent la plage. Un escarpement rocheux surmonté d'un phare domine la ville. Des vagues bordées d'écume avancent vers la plage à marée haute.

Une station de haute montagne : Le Val Claret

Cette station de haute montagne, près de Tignes, au pied du glacier de la Grande Motte, est située dans les Alpes à une altitude de 2100 mètres. De hauts sommets enneigés dépassant 3000 mètres entourent la station. Le village constitué d'immeubles à l'architecture moderne se trouve au milieu d'un vaste domaine skiable.

2 Dans les textes ci-dessus, **relève** et **classe** les verbes employés : le sujet du verbe est l'observateur du paysage / le sujet du verbe est un élément du paysage.

3 **Complète** les phrases avec des mots situant les éléments du paysage les uns par rapport aux autres.

a. La ville de Biarritz est située ... de la côte ... de l'océan.
b. Le Val Claret est situé ... d'un glacier ... de Tignes. Le village est ... du domaine skiable.
c. La tour Eiffel se dresse ... de la Seine, le palais du Louvre est ... .

Je m'entraine

4 **Associe** chaque mot à sa définition.

la côte – un glacier – une colline – une vallée

a. Couloir formé entre deux montagnes ou collines.
b. Grand champ de glace en haute montagne.
c. Le bord de la mer.
d. Petite hauteur de forme arrondie.

Fiche 83 + et ++

Décrire un paysage

Je complète un texte

1 **Lis** ce texte décrivant l'affiche de la page 96.

Le Val de Loire est une région française située entre Sully-sur-Loire et Chalonnes-sur-Loire.
On voit le village de Montsoreau au confluent de la Loire et de la Vienne. Son château domine la vallée de la Loire.

- **Retrouve** les deux paragraphes du texte : la situation du paysage / sa description.
- **Recopie** la phrase qui situe le lieu représenté.
- **Complète** la description en parlant du pont et des vignes.

J'écris un texte

2 **Cherche** des informations sur la situation de la vallée de la Seine.

- **Écris** un texte décrivant le paysage ci-dessous en deux paragraphes.

La vallée de la Seine à Rouen

Je révise et j'améliore

3 **Relis** ton texte et **vérifie** que :

- tu as écrit deux paragraphes ;
- tu as employé des verbes avec, pour sujet, l'observateur du paysage ou un élément du paysage ;
- tu as employé des mots pour décrire le paysage ;
- tu as mis les majuscules et les points.

Fiche 84 + et ++

Les disparus de Fort Boyard (1)

› Anticiper le contenu d'un roman
› Identifier actions et pensées des personnages
› Identifier le narrateur

Émilie et Jérôme regardent leur jeu télé préféré quand trois candidats, Mayoussi, Prunelle et Pierre-Marie, disparaissent dans les tunnels de fort Boyard. Quelques jours plus tard, un soir, les jumeaux et leur grand frère Damien aperçoivent une lueur sur les remparts du fort. Pourtant, le fort a été fouillé par la police qui n'a trouvé personne. Intrigués, ils décident de s'y rendre. Ils sont à peine entrés que Damien disparait. Les jumeaux sont terrorisés. Ils découvrent un chat, puis font une étrange rencontre.

Les jumeaux étudient l'étrange personnage pendant qu'il examine la torche électrique. Il est plutôt petit, rabougri, les jambes arquées. Sa tignasse rousse retombe sur son front et lui donne un peu l'aspect d'un lion.

Un rictus lui barre la figure. Mathias est une grimace moulée dans un corps tordu, le Quasimodo de fort Boyard.

« Il a bien vingt-cinq ans, pense Émilie. C'est un vieux. »

Le chat se frotte contre ses jambes, le dos rond, la queue dressée.

– Gédéon s'est sauvé, poursuit Mathias en le cajolant de la main, lui tirant des ronronnements qui grondent tels des borborygmes. Gédéon a voulu courir dehors alors que c'est interdit. Il aurait pu tomber à l'eau. Mathias a bien refermé la porte qui donne sur la mer, mais si oncle Blaise apprend qu'on est sortis, Mathias sera puni. Mathias ne veut pas être enfermé dans le goulp. C'est pour les méchants !

– Des méchants ? tique Émilie. Vous voulez dire que vous avez des prisonniers ?

– Les méchants seront transformés en gelée, confie Mathias. En gelée rose, verte, bleue... Krrr, krrr – il rit en s'essuyant les lèvres. Oncle Blaise les jettera dans le bac.

oral J'anticipe

1 **Connais**-tu l'émission Fort Boyard ? **Dis** ce que tu en sais.

Je comprends les mots

2 **Trouve** le sens des mots intrigués, rabougri, tignasse, borborygmes **en t'aidant du contexte ou du lexique (lignes 4 à 15).**

3 **Trouve** le sens du mot arquées **en t'aidant de sa formation.**

4 **Lis la définition du mot** rictus.

Ouverture de la bouche qui forme une grimace.

• **Exprime avec tes propres mots le sens de la phrase en vert.**

Un rictus lui barre la figure.

5 **Indique le sens du mot** chairs **(ligne 39) dans le texte.**

a. Matières molles du corps.

b. Parties tendres d'un fruit.

Il lance ses bras en l'air, pivote sur la pointe de ses pieds, arrête brutalement et fixe les jumeaux de ses gros yeux.

– Vous, vous êtes des gentils, vous avez retrouvé Gédéon, vous avez donné à Mathias la grosse lumière.

– Hé ! crie Jérôme. La lampe est à nous !

– Craignant que le Quasimodo ne se mette en colère si son frère lui reprend l'objet, Émilie lui souffle à l'oreille :

– Laisse-la-lui. Demande-lui où est Damien.

– À la question, Mathias s'excite à nouveau, s'entête à répéter :

– Des méchants ! Tous des méchants ! Oncle Blaise l'a dit : ils ont voulu retirer la mer, assécher le Fort !

– Qu'est-ce qu'il raconte ?

– Mais oncle Blaise les a attrapés ! Des crêpes anglaises, des chairs de verre, voilà ce qu'il va faire d'eux ! Même les femmes vont devenir transparentes et danser sans fin dans l'océan, une ombrelle de soie flottant à la place de la tête.

– Il parle de Mayoussi et de Prunelle, murmure Jérôme. Elles sont... – il se met à tousser pour raffermir sa voix – elles sont vivantes ?

– Trois méchants attrapés dans les pièges. Trois méchants que Mathias doit nourrir chaque jour. Quatre avec celui de cette nuit. Mathias est fatigué de leur apporter des sandwichs. Mathias a vraiment envie qu'oncle Blaise les jette dans la mer.

– Il ne faut pas, risque Jérôme. Damien est notre frère. Lui aussi est l'ami de Gédéon.

Je mets en relation

6 **Relève** les noms des personnages et **écris** un mot-clé pour chacun.
Exemple : Prunelle = candidate

7 **Indique** qui raconte l'histoire.

8 **Réponds** aux questions par une phrase.
a. Pourquoi les enfants vont-ils au fort ?
b. Comment Mathias nomme-t-il la torche ?
c. Pourquoi le narrateur appelle-t-il Mathias, le Quasimodo de fort Boyard ?
d. De quoi et de qui Mathias a-t-il peur ?

9 **Indique** qui parle (lignes 44 et 46) et **réponds** à la question.
Que remarques-tu sur la façon de s'exprimer de Mathias ?

oral **10** **Échange** et **imagine** ce qui va arriver aux enfants.

oral Je lis à voix haute

Lis de *Il lance* (ligne 24) à la fin du texte.

Je lis très vite

un sandwich – un wapiti – le weekend
un wagon – un édelweiss – interviewer
le crawl – un clown – le bowling

Fiche 85 + et ++

Mathias secoue la tête d'un air buté.

– Non, non, les méchants ne sont pas les amis de Gédéon. Mathias a capturé le quatrième cette nuit et Gédéon s'est sauvé.

– Par où s'est enfui Gédéon ? demande innocemment Émilie.

– Mais par le mur ! déclare l'autre.

– Le mur ? Quel mur ?

– Pardi, celui-là ! Mathias ne l'a pas refermé assez vite et Gédéon en a profité.

Et du doigt, il désigne le mur qui clôt la galerie.

– Vous voulez dire que... que les prisonniers sont là derrière ? dit Jérôme.

– Tout est là derrière ! avoue Mathias en gonflant sa poitrine et en appuyant sur le premier mot.

– Tout… tout quoi ?

Le Quasimodo marque un temps d'arrêt. Ses yeux sautent d'un enfant à l'autre, méfiants, mais la lueur s'éteint au fond de ses prunelles.

– Mathias va vous montrer.

Le mur s'ouvre et par un escalier interminable, Mathias conduit les jumeaux dans le ventre de la forteresse, sous le niveau de la mer, jusqu'au laboratoire d'oncle Blaise : une pièce immense percée de gigantesques hublots. Au centre, trône un gigantesque aquarium où nagent quatre méduses.

oral Je raconte

1 **Nomme** les héros de ce roman. **Raconte** la situation initiale, ce qui déclenche leur aventure et les évènements.

Je comprends les mots

2 **Lis** la phrase en vert et **exprime** ce que ressent le personnage.

Mathias secoue la tête d'un air buté.

3 **Lis** la phrase suivante en remplaçant le mot en gras par un synonyme.

Et du doigt, il désigne le mur qui **clôt** la galerie.

4 **Fais** des hypothèses sur le sens des mots prunelles et interminable (lignes 63 et 65). **Aide**-toi du contexte, de la formation du mot ou du lexique.

Je mets en relation

5 **Relève** les différentes façons de nommer les prisonniers.

6 **Indique** une autre façon de nommer le fort.

7 **Indique** qui prononce ces paroles.

Mathias va vous montrer.

8 **Réponds** aux questions par une phrase.

a. Comment les enfants découvrent-ils le laboratoire d'oncle Blaise ?

b. Où se trouve-t-il ?

9 **Lis** la description du laboratoire et **imagine** le lieu.

• **Dis** ce que tu as vu dans ta tête.

oral Je lis à voix haute

Lis l'ensemble du texte.

Fiche 86 + et ++

Le pluriel des noms et des adjectifs (1)

Je mémorise

1 **Lis** les mots à mémoriser.

un bal / un endroit / un volcan / calme / une plaine

• **Écris**-les au pluriel.

2 **Recopie** les mots à mémoriser.

un propos / un bagage / sourd / une planète / un trou

• **Écris**-les au pluriel.

Je fais le point

3 **Recopie** les groupes nominaux et les adjectifs. **Entoure** la marque du pluriel.

- un prince → des princes
- un détail → des détails
- un arbre → des arbres
- un clou → des clous

- légère → légères
- noir → noirs
- chaud → chauds
- belle → belles

• **Complète** la phrase :

Le plus souvent, on forme le pluriel d'un nom ou d'un adjectif, en ajoutant un ... au mot au singulier.

4 **Écris** les groupes nominaux et les adjectifs suivants au pluriel.

un miroir – une ombre – un avis – une souris – un train – un clou – un gaz – un prix
rouge – ancien – heureux – petite – gros – jeune – gentil

• **Complète** la phrase :

Au pluriel, on n'ajoute pas de s aux noms et aux adjectifs terminés par un ..., un ... ou un ... au singulier.

Je m'entraine

5 **Récris** les groupes nominaux au pluriel.

un magasin – une brebis – un vélo – un repas – un lac – une sœur – un festival – un nez
un trou profond – la meilleure glace – un ours brun – un plat creux – le gros radis

6 **Récris** les groupes nominaux au singulier.

des produits français – des printemps frais – des rails courbes – des perdrix grises

7 **Range** les dix mots mémorisés dans l'ordre alphabétique.

Fiche 87 + et ++

Les relations dans un texte (9)

Je lis et je transpose

Avant l'arrivée au Fort

Plusieurs jours après la disparition des candidats, un soir, Damien et les jumeaux voient une lueur sur le fort. C'est certain, quelqu'un passe sur les remparts ! Étonnés, ils décident d'aller voir ce que c'est. Ils montent dans une barque et le grand frère commence à ramer. Ils traversent un banc d'étranges méduses, bleues, roses, avec un ou plusieurs tentacules. Jérome est excité par l'aventure mais en même temps, il frissonne car il a peur.

Arrivés à la forteresse, ils décident d'y entrer. Ils gravissent des marches, ils longent des couloirs et ils entrent dans l'antre du maitre de la tour. La pièce est vide. Ils quittent alors la tour et ils vont dans la salle au long tuyau. Damien grimpe dans l'énorme boyau et là, il disparait. Les jumeaux veulent repartir chercher du secours mais leur barque n'est plus là.

1 **Lis** le premier paragraphe transposé au passé.

Plusieurs jours après la disparition des candidats, un soir, Damien et les jumeaux ont vu une lueur sur le fort. C'était certain, quelqu'un passait sur les remparts !

- **Nomme** les deux temps auxquels les verbes sont conjugués.
- **Lis** la suite du texte en mettant les verbes soulignés en bleu au passé composé et ceux soulignés en noir à l'imparfait.

2 **Récris** les groupes de mots soulignés en mettant le texte au passé. **Indique** ce qui change.

- **Nomme** les auxiliaires utilisés.

3 **Donne** l'infinitif de tous les verbes conjugués du texte, même de ceux qui ne sont pas soulignés.

Je collecte

4 **Colle** les étiquettes à la bonne page de ton cahier de grammaire.

Je m'entraine

5 **Recopie** les groupes de mots en bleu à l'imparfait.

a. Le soir, Sarah veut regarder les étoiles. Sarah est en T-shirt, elle a un peu froid, elle frissonne.

b. Le matin, chaque jour, le facteur passe à onze heures, il n'a pas de vélo électrique. En automne, il est souvent mouillé et il grelote de froid.

6 **Recopie** les groupes de mots en gras en mettant le texte au passé.

Les randonneurs sont prêts de bonne heure. **Ils quittent** le refuge à cinq heures, **ils longent** un bois, **ils grimpent** dans une prairie très raide, puis **ils traversent** plusieurs torrents. **Ils gravissent** les derniers mètres vers le sommet à midi.

Fiche 88 + et ++

Des phrases dans un texte (6)

Je repère et je transforme les phrases

Émilie questionne Mathias pour savoir où est Damien.

– Comment Gédéon s'est enfui ?

– Gédéon passe par le mur ! Mathias n'a pas refermé le mur assez vite.

– Les prisonniers sont derrière le mur ? Comment Mathias ouvre le mur ?

Mathias appuie à certains endroits du mur. En même temps, il crie fièrement :

– Sésame, ouvre-toi !

1 **Lis** la phrase déclarative à la forme exclamative. **Trouve** ce que l'exclamation exprime.

2 **Récris** les phrases interrogatives du texte en reprenant le sujet de chaque verbe par un pronom personnel. → Comment Gédéon s'est-**il** enfui ?

3 **Recopie** la phrase impérative à la forme exclamative. **Trouve** ce qu'elle exprime.

Je repère les groupes

4 **Entoure** le sujet d'une couleur, **souligne** le verbe. **Entoure** d'une autre couleur le complément déplaçable et supprimable.

a. Il y a quelques heures, Mathias a capturé le quatrième prisonnier.

b. En même temps, le Quasimodo de fort Boyard parle aux jumeaux.

• **Entoure** d'une autre couleur encore le groupe proche du verbe qu'on ne peut ni déplacer ni supprimer.

C'est également un **complément**. Il complète le verbe.

Je collecte

5 **Colle** les étiquettes à la bonne page de ton cahier de grammaire.

Je m'entraine

6 **Récris** les phrases interrogatives en reprenant le sujet de chaque verbe par un pronom personnel.

a. Ce train va à La Rochelle ?

b. Pourquoi les méduses sont si nombreuses ?

c. Émilie aime les chats ?

d. Comment l'animal a disparu ?

7 **Souligne** le verbe, **entoure** de couleurs différentes le sujet et les compléments.

a. Pendant les vacances d'été de nombreux enfants regardent le jeu Fort Boyard.

b. Un animateur a présenté les candidats sur une galerie de la forteresse.

c. Un peu plus tard, les candidats commencent le jeu.

Fiche 89 + et ++

Des mots du roman (1)

Je réfléchis

1 **Complète** les phrases avec les mots ci-dessous.

rictus – rabougrie – interminable – butée – méfiant

a. Cette plante s'est mal développée, elle est toute … .
b. Tu n'as pas confiance en cette personne, tu es … .
c. Cette journée n'en finit pas, elle est … .
d. Pierre est tombé ; sur son visage, un … montre sa douleur.
e. Alice ne change jamais d'idée, elle est … .

2 **Remplace** les mots en gras par des synonymes.

l'aspect – une lueur – enfui – clôt – pivote – capturé

a. Les jumeaux aperçoivent **une faible lumière** sur les remparts du fort.
b. Avec sa tignasse rousse, Mathias a un peu **l'air** d'un lion.
c. Émile se demande par où s'est **sauvé** Gédéon.
d. Mathias montre aux jumeaux le mur qui **ferme** la galerie.
e. Mathias a **attrapé vivant** le dernier méchant.
f. Mathias **tourne sur lui-même** sur la pointe de ses pieds.

3 **Recopie** ces mots de la même famille.

une ombre – une ombrelle – ombragé – la pénombre

• **Trouve** le radical et le rapport de sens entre ces mots.

• **Complète** la définition du mot ombrelle en utilisant le mot ombre.

Un petit parapluie qui servait autrefois pour … .

Je m'entraine

4 **Écris** une phrase avec chacun des mots suivants.

méfiant – capturer – une lueur

5 **Recopie** la famille de mots.

emprisonner – la prison – un prisonnier – l'emprisonnement

• **Entoure** le radical commun à ces mots.

• **Complète** la définition du mot prisonnier en utilisant le mot prison.

Un prisonnier est une personne … .

Fiche 90 + et ++

Écrire un récit à partir d'un dialogue

Je trouve l'ordre des actions

1 **Relis** le dialogue entre Mathias et les jumeaux de *Le chat se frotte* (ligne 13) à *Mathias va vous montrer* (ligne 64).

oral **Liste** tout ce que Mathias apprend aux jumeaux.

2 **Numérote** de 1 à 3 l'ordre de ces évènements :

- capture de Damien et fuite de Gédéon ;
- explication de Mathias sur ce qui va arriver aux méchants ;
- recherche du chat, rencontre avec les jumeaux.

Je complète

3 **Recopie** les groupes de mots ou de phrases du texte (p. 102-104) qui indiquent ce que Mathias éprouve vis-à-vis de Gédéon et des jumeaux.

4 **Rédige** un récit sans dialogue pour raconter ce qu'il s'est passé dans le fort.

- **Écris** trois paragraphes correspondant aux évènements que tu as numérotés lors de l'activité 2.
- **Complète** le premier paragraphe du récit.

Mathias a capturé Damien, un quatrième méchant. En l'emmenant pour être enfermé dans le goulp, Mathias a mal refermé le mur et…

5 **Écris** deux autres paragraphes en respectant l'ordre chronologique.

- **Recherche** différentes manières de nommer les personnages.
- **Indique** ce que Mathias ressent.
- **Recopie** la phrase suivante pour terminer ton texte.

Mathias a accepté de montrer aux jumeaux comment on ouvre le mur qui conduit aux prisonniers.

Je révise et j'améliore

6 **Relis** ton texte et **vérifie** que :

- tu as nommé les personnages de différentes manières ;
- tu es allé(e) à la ligne à la fin de chaque paragraphe ;
- tu as écrit ton texte au passé ;
- tu as mis les majuscules et les points ;
- tu as bien orthographié les mots que tu as repris du texte.

Fiche 91 + et ++

Les disparus de Fort Boyard (2)

› Attribuer du sens à des mots inconnus
› Identifier actions et pensées des personnages
› Identifier les caractéristiques du roman

Tout à coup, dans le laboratoire, une voix pleine de colère appelle Mathias et le terrorise. Une main le saisit par le col et le soulève.

C'est oncle Blaise !

L'homme, vêtu d'une blouse blanche, a la taille d'un géant. Il est chauve, avec d'épais sourcils broussailleux qui rendent plus effrayante encore l'expression de ses yeux. Une barbe noire très touffue lui cache le bas du visage. […]

– Où est Damien ? ose Jérôme pour contrer la peur qu'il sent monter en lui. C'est notre frère... Vous l'avez pris... cette nuit...

L'oncle lâche Mathias, marche vers les enfants et les saisit par leurs vêtements. Jérôme essaie de se débattre, mais le courage s'enfuit comme le sang reflue des doigts, comme la salive déserte la bouche, comme le souffle s'épuise et s'achève en hoquets. […]

– Laissez-nous repartir avec Damien, chevrote Émilie. Nous ne dirons rien, c'est promis.

L'homme la foudroie du regard.

– Allons donc ! C'est ici, au fond de l'océan, qu'est le véritable, l'authentique silence. C'est ici qu'a pris naissance et que s'est développée la vie. Jamais elle n'aurait dû se risquer sur la terre. Depuis qu'elle s'est transformée pour devenir insecte, volatile, mammifère et primate, elle a bousculé le monde du silence, l'emplissant de grondements, de rugissements, du fracas des mâchoires et des armes. L'homme est le plus haut échelon du bruit. S'il continue, il sèmera bientôt

oral Je raconte

1 **Souviens**-toi et **raconte** l'histoire en nommant les dangers rencontrés par les héros.

Je comprends les mots

2 **Trouve** le sens des mots broussailleux, touffue, contrer, déserte, chevrote, foudroie. **Aide**-toi de leur formation, du contexte ou du lexique.

3 **Recopie** les comparaisons qui montrent que Jérôme perd tout son courage.

4 **Relève** les deux adjectifs utilisés par oncle Blaise pour qualifier le silence au fond de l'eau.

5 **Relève** les mots qui nomment des bruits et les deux synonymes de grand bruit.

6 **Indique** le sens du mot cobaye dans le texte.

a. Un petit rongeur à pattes courtes.
b. Un être qui sert pour une expérience.

le vacarme dans les étoiles. [...] Je vais ramener le silence, l'épais silence de l'eau.

– Vous voulez inonder la...

– Hé non, jeune idiot, je n'inonderai rien du tout. Au contraire. Je peux bien vous le dire puisque vous ne sortirez jamais d'ici. Grâce à moi, l'homme retrouvera le chemin de la mer. Sorti des eaux, il y retournera, se fondra dans l'élément liquide. Alors la vie pourra se développer différemment, et le bruit disparaitre. [...]

Cela fait des années que je travaille là-dessous, des années que l'on court au-dessus de ma tête, que l'on plonge pour rapporter une clef, un mot, une énigme...

– Et cela gênait votre travail ? demande Émilie.

– Les dernières épreuves se déroulant de plus en plus profondément dans la mer, j'ai eu peur qu'on ne découvre mon laboratoire. Alors j'ai décidé d'enlever des candidats. Pour qu'on cesse les jeux, mais aussi parce qu'il me faut maintenant des cobayes humains.

– Quoi ? s'écrient les jumeaux. Des cobayes humains ?

– Je ne comprends pas, poursuit Jérôme.

Je mets en relation

7 **Indique** qui prononce ces paroles et **explique** les intentions du personnage.

L'homme est le plus haut échelon du bruit.
Je vais ramener le silence, l'épais silence de l'eau.

8 **Réponds** à la question par une phrase.

En quoi Blaise veut-il transformer ses prisonniers ?

9 **Relève** des actions qui montrent la violence de Blaise.

10 **Indique** qui prononce ces paroles.

- Vous voulez inonder la...

11 **Réponds** à la question en citant une phrase du texte.

Pour quelle raison, Blaise peut-il confier son projet aux enfants ?

12 **Recopie** les groupes de mots qui désignent la façon dont Blaise parle des méduses.

oral **13** **Échange** et **trouve** des informations sur les méduses et leur vie.

oral Je lis à voix haute

Lis de *Vous voulez inonder la...* (ligne 23) à la fin du texte.

Je lis très vite

différemment - récemment - patiemment
généreusement - certainement - surement
patiemment - follement - fréquemment

Fiche 92 + et ++

– Dans votre monde, là-haut, vous confondez les méduses avec des sacs en plastique flottant entre deux eaux. Regardez avec quelle grâce aérienne, elles évoluent. On dirait des corolles épanouies. Ces quatre-là ont été cueillies dans la mer. Il y en aura bientôt dix, car je vais transformer mes prisonniers en méduses. […]

Les jumeaux veulent échapper au savant fou.

– C'est trop tard, ricane oncle Blaise. En pénétrant dans le Fort, vous vous êtes destinés au monde du silence. Vous verrez, vous vous sentirez bien, dégagés de toute pesanteur, de tout brouhaha. Vos mouvements seront vos paroles, sans colère ni tristesse, des mouvements diaphanes, auréolés d'écume, harmonieusement battus par le cœur de la mer, par le rythme lent et fort de l'océan. Mes premiers essais ont eu lieu sur des animaux, mais les méduses obtenues n'étaient pas parfaites. Maintenant mes appareils sont au point.

– Non ! Non ! Non ! hurlent Jérôme et Émilie que le savant secoue à bout de bras.

Mathias intervient mollement :

– Bons amis, bons amis... ce ne sont pas des méchants... ils ont retrouvé Gédéon... […]

L'oncle se fâche, envoie bouler son neveu contre une table.

– Quant à vous deux, au goulp ! Au goulp avec les autres !

Les enfants sont bousculés le long d'une galerie. […] Ils arrivent sur un palier. Là, assis sur une trappe, le matou les regarde d'un air amusé. Le savant le chasse d'un coup de pied.

– Miourf ! miaule Gédéon, outré.

Oncle Blaise empoigne Jérôme et sa sœur d'une main, déverrouille la trappe. Au moment où ils vont être précipités dans le trou, Émilie fauche le chat d'un geste rapide et l'entraine dans sa chute.

oral Je raconte

1 **Raconte** les dangers que doivent surmonter les héros du roman.

Je comprends les mots

2 **Cherche** les mots diaphane et outré dans le lexique, puis **explique** le sens de ces phrases.

a. […] des mouvements diaphanes, auréolés d'écume…

b. - miourf ! miaule Gédéon, outré.

3 **Trouve** un verbe de langage courant pour remplacer les mots familiers en gras.

a. L'oncle se fâche, **envoie bouler** son neveu contre une table.

b. Émilie **fauche** le chat d'un geste rapide et l'entraine dans sa chute.

Je mets en relation

4 **Réponds** aux questions.

Qui essaie de sauver les enfants ? Pourquoi ?

5 **Relève** les différentes façons de nommer le chat et **explique** pourquoi il est outré.

6 **Réponds** aux questions par une phrase.

a. Où le savant précipite-t-il les enfants ?

b. Qui rejoignent-ils ?

c. Pourquoi Émilie emporte-t-elle Gédéon ?

oral **7** **Échange** et **trouve** des informations sur les essais scientifiques sur les animaux.

oral Je lis à voix haute

Lis le texte en entier.

Fiche 93 + et ++

Les rôles de la lettre s

Je mémorise

1 **Lis** les mots à mémoriser.

un seau / assister / un résultat / un obstacle / spatial

• **Recopie** le mot invariable, les noms, puis le verbe.

2 **Recopie** les mots à mémoriser.

un vase / un système / un avis / briser / puissant

• **Entoure** la consonne muette à la fin des deux premiers mots à mémoriser.

Je fais le point

3 **Observe** ces mots.

sortir – seul – la salade – le silence – du sucre – la soupe – servir

• **Entoure** la lettre placée juste avant et celle placée juste après s ou ss dans ces mots.

la cuisine – absent – du tissu – une course – le hasard – une valise – un bassin

• **Complète** les phrases :

La lettre s se prononce [s] au début des mots et entre une ... et une ... ; elle se prononce [z] entre deux ... . Pour qu'elle se prononce [s] entre deux voyelles, il faut la ... .

4 **Entoure** la lettre s à la fin des mots en gras. **Explique** son rôle.

a. un **tapis** (tapisser)
b. un **refus** (refuser)
c. **précis** (précise)
d. **des arbres énormes**
e. tu **joues**
f. tu **criais**

• **Complète** les phrases :

La lettre s muette qui se trouve à la fin d'un mot sert quelquefois à former le ... ou un mot de la même ... .

La lettre s marque souvent le pluriel d'un ... ou d'un ... . Elle marque la terminaison d'un verbe conjugué avec ... .

Je m'entraine

5 **Récris** les mots avec s ou ss.

a. du rai•in
b. une bro•e
c. un bui•on
d. arro•er

6 **Écris** un mot de la famille de chaque mot.

un tas – le dos – le repos – un propos – un Chinois – l'embarras

7 **Range** les dix mots mémorisés dans l'ordre alphabétique.

Fiche 94 + et ++

Les relations dans un texte (10)

Je lis et je transpose

La longue descente vers le laboratoire

Les jumeaux ont hésité, puis ils ont décidé de suivre Mathias dans l'escalier sombre et humide. La descente était interminable, ils s'enfonçaient dans le ventre de la forteresse. Ils avaient le vertige, ils glissaient sans arrêt, ils n'étaient pas très rassurés mais ils voulaient retrouver leur frère. Enfin, ils sont arrivés dans le laboratoire d'oncle Blaise.

La pièce était immense avec de gigantesques hublots. Ils étaient impressionnés. Ils voyaient des ordinateurs, des câbles, des écrans partout et au milieu de la pièce, un gigantesque aquarium avec des méduses.

Soudain, ils ont entendu une voix puissante appeler Mathias. Les jumeaux ont reculé derrière une machine, ils cherchaient à se faire tout petits. Ils avaient très peur.

1 **Lis** ce texte en faisant raconter l'histoire par Jérôme.
J'ai hésité…

2 **Récris** les groupes de mots soulignés en remplaçant Les jumeaux par J'. **Indique** ce qui change.

3 **Nomme** les deux temps auxquels les verbes sont conjugués et l'auxiliaire utilisé au passé composé.

4 **Donne** l'infinitif de tous les verbes conjugués du texte, même de ceux qui ne sont pas soulignés.

Je collecte

5 **Colle** les étiquettes à la bonne page de ton cahier de grammaire.

Je m'entraine

6 **Recopie** les groupes de mots en bleu en remplaçant Je par Noah et Aziz.
Je voulais aller dans ce manège à sensation mais j'avais un peu peur. J'ai hésité, j'ai reculé, puis j'ai décidé d'y prendre place. Je voyais tous les autres contents d'y être, mais je n'étais pas très rassuré.

7 **Recopie** les groupes de mots en gras en remplaçant Sofia et Lilou par Je.
Sofia et Lilou étaient en vacances ; **elles avaient** chaud. **Elles cherchaient leur grand frère** pour aller à la plage en voiture avec lui. Comme **elles ne le voyaient pas, elles ont hésité**, puis **elles ont décidé** d'y aller à pied.

Fiche 95 + et ++

Des groupes nominaux (4)

Je repère

1 **Lis** les phrases suivantes.

a. Nous commençons notre descente dans un escalier en colimaçon. Cette descente est interminable et cet escalier est sombre et humide.

b. On pouvait découvrir mes expériences, déclare oncle Blaise. Ces expériences sont importantes pour ramener le silence sur la Terre.

c. Cela pouvait gêner votre travail, ce travail si important ! dit Jérôme.

d. Vos mouvements seront vos paroles, sans colère ni tristesse, dit le savant fou.

• **Recopie** les groupes nominaux.
Identifie les déterminants, les noms communs, les noms propres et les adjectifs qualificatifs.
Indique le genre et le nombre de chaque groupe nominal.

• **Recopie** les déterminants sur trois lignes :
– articles /
– déterminants indiquant une relation avec quelqu'un /
– déterminants qui renvoient à quelque chose dont on a déjà parlé.

2 **Lis** les groupes nominaux suivants.
le Quasimodo de la forteresse - le monde du silence - l'immense laboratoire d'oncle Blaise
les expériences du savant - les jeunes candidats du jeu télévisé - le petit chat de Mathias

• **Trouve** le nom principal dans chacun de ces groupes nominaux.

Je collecte

3 **Colle** les étiquettes à la bonne page de ton cahier de grammaire.

Je m'entraine

4 **Souligne** le nom, **entoure** avec des couleurs différentes le déterminant et le ou les adjectifs, quand il y en a.

• **Classe** les groupes nominaux selon leur genre et leur nombre.

une belle orange juteuse - un seau vide - des trous profonds - un bel endroit calme
des voix puissantes - une chanson douce - l'épaule droite - les bêtes féroces
des jeunes garçons intrépides

5 **Recopie** les groupes nominaux. **Souligne** le nom principal de chacun.

la souris de l'ordinateur - les grandes rues de la ville - la pelouse du stade
un superbe bouquet de tulipes - une tarte aux pommes - une vieille maison en pierre
la patte velue de l'ours - une robe sans ceinture

Fiche 96 + et ++

Des mots du roman (2)

Je réfléchis

1 **Remplace** les mots en gras par les verbes de même sens.

poursuit – tique – risque – répéter – intervient – chevrote

a. Émilie **dit en montrant qu'elle n'est pas d'accord :**
- Des méchants ?
Mathias s'excite à nouveau, il s'entête à **dire encore une fois** :
- Des méchants ! Tous des méchants !

b. Il ne faut pas, **essaie de dire** Jérôme. Damien est notre frère.

c. Laissez-nous repartir avec Damien, **dit d'une voix tremblante** Émilie.

d. Quoi ? s'écrient les jumeaux. Des cobayes humains ?
- Je ne comprends pas, **continue** Jérôme.

e. Mathias **dit pour donner son avis** mollement :
- Bons amis, bons amis... Ce ne sont pas des méchants... ils ont retrouvé Gédéon.

2 **Associe** chaque mot en gras à son sens.

1. Émilie lui **souffle** à l'oreille...
2. Hé !, **crie** Jérôme. La lampe est à nous.
3. Il parle de Mayoussi et de Prunelle, **murmure** Jérôme.
4. Quoi ? **s'écrient** les jumeaux. Des cobayes humains ?
5. Non ! Non ! Non ! **hurlent** Jérôme et Émilie.

a. dire très fort
b. dire à voix basse

3 **Écris** le verbe correspondant à chaque nom.

un grondement – un rugissement – un ronronnement

• **Trouve** les noms indiquant des bruits qui corespondent aux verbes suivants.

ronfler – mugir – siffler – bourdonner – grincer – grogner – gémir

Je m'entraine

4 **Complète** le dialogue avec les verbes qui conviennent.
Tu peux utiliser le mémo : les verbes du dialogue.

- Pas question de rester dans ce goulp, ... Émilie en colère.
- Moi non plus, ... Jérémie en pleurant.
- Parlez moins fort, le savant peut nous entendre, ... Damien.
- Réfléchissons. Comment sortir de ce trou ?
Qui a une idée ? ... Pierre-Marie.
- On peut se faire la courte échelle et monter jusqu'à la trappe, ... Prunelle.

5 **Écris** le verbe correspondant à chaque nom.

un craquement – un claquement – un frottement – un hurlement – un pétillement

Fiche 97 + et + +

Écrire un dialogue

Je complète

1 **Lis** le texte suivant.

Dans le goulp, les jumeaux retrouvent leur grand frère Damien et les candidats disparus.

Damien se désole :
– Alors vous êtes prisonniers, vous aussi ?
– Comment as-tu disparu ? questionne Jérôme.
– La voute s'est ouverte, j'ai été aspiré et j'ai été précipité dans ce trou.
– C'est la même chose pour moi, ... Mayoussi.
– Moi, ... Pierre-Marie, j'ai reçu un coup sur la tête, puis je me suis réveillé dans ce trou.
– J'ai été enlevée dans l'escalier de la tour de verre, ... Prunelle. Et vous deux ?
→ – ...
– Pourquoi vous n'êtes pas retournés sur la côte ? ... Damien.
→ – ...
À ce moment, Jérôme ne peut retenir ses larmes.

• **Observe** la ponctuation, les verbes du dialogue et leur place.
• **Complète** le texte avec des verbes du dialogue en utilisant le mémo : des verbes du dialogue.
• **Écris** la réponse des jumeaux à Prunelle et à Damien.

J'écris la suite du dialogue

oral **2** **Recherche** ce que disent les autres à Jérôme pour le consoler et les idées qu'ils peuvent avoir pour sortir du goulp.
• **Écris** la suite du dialogue. **Utilise** des verbes du dialogue, des phrases interrogatives et des phrases déclaratives.

Je révise et j'améliore

3 **Relis** ton texte et **vérifie** que :
- tu as mis la ponctuation du dialogue ;
- tu as employé des verbes du dialogue ;
- tu as écrit des phrases interrogatives ;
- tu as mis des majuscules et des points.

Fiche 98 + et ++

› Attribuer du sens à des mots inconnus
› Identifier actions, pensées et émotions des personnages

Les disparus de Fort Boyard (3)

Les jumeaux retrouvent Damien et les candidats disparus. Ils cherchent un moyen de sortir. Quand Mathias ouvre la trappe pour voir si Gédéon est avec eux, ils le persuadent qu'oncle Blaise est un méchant et qu'il faut sauver Gédéon.

« Oh, oh ! songe-t-il soudain, oh, oh ! Mathias a une idée. »

– Mathias fixe le panier au bout de la corde pour remonter Gédéon, fait-il avec une grimace éblouie qui lui tire les lèvres d'une oreille à l'autre.

– Non, non, Gédéon aurait le vertige, s'empresse de souligner Prunelle. Il faut qu'on le tienne dans nos bras.

Un bruit de bouche au-dessus : Mathias rumine sa déception.

– Attachez la corde autour de la trappe, indique Pierre-Marie. On vous rapporte votre chat.

Mathias hésite, regarde la corde molle dans ses mains. Puis il se décide.

Vite, très vite pour éviter à ses pensées de s'affiner, il l'enroule plusieurs fois autour de l'abattant et la lance dans le trou. Il se plaque contre le mur et attend, bouche bée.

Pierre-Marie se hisse le premier et se place près de lui pour l'empêcher, dans un accès de panique, de s'enfuir et de donner l'alarme. Puis c'est le tour de Prunelle et d'Émilie.

– Gé... Gédéon ? s'inquiète Mathias qui voit le goulp se vider sans que son chat réapparaisse.

– Il arrive, assure Émilie.

oral J'anticipe

1 **Raconte** l'essentiel de ce roman : personnages, lieux, dangers.

Je comprends les mots

2 **Entoure** le synonyme du mot bouche bée. **Vérifie** dans le lexique.

a. bouche ouverte b. bouche fermée

3 **Relève** les verbes qui montrent ce que ressentent les personnages dans le laboratoire.

4 **Écris** le synonyme du mot fuite utilisé dans le texte (ligne 28).

5 **Relève** le groupe de mots qui indique que Jérôme n'arrête pas de regarder le néon (ligne 37) ?

Je mets en relation

6 **Indique** qui parle et **décris** la stratégie des prisonniers pour sortir du goulp.

- Non, non, Gédéon aurait le vertige.

7 **Réponds** aux questions par une phrase.

a. Pourquoi Gédéon est-il remonté en dernier sur les épaules de Mayoussi ?

b. Qui est allé chercher la police ?

c. Quelle est la réaction de Jérôme en voyant le plongeur ?

8 **Relève** la phrase qui prouve que Pierre-Marie a réussi sa mission.

9 **Dresse** la liste des méfaits de Blaise.

Jérôme suit sa sœur ; Damien émerge enfin, puis Mayoussi, le matou cramponné à ses épaules.

Pierre-Marie va chercher de l'aide en nageant jusqu'à la côte. Les autres se cachent dans le laboratoire. Deux heures plus tard, Pierre-Marie n'est toujours pas revenu.

Ils retiennent leur respiration. Où est le savant ? Il a dû découvrir leur évasion depuis le temps. Pourquoi ne se manifeste-t-il pas ?

– Il a peut-être intercepté Pierre-Marie, murmure Émilie à l'oreille de son frère.

– Il est tout près, j'en suis sûr, je le sens. Elle lève les yeux. Au-dessus d'eux pendent des câbles, des fils de différentes couleurs. Elle frissonne à l'idée que le savant les guette peut-être, tapi telle une araignée au centre de sa toile. [...]

L'attente se prolonge, interminable. Les sens en éveil, ils écoutent, essaient de discerner un bruit insolite au milieu du ronronnement des moteurs. Un néon clignote près de la paroi de verre, agaçant. Jérôme le regarde pour la énième fois, souhaitant qu'il s'éteigne pour de bon, lorsqu'il découvre avec effroi un œil immense qui les observe de l'extérieur. Il s'étrangle, s'étouffe en réprimant un cri. Deux yeux maintenant ! Deux yeux humains sous un masque. Le visage se recule, devient une silhouette vêtue d'une combinaison. D'autres approchent, collent leurs gros yeux au hublot.

– Des plongeurs ! Des plongeurs ! C'est la police !

Comprenant qu'ils vont être sauvés, ils quittent le laboratoire.

10 **Donne** ton avis sur le lieu choisi par l'auteur pour situer les aventures du roman.

11 **Relève** des indices qui t'aideront à déterminer si Mathias est un suspect ou une victime.

12 **Échange** et **imagine** la suite du roman en répondant aux questions.

a. Où se trouve le savant ?

b. A-t-il réussi à s'enfuir ?

c. La police réussira-t-elle à délivrer les prisonniers ?

oral Je lis à voix haute

Lis de *Ils retiennent leur respiration* (ligne 27) à la fin du texte.

Je lis très vite

la déception – la réception – la perception
intercepter – l'interception – excepter
l'exception – la conception

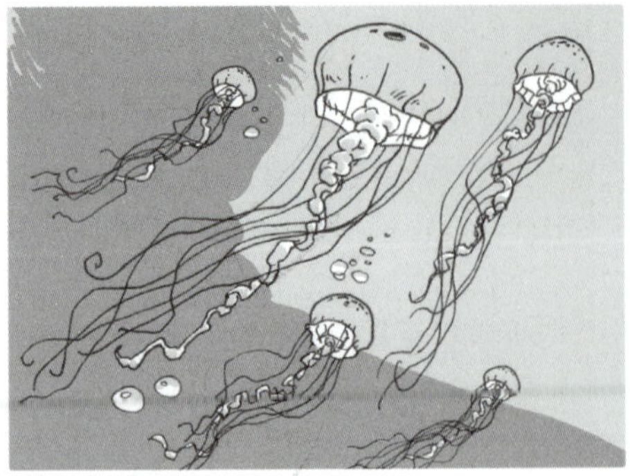

Prête à les suivre, Émilie s'attarde pourtant, intriguée par un gros doigt qui tapote désespérément sur le verre, semblant montrer quelque chose derrière elle. Elle se retourne, ne voit rien, hausse les épaules et s'éloigne. Le doigt disparait, un corps s'allonge qui remonte précipitamment à la surface. Oncle Blaise a jailli d'une porte secrète dès qu'Émilie s'est retrouvée seule et sans défense. Il dévale la passerelle pour s'emparer de la jumelle : elle lui servira d'otage, il fera reculer la police, elle abandonnera la place.

Il sait par où fuir ensuite ; il aura eu le temps de réaliser sa grande expérience avec l'enfant. Il recommencera plus tard, ailleurs, car il doit poursuivre son œuvre : transformer l'homme en méduse et vaincre le bruit. À l'instant où il bondit sur Émilie, Gédéon croise son chemin. Oncle Blaise le heurte...

– Nom de... !

Emporté par son élan, il bascule par-dessus la rambarde de l'aquarium. Émilie s'arrête, intriguée par le grand plouf qu'elle a entendu. Elle voit l'eau s'agiter, les méduses tourbillonner anormalement...

– Émilie ! Émilie ! appellent les autres. Elle sort du laboratoire comme le néon s'éteint définitivement.

La police est partout : dans les couloirs, sur le chemin de ronde, dans la cour. Les gendarmes s'engouffrent dans le laboratoire tandis qu'Émilie, ses frères, les trois candidats et Mathias sont pris en charge par un inspecteur qui leur pose les premières questions.

Une équipe de scientifiques va examiner le laboratoire où dans l'aquarium nage une cinquième méduse.

Les disparus de Fort Boyard, © Rageot, 2017

oral Je raconte

1 **Raconte** la situation initiale, ce qui déclenche l'aventure des héros, ce qui leur arrive et l'aide apportée.

Je comprends les mots

2 **Indique** le sens des mots en vert dans le texte.

- **jaillir** : 1. Sortir en parlant d'un liquide, d'un gaz. 2. Sortir soudainement.
- **une passerelle** : 1. Pont étroit réservé aux piétons. 2. Escalier qui permet d'accéder à un bateau ou à un avion. 3. Plateforme située au-dessus des cabines sur un bateau.

3 **Indique** qui parle et **explique** pourquoi cette phrase est incomplète et exclamative.

- Nom de... !

4 **Trouve** un synonyme de rambarde (ligne 58).

Je mets en relation

5 **Réponds** aux questions par une phrase.

a. Qui essaie de prévenir Émilie de la présence de Blaise ?

b. Comment Émilie échappe-t-elle à Blaise ?

6 **Relève** les indices qui te permettent de savoir ce que devient Blaise.

Je vais plus loin

oral **7** **Échange** et **donne** ton avis sur le roman en répondant aux questions.

a. As-tu aimé ce roman ?

b. Que penses-tu des actions des différents personnages et du suspens ?

oral Je lis à voix haute

Lis le texte en entier.

Fiche 100 + et ++

Les accents

Je mémorise

1 **Lis** les mots à mémoriser.

un siècle / rêver / décider / une guêpe / le pôle

• **Récris** les mots qui ont un accent circonflexe.

2 **Recopie** les mots à mémoriser.

la marée / un théâtre / plutôt / un chêne / l'étagère

• **Souligne** les noms et **encadre** l'adverbe.

Je fais le point

3 **Entoure** les lettres accentuées.

décidé - un père - le chêne - un âne - après - déjà - un bénéfice - une côte

• **Complète** la phrase :

Les trois sortes d'accents sont : ..., ... et ... . L'accent aigu ne se trouve que sur la lettre ... .

4 **Lis** ces mots à voix haute et **indique** le rôle de l'accent circonflexe.

a. une tâche / une tache b. mûr / un mur c. la pâte / une patte

• **Complète** la phrase :

L'accent ... permet de distinguer deux mots homophones.

5 **Entoure** les lettres e qui se prononcent [e] ou [ɛ].

un exemple - une antenne - la pierre - l'exigence - belle - un effort

• **Complète** la phrase :

Qu'elle se prononce [e] ou [ɛ], la lettre e ne prend jamais d'accent devant un ... ou une ... .

Je m'entraine

6 **Écris** les mots en ajoutant é, è ou e.

a. •xtraordinaire b. •x•cuter c. une •tag•re d. •ffacer

7 **Écris** un mot de la famille de chaque mot. Il a un accent circonflexe.

a. polaire → le ... b. un aromate → un ... c. conique → un ... d. un coteau → une ...

8 **Écris** les adjectifs formés comme : *noir* → *noirâtre*.

a. rouge → ... b. gris → ... c. rose → ... d. rousse → ...

9 **Range** les dix mots mémorisés dans l'ordre alphabétique.

Fiche 101 + et ++

Les relations dans un texte (11)

Je lis et je transpose

La fuite

Émilie a pris Gédéon dans ses bras pour aller dans le goulp. Là, elle a retrouvé Damien et les candidats du jeu. Elle s'est jetée dans les bras de son grand frère, elle était si heureuse de le revoir. Mais elle avait envie de pleurer et elle a fondu en larmes. Elle ne voulait pas rester prisonnière de ce savant fou.

Tout à coup, elle a pensé au puits où Pierre-Marie avait disparu. Elle a eu une idée. Elle et les autres pouvaient surement rejoindre la côte par le puits. Elle l'a dit à ses compagnons. Mais pour rejoindre ce puits, il fallait d'abord sortir du goulp.

Émilie caressait Gédéon de la tête à la queue et elle réfléchissait au moyen de quitter cet horrible endroit quand Mathias a ouvert la trappe. Alors, Émilie a fait miauler le chat. Mathias, qui voulait récupérer son chat, a descendu un seau dans le goulp. Émilie et les autres prisonniers ont réussi à sortir.

1 **Lis** ce texte en t'adressant à Émilie.
Toi, Émilie, tu...

2 **Récris** les groupes de mots soulignés en remplaçant Émilie par Tu, Elle et les autres / Émilie et les autres par Vous. **Indique** ce qui change.

3 **Nomme** les deux temps auxquels les verbes sont conjugués.

4 **Indique** la nature des sujets. Le sujet de la dernière phrase est composé d'un nom propre et d'un groupe nominal.

Je collecte

5 **Colle** les étiquettes à la bonne page de ton cahier de grammaire.

Je m'entraine

6 **Recopie** les groupes de mots en bleu en remplaçant Tu par Samia.
Hier, tu as fait une partie de Mistigri avec ton frère. Tu as eu le Mistigri. Quand tu étais plus petite, tu voulais toujours jouer au jeu de memory. Tu réfléchissais beaucoup mais souvent tu avais de la chance.

7 **Recopie** les groupes de mots en gras en remplaçant Louis par Tu.
Louis a eu de la chance, **il a pu** arriver à l'heure à l'école. Pourtant **il a fait** un détour pour acheter **son gouter**. **Il a pensé** à Ryahan qui devait s'inquiéter. **Il a retrouvé son camarade** dans la cour juste comme la sonnerie retentissait. **Il était** content de ne pas arriver en retard.

Fiche 102 + et ++

Des phrases dans un texte (7)

Je repère et je transforme

a. Dans le goulp, Émilie caresse Gédéon. Elle lui parle doucement :
– Tu es un gentil chat. Reste-là, mon petit. Ne bouge pas. Ne te sauve surtout pas.
b. Mathias pleurniche quand il voit que les prisonniers ont quitté le goulp.
– Bons amis, aidez Mathias. Retournez dans le goulp.
c. Pierre-Marie gronde :
– Faites-le taire ! Et sortons d'ici !
d. – Va chercher de l'aide. Passe par le puits. Tu peux le faire, dit Mayoussi.

1 **Lis** les phrases impératives. **Trouve** le rôle de chacune.

donner un ordre - un conseil - une prière - une interdiction

• **Indique** la forme des phrases qui sont des interdictions.

2 **Recopie** les phrases impératives à la forme exclamative et **trouve** ce qu'exprime l'exclamation.

Je repère les groupes

3 **Entoure** le sujet, **souligne** le verbe, **entoure** d'une autre couleur le ou les compléments supprimables et déplaçables.

a. De leur cachette, les jeunes filles adressent des signes aux plongeurs.
b. Les parents pardonnent leur escapade nocturne aux enfants.
c. Ce soir, les jumeaux, Pierre-Marie et Jérôme racontent leur aventure aux journalistes.

• **Redis** les phrases en supprimant, puis en déplaçant ces compléments.

• **Entoure** d'une autre couleur encore, les compléments proches du verbe qu'on ne peut ni déplacer ni supprimer. Il y en a deux dans chaque phrase.

Je collecte

4 **Colle** les étiquettes à la bonne page de ton cahier de grammaire.

Je m'entraine

5 **Recopie** uniquement les phrases impératives.

Un journaliste interroge les jumeaux :

- Racontez-nous votre aventure. Donnez-nous des détails. Avez-vous eu peur en voyant ce savant fou ? Parlez plus fort. Ne soyez pas timides.

6 **Souligne** le verbe, **entoure** de couleurs différentes le sujet et les deux sortes de compléments.

a. En peu de temps, Pierre-Marie gagne la côte.
b. Maintenant, les prisonniers quittent le goulp avec l'aide de Mathias.

Fiche 103 + et ++

Des verbes d'action

Je réfléchis

1 **Associe** chaque verbe d'action en gras à son synonyme.

1. **pénétrer** dans le fort
2. **s'enfuir** pour donner l'alarme
3. **capturer** un méchant
4. **jaillir** d'une porte
5. **enlever** les candidats
6. **s'engouffrer** dans le laboratoire
7. **s'échapper** du fort
8. **émerger** du goulp
9. **précipiter** dans le trou
10. **intercepter** Pierre-Marie

a. entrer
b. attraper
c. jeter
d. sortir
e. se sauver

2 **Remplace** les mots en gras par les mots synonymes utilisés dans le roman.

se hisse – dévale – empoigne – heurte – bousculés – bascule

a. Pierre-Marie **grimpe** le premier.
b. Oncle Blaise **prend en les serrant fort** Jérôme et sa sœur d'une main.
c. Oncle Blaise **descend rapidement** la passerelle, il **se cogne dans** Gédéon et **tombe en passant** par-dessus la rambarde de l'aquarium.
d. Les enfants sont **poussés brutalement** le long de la galerie.

Je m'entraine

3 **Écris** une phrase avec chacun des verbes suivants.
heurter - émerger - capturer

4 **Reconstitue** les familles de mots.
grimper - une bousculade - un enlèvement
un grimpeur - précipiter - bousculer - la précipitation
enlever - précipitamment - grimpant

• **Entoure** le radical de chaque mot.

Fiche 104 + et ++

Compléter une interview

Je découvre

1 **Lis** le début de l'article du journal et de l'interview.

Les disparus enfin retrouvés !

À leur retour sur la terre ferme, les jumeaux et Damien sont interrogés par une journaliste des Nouvelles de l'Ouest. L'interview parait dans le journal du lendemain.

Il n'y a plus de mystère au fort Boyard. Les trois candidats de l'émission Fort Boyard qui avaient mystérieusement disparu ont été retrouvés grâce à Émilie, Jérôme et Damien. Ces derniers nous racontent leur aventure.

Nouvelles de l'Ouest : Émilie, pourquoi êtes-vous allée avec vos frères à fort Boyard en pleine nuit ?
Émilie : On a aperçu une lueur sur les remparts, on était intrigués. Alors on y est allés et arrivés au fort, on a décidé d'y pénétrer.
Nouvelles de l'Ouest : Comment avez-vous rencontré Mathias ?
Émilie : Un chat est venu se frotter contre mes jambes et juste après, Mathias, qui le cherchait, a jailli de l'ombre. On a eu peur !

- **Observe** la mise en page de l'interview : distingue les questions de la journaliste et les réponses.
- **Remarque** la précision des questions et des réponses, la ponctuation utilisée, les mots interrogatifs employés.

J'écris la suite

oral **2** **Trouve** les questions que la journaliste pourrait poser à Jérôme et Damien sur les sujets ci-dessous.
- La descente des jumeaux vers le laboratoire ;
- la vue de l'immense aquarium avec les méduses ;
- la capture de Damien ;
- la terrible nuit dans le goulp avec les autres prisonniers ;
- la sortie du goulp.

- **Recopie** les questions trouvées et **écris** les réponses en respectant la forme écrite de l'interview. **Utilise** des verbes d'action.
- Pour clore l'article, **écris** une phrase qui parle du savant que l'on n'a pas retrouvé.

Je révise et j'améliore

3 **Relis** ton texte et **vérifie** que :
- tu as respecté la mise en page de l'interview ;
- tu as écrit des questions et des réponses précises ;
- tu as bien construit les phrases interrogatives ;
- tu as mis des majuscules et des points.

Fiche 105 + et ++

La Rochelle et fort Boyard

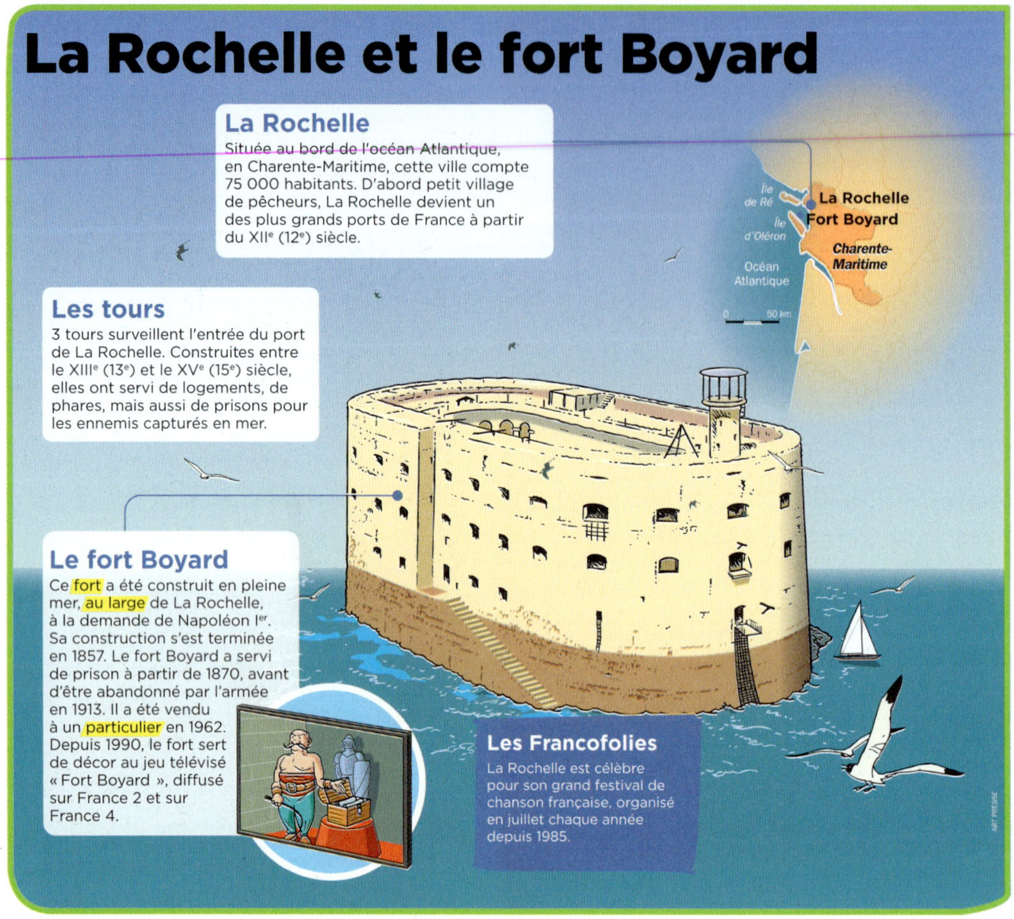

La Rochelle et le fort Boyard

La Rochelle
Située au bord de l'océan Atlantique, en Charente-Maritime, cette ville compte 75 000 habitants. D'abord petit village de pêcheurs, La Rochelle devient un des plus grands ports de France à partir du XIIe (12e) siècle.

Les tours
3 tours surveillent l'entrée du port de La Rochelle. Construites entre le XIIIe (13e) et le XVe (15e) siècle, elles ont servi de logements, de phares, mais aussi de prisons pour les ennemis capturés en mer.

Le fort Boyard
Ce fort a été construit en pleine mer, au large de La Rochelle, à la demande de Napoléon Ier. Sa construction s'est terminée en 1857. Le fort Boyard a servi de prison à partir de 1870, avant d'être abandonné par l'armée en 1913. Il a été vendu à un particulier en 1962. Depuis 1990, le fort sert de décor au jeu télévisé « Fort Boyard », diffusé sur France 2 et sur France 4.

Les Francofolies
La Rochelle est célèbre pour son grand festival de chanson française, organisé en juillet chaque année depuis 1985.

Doc. 1 – Fiche-exposé de *Mon Quotidien*, pour les 10-13 ans : 10 minutes de lecture chaque jour, www.playbacpresse.fr

Fort : bâtiment entouré de remparts, qui protège un endroit.

Au large : loin de la côte.

Particulier : ici, personne qui achète un bâtiment.

oral Je sais déjà

1 Connais-tu La Rochelle ? Pourquoi le fort Boyard a-t-il été construit ?

J'observe les deux pages

2 **Indique** la nature du Doc. 1 et du Doc. 2.

3 **Indique** les différentes parties de la fiche-exposé sur La Rochelle et le fort Boyard, et leur rôle.
- Le titre de la fiche ;
- la petite carte de localisation ;
- le monument ;
- les quatre textes et leur titre ;
- le vocabulaire.

4 Pourquoi certains mots du Doc. 1 sont-ils surlignés ?

Je comprends les mots

5 **Trouve** le sens du mot phare en t'aidant du contexte.

6 **Lis** l'explication des mots surlignés.

7 **Cherche** le sens du mot festival dans le lexique.

8 **Trouve** le sens du mot majestueuse en t'aidant de sa formation (p. 127).

9 **Explique** le sens du mot manœuvré en t'aidant du contexte.

[...] on a manœuvré une énorme chaine, fixée dans la tour Saint-Nicolas sur l'autre rive, afin d'interdire l'accès au port, la nuit.

Le port est protégé par trois tours.
La plus à gauche, la **tour de la Lanterne**, servait de phare.
À droite, se dresse la **tour Saint-Nicolas**, la plus ancienne mais aussi la plus majestueuse.
De la **tour de la Chaine** (entre les deux autres tours) pendant plusieurs siècles, on a manœuvré une énorme chaine, fixée dans la tour Saint-Nicolas sur l'autre rive, afin d'interdire l'accès au port, la nuit.

Doc. 2 – Les tours du port de La Rochelle, Charente-Maritime

Je comprends les informations

10 **Réponds** aux questions.
a. Dans quel département est située la ville de La Rochelle ?
b. Au bord de quel océan est-elle implantée ?
c. Quel était le rôle des tours de La Rochelle ?

11 **Recopie** ce qui est vrai.
a. Le fort Boyard a été construit pour une émission de télévision.
b. Le fort Boyard a été construit pour protéger la côte.

12 **Indique** le siècle de :
- la fin de la construction du fort Boyard ;
- son abandon par l'armée.

Je formule ce que j'ai appris

13 **Écris** une phrase pour indiquer ce que tu as appris sur le fort Boyard.

oral Je lis à voix haute

Lis les textes de la fiche-exposé.

Je lis très vite

un ennemi – l'ennui – ils prennent
ennuyeux – ennoblir – un fennec
une benne – hennir – le tennis – enneigé

Fiche 106 + et ++

Dans les coulisses de Fort Boyard

L'aventure de Fort Boyard débute dès le bateau. Une fois près du site, il faut monter sur une plateforme de près de dix mètres de hauteur. Pour cela, nous nous accrochons aux cordages d'une nacelle (photo), équipés de gilets de sauvetage. Une grue nous amène alors jusqu'à la plateforme. […] À partir de mai et durant tout l'été, le fort prend vie pour le tournage de l'émission. Plus de 150 personnes y travaillent alors : techniciens, décorateurs (pour les salles où ont lieu les épreuves), spécialistes de la sécurité, équipe médicale, personnes s'occupant du nettoyage... Et bien sûr les candidats et les animateurs du jeu.

En arrivant devant le fort, nous constatons qu'il parait moins grand qu'à la télé. « Les cellules sont petites et sombres, elles n'ont évidemment pas été conçues pour accueillir un jeu télé, pour être éclairées, décorées..., précise Francis[1] […]. Le défi est d'être astucieux pour gagner de l'espace et de faire apparaitre les lieux plus grands qu'ils ne le sont à l'écran. Mais c'est la plus belle de mes aventures. Durant les semaines de tournage, fort Boyard est notre maison. Toute l'équipe s'y retrouve, nous avons créé des liens forts au fil du temps. Nous sommes comme sur un bateau qui part en mer, 15 heures par jour ! Avec des moments de tension et surtout beaucoup de bonheur. »

Extrait de : WWW.PLAYBACPRESSE.FR

1. Francis Côté, réalisateur de l'émission Fort Boyard

oral Je sais déjà

1 Que sais-tu du tournage d'une émission de télévision ?

Je comprends les mots

2 **Décris** la nacelle et **indique** à quoi elle sert.

3 **Trouve** le sens des mots cellule et astucieux à l'aide du contexte.

4 **Indique** le sens dans lequel le mot tension est employé dans le texte.

a. Action de tendre quelque chose.
b. Pression du sang.
c. Désaccord.

Je comprends les informations

5 **Écris** le prénom de la personne interviewée.

6 **Relève** la phrase qui indique que l'interviewé aime réaliser l'émission Fort Boyard.

7 **Recopie** ce qui est vrai.

a. Le tournage dure plusieurs semaines.
b. Le fort a été construit pour accueillir une équipe de télévision.

Je formule ce que j'ai appris

Dis ce que tu as appris sur le tournage de l'émission.

oral Je lis à voix haute

Lis le texte en entier.

Fiche 107 + et ++

Le pluriel des noms et des adjectifs (2)

Je mémorise

1 **Lis** les mots à mémoriser.

un berceau / un noyau / un bijou / le milieu / un rouleau

• **Écris**-les au pluriel.

2 **Recopie** les mots à mémoriser.

un bureau / peureux / un neveu / un rideau / un adieu

• **Écris**-les au pluriel.

Je fais le point

3 **Entoure** la lettre qui marque le pluriel des noms ci-dessous.

des tableaux – des troupeaux – des corbeaux – des bateaux – des veaux
des joyaux – des tuyaux – des matériaux – des étaux
des feux – des jeux – des aveux – des lieux – des cheveux – des vœux

• **Complète** la phrase :

Les noms et les adjectifs terminés par -eau, -au, -eu au singulier prennent un … au pluriel.
Mais on écrit : des bleus, des pneus, des landaus.

4 **Entoure** la lettre qui marque le pluriel des noms ci-dessous.

des hiboux – des poux – des bijoux – des joujoux – des genoux – des cailloux – des choux

• **Complète** la phrase :

7 noms terminés par -ou prennent un … au pluriel.

5 **Récris** ces mots au pluriel.

une voix – creux – délicieux – un lynx – un prix

• **Complète** la phrase :

Au pluriel, on n'ajoute pas de x aux noms ou aux adjectifs terminés au singulier par un … .

Je m'entraine

6 **Récris** les mots au pluriel.

un pou – un château majestueux – un préau – un chapeau – une croix

7 **Récris** les noms au singulier.

des tuyaux – des neveux – des noix – des tableaux – des perdrix – des choux

8 **Range** les dix mots mémorisés dans l'ordre alphabétique.

Fiche 108 + et ++

Les relations dans un texte (12)

Je lis et je transpose

La visite de Nora

Une jeune fille, Nora est venue dans cette classe de CM1 pour parler de La Rochelle. Elle a raconté aux élèves :

– J'ai habité longtemps à La Rochelle. De la fenêtre de l'immeuble, je voyais les deux tours qui encadrent le vieux port. Souvent, le dimanche, je mangeais rapidement, puis je prenais mon vélo et je faisais une promenade sur les quais du port maritime. J'avançais lentement pour regarder les bateaux.

– Tu voyais des paquebots ? a demandé Morgan.

– Oui, je voyais aussi des porte-conteneurs. L'été, j'allais tous les jours à la plage. Des amies venaient souvent avec moi. J'aimais bien aussi aller à l'aquarium pour voir les poissons-clowns et les tortues marines.

– Tu es allée au fort Boyard ? a demandé Alex.

– Non, en le voyant au loin depuis toute petite, je disais toujours à mon père que je voulais y aller mais il disait toujours : « Plus tard, quand tu seras plus grande ! » Et maintenant, je suis grande et je n'habite plus à La Rochelle !

1 **Lis** ce texte en parlant de Nora et sa sœur Alicia.
Deux jeunes filles, Nora et sa sœur Alicia...

2 **Récris** les groupes de mots soulignés en remplaçant Nora par Nora et Alicia. **Indique** ce qui change.

3 **Nomme** les temps auxquels les verbes sont conjugués. **Explique** l'emploi du futur.

Je collecte

4 **Colle** les étiquettes à la bonne page de ton cahier de grammaire.

Je m'entraine

5 **Recopie** les groupes de mots en bleu en remplaçant Nora et Alicia par Nora.
Les élèves ont continué à interroger Nora et Alicia :
- Vous alliez souvent à l'aquarium ? Vous voyiez aussi des méduses ? Vous aimiez les regarder ?
- Oui, nous allons à l'aquarium. Nous voyons des méduses. Nous aimons les regarder.

6 **Recopie** les groupes de mots en gras en remplaçant Je par Nous.
J'ai habité longtemps à Paris. **Je voyais** la tour Eiffel tous les jours. **Je faisais** souvent des promenades sur le bord de la Seine. **Je prenais** le métro tous les jours.

Fiche 109 + et ++

Les déterminants possessifs et démonstratifs

Je réfléchis

1 **Recopie** sur deux lignes les groupes nominaux de la page 13 de ton cahier de grammaire qui n'ont pas d'article :
– GN avec déterminant indiquant une relation avec quelqu'un /
– GN avec déterminant qui reprend un élément dont on a déjà parlé.

2 Les déterminants indiquant une relation avec quelqu'un sont des **déterminants possessifs**.

• **Trouve** à quel possesseur renvoie chaque déterminant possessif que tu as écrit.

• **Liste** les déterminants possessifs à partir des phrases suivantes en indiquant que les animaux sont : à moi, à toi, à lui ou à elle, à nous, à vous, à eux.

a. ... chien est noir

b. ... trousse est blanche

c. ... poissons sont rouges

• **Indique** le genre et le nombre de chaque déterminant possessif.

3 Les déterminants qui reprennent un élément dont on a déjà parlé sont des **déterminants démonstratifs**.

• **Trouve** ce qui est repris par chaque déterminant démonstratif que tu as écrit.

• **Observe** les quatre déterminants démonstratifs et **indique** leur genre et leur nombre.

• **Remplace** l'article défini par un déterminant démonstratif.

l'animal – l'été – l'insecte – l'ours – l'univers – l'homme

• Comment s'écrit le déterminant démonstratif devant un nom masculin commençant par une voyelle ou un h muet ?

Je conclus

oral **4** **Indique** le rôle des déterminants possessifs et démonstratifs.

• **Lis** la page correspondante dans le mémo.

Je m'entraine

5 **Complète** chaque groupe nominal en gras avec un déterminant possessif.

a. J'ai mis ... **pull bien chaud**, ... **chaussettes de laine** et ... **polaire**.

b. Les nageurs ont pris ... **lunettes** et ... **bonnet de bain**.

c. Tu as oublié ... **sac** avec ... **livres** et ... **trousse**.

d. Amar a appris ... **leçon d'histoire**, ... **poésie** et il a copié ... **mots**.

6 **Complète** chaque groupe nominal en gras avec le déterminant démonstratif qui convient.

a. Les jumeaux ont vu des méduses. ... **animaux** sont vraiment bizarres.

b. Ils ont vu un homme derrière les hublots. ... **plongeur** est venu les délivrer.

c. Le fort Boyard est dans l'océan Atlantique. ... **forteresse** est impressionnante.

Fiche 110 + et ++

Des indicateurs de temps et d'espace

Je réfléchis

1 **Recopie** les mots ou groupes de mots en gras dans la colonne qui convient :
ils donnent des indications de temps / ils situent dans l'espace.

a. Située **au bord de l'océan Atlantique**, cette ville compte 75 000 habitants. **D'abord**, petit village de pêcheurs, La Rochelle devient un des plus grands ports de France **à partir du XIIe siècle**. Construites **entre le XIIIe et le XVe siècle**, les tours ont servi de logements, de phares, de prisons.

b. Ce fort a été construit **en pleine mer**, **au large de La Rochelle**. Sa construction s'est terminée **en 1857**. **Depuis 1990**, le fort sert de décor au jeu télévisé Fort Boyard.

c. **De la tour** de la Chaine (**entre les deux autres tours**) **pendant plusieurs siècles**, on a manœuvré **chaque soir** une énorme chaine fixée dans la tour Saint-Nicolas **sur l'autre rive**, afin d'interdire l'accès au port, **la nuit**.

2 **Relève** les mots ou groupes de mots qui indiquent le temps et ceux qui situent dans l'espace.
• **Complète** les colonnes de l'activité 1.

a. Au centre de cette grande ville, de magnifiques bâtiments sont situés autour d'une grande place. En bordure de la ville, la gare, bâtie au siècle dernier est située près de grands axes routiers.

b. Les travaux de la construction de cette cathédrale située au nord de la ville ont commencé au début du XIIe siècle. Ils se sont achevés à la fin du XIIIe siècle. Quelques années plus tard, une de ses tours s'est écroulée, elle n'a pas été reconstruite.

c. Autrefois, ce petit village situé au pied de la montagne ne comptait qu'une centaine d'habitants. Actuellement, il peut accueillir durant l'été ou l'hiver plusieurs centaines de touristes.

Je m'entraine

3 **Complète** les phrases avec les mots ci-dessous.

le mois précédent – à proximité – trois ans après – au mois de février – au-dessus

a. Chloé est née en 2010. ..., au mois de septembre, elle est rentrée à l'école maternelle.

b. En montagne, les alpages sont situés ... des forêts.

c. Ton anniversaire est ..., le mien est en janvier, c'est ... .

d. Les usines sont situées ... des villes.

• **Ajoute**-les dans les colonnes de l'activité 1.

Fiche 111 + et ++

Écrire une fiche-exposé

Je complète un texte

1 **Observe** la fiche-exposé que tu vas réaliser sur le château de Versailles.

Versailles
Située près de Paris, dans ..., la ville ...

Le château
...

Louis XIV
...

- Sur la photo, **repère** le château, les jardins, la ville.
- **Complète** le texte qui présente la ville de Versailles à partir des informations suivantes et de la carte.

Versailles
– 85 711 habitants
– Petit village de 400 habitants au XVIe siècle
– Développement d'une ville à partir de 1670 sous l'action de Louis XIV

J'écris deux textes

2 Avec tes camarades, **recherche** des informations sur le château de Versailles et sur Louis XIV.
- **Écris** les deux textes. **Surligne** les mots à expliquer et **écris** leur définition dans le bas de la fiche.

Je révise et j'améliore

3 **Relis** tes textes et je **vérifie** que :
- tu as utilisé des indicateurs de temps et d'espace;
- tu as mis des majuscules et des points.

Fiche 112 + et ++

› Identifier actions et pensées des personnages
› Identifier les caractéristiques du poème

J'ai oublié ma poésie (1)

Son poème de Baudelaire, Charles l'a appris par cœur. Mais devant toute la classe, les rimes s'emmêlent, c'est le chaos ! Heureusement que, dans les yeux de Magali, Charles va trouver l'inspiration pour faire jaillir des mots bien à lui. Au diable la récitation et vive la poésie !

Pour une fois, je l'avais bien apprise. Mon chien l'avait aimée, il avait même léché son assiette en m'écoutant la réciter. Mon père me l'avait fait répéter, les yeux fermés, sans tricher, la musique à fond pour que j'apprenne à ne pas me laisser déstabiliser.

Et tout en vérifiant le laçage de mes chaussures, ma mère me l'avait encore fait réviser le matin même. J'avais redit la poésie pour la trentième fois :

L'Albatros, de Charles Baudelaire.

Souvent, pour s'amuser, les hommes d'équipage
Prennent des albatros, vastes oiseaux des mers...

En descendant l'immense escalier qui court vers l'école, j'avais encore répété en silence :

... Prennent des albatros, vastes oiseaux des mers,
Qui suivent, indolents compagnons de voyage,
Le navire glissant sur les gouffres amers...

Et pour dire *gouffres amers*, je dessinais de larges cercles avec mes bras. Les moineaux ont dû me prendre pour un fou de Bassan !

Quand j'ai passé la porte de la classe, mon corps résonnait des vagues du poème. [...]

Monsieur Krocus a fait semblant de regarder ailleurs. Mais j'ai très vite senti que mon tour arrivait.

oral J'anticipe

1 **Lis** le texte de l'encadré vert et imagine ce dont va parler le texte.

2 **Explique** ce que tu comprends de la dernière phrase de l'encadré.

Je comprends les mots

3 **Fais** des hypothèses sur le sens des mots chaos, inspiration, effondré, ressaisi en t'aidant du contexte. **Vérifie** dans le lexique.

4 **Trouve** le sens des mots s'emmêlent, le laçage, déstabilisé à partir de leur formation.

5 **Liste** les noms d'oiseaux cités dans le texte. **Cherche** des informations sur ces oiseaux.

6 **Relève** les mots relevant du champ lexical de la mer.

Il a soudain pointé son doigt sur moi :

– Charles !

Parce qu'en plus, je m'appelle Charles, comme Baudelaire. Je me dois évidemment d'être excellent en poésie, tout comme mes copains Victor et Hugo...

Je me suis aussitôt levé, comme Maman me l'avait conseillé, et je n'ai pas hésité une seconde. D'une voix sure, j'ai claironné en articulant :

– *L'Al-ba-tros, de Char-les Bau-de-laire.*

Monsieur Krocus m'a aussitôt interrompu pour crier :

– PLUS FORT !

Ça m'a déstabilisé. J'ai senti comme du sable envahir ma gorge. Et j'ai stupidement lancé, dix fois plus fort que lui :

– *L'ALBATAIRE, DE CHARLES BAUDELOS !*

Tous les élèves de la classe ont ri comme des mouettes. Ricané en fait, très longtemps et fort méchamment. Moi, j'ai souri d'un de ces sourires qui font mal à l'intérieur des joues, et je me suis effondré sur ma chaise. Face à moi, Magali pleurait, mais j'ai vite compris qu'elle pleurait de rire. C'est là que j'ai commencé à avoir envie de faire pipi.

Je mets en relation

7 **Indique** pourquoi certaines parties du texte sont en italique.

8 **Réponds** aux questions.

a. Charles a-t-il appris la poésie ?
b. Quel est le point commun entre le narrateur et le poète ?
c. Pourquoi Victor et Hugo doivent-ils être excellents en poésie ?
d. Dans le poème, que font les hommes d'équipage ?
e. Qui sont les indolents compagnons de voyages?

9 **Indique** qui parle (ligne 34) et **réponds** à la question.

Pourquoi les élèves rient-ils ?

• **Relève** les mots qui indiquent ce que ressent Charles à ce moment-là.

oral **10** **Relis** les vers du poème et **exprime** ce que tu ressens.

oral **11** **Échange** et **imagine** la suite du récit.

Que penses-tu de l'attitude des élèves ?

oral Je lis à voix haute

Lis de *Quand j'ai passé la porte* **(ligne 17) à la fin du texte.**

Je lis très vite

Charles - achever - acharné - un chevalier
le chaos - une orchidée - le varech
acheter - un orchestre - une chorale - franchir

Monsieur Krocus a tapé sur son bureau. Je me suis ressaisi. Le silence est revenu et le maitre m'a parlé, presque gentiment :

– Il va peut-être réussir à dire le titre, Charles ?

Je me suis relevé, j'étais perdu, comme le phare de Biarritz face à l'immensité de l'océan. Mes yeux clignaient pour bloquer mes larmes et mes cuisses m'aidaient à retenir mon pipi. Je suis enfin parvenu à lancer le titre complet :

– *L'Albatros, de Charles Baudelaire...*

Sans respirer, j'ai enchainé :

– *Souvent, pour s'amuser, les hommes d'équipage*
Prennent des albatros, vastes oiseaux des mers,
Qui suivent, indolents…
Qui suivent, indolents…
Qui suivent, indolents…

Puis plus rien ! Je crois que ce sont les yeux de Monsieur Krocus qui m'ont noyé. Ils sont d'un bleu-vert sombre et profond comme doit l'être la couleur des gouffres amers. Monsieur Krocus m'a repêché en murmurant :

– *... indolents compa...*

Et j'ai aussitôt repris la mer :

– *... gnons de voyage,*
Le navire glissant sur les gouffres amers.
À peine les ont-ils déposés sur les planches...

J'étais enfin le fier capitaine de mon poème.

oral Je raconte

1 **Souviens**-toi et **écris** des mots-clés qui vont t'aider à raconter l'histoire.

Je comprends les mots

2 **Relève** une comparaison qui exprime la détresse de Charles.

3 **Recopie** les mots qui permettent de comprendre ce que ressent Charles.

Je mets en relation

4 **Réponds** à la question en citant un vers de la poésie.
Pourquoi les marins attrapent-ils des albatros ?

5 **Relève** les lignes du texte qui montrent que Charles n'arrive plus à dire la poésie.

6 **Indique** qui est désigné par le pronom en gras et **explique** le sens de cette phrase.
Et **j'**ai aussitôt repris la mer.

7 **Réponds** aux questions.
a. Comment Monsieur Krocus aide-t-il Charles ?
b. Quel sentiment éprouve Charles quand il arrive à dire sa poésie ?

oral **8** **Échange** sur ce qui fait peur et sur ce qui rassure lorsqu'on dit une poésie devant la classe.

oral Je lis à voix haute

Lis le texte en entier.

Fiche 114 + et ++

Le féminin des noms et des adjectifs (2)

Je mémorise

1 **Lis** les mots à mémoriser.

un chanteur / régulier / épais / fier / un patron

• **Écris**-les au féminin.

2 **Recopie** les mots à mémoriser.

un boulanger / mignon / un facteur / mystérieux / un manuel

• **Écris**-les au féminin.

Je fais le point

3 **Compare** chaque mot masculin avec son féminin. **Indique** ce qui change au féminin.

a. un ouvrier → une ouvrière
b. un acteur → une actrice
c. un horloger → une horlogère
d. un aviateur → une aviatrice
e. léger → légère
f. un visiteur → une visiteuse
g. singulier → singulière
h. un chien → une chienne
i. un coiffeur → une coiffeuse
j. un paysan → une paysanne
k. un danseur → une danseuse
l. bon → bonne
m. peureux → peureuse
n. naturel → naturelle

• **Complète** la phrase :

La fin de certains noms d'êtres animés ou de certains adjectifs se transforme au féminin : -er ou -ier devient ... ; -eur ou -eux devient ... ; -teur devient ... ou ... ; -ien, -an,- on, -el deviennent ..., ..., ..., ...

Je m'entraine

4 **Récris** les mots au féminin.

un jongleur - un champion - silencieux - un trésorier - ancien - un facteur

5 **Récris** les noms au masculin.

la conductrice - la fermière - la chanteuse - nerveuse - la musicienne - nette

6 **Récris** les groupes nominaux au féminin.

un gardien sérieux - le champion actuel - le premier imitateur - un ouvrier exceptionnel

7 **Range** les dix mots mémorisés dans l'ordre alphabétique.

Fiche 115 + et ++

L'imparfait des verbes

Je lis et je réfléchis

1 **Lis** la page 10 de ton cahier de grammaire.
- **Souligne** le verbe et **entoure** son sujet dans chaque phrase.
- **Indique** le temps des verbes, leur infinitif, leur groupe ou si ce sont des auxiliaires.

2 **Souligne** le radical de chaque verbe. **Recopie** les terminaisons avec je, tu, il ou elle, nous, vous, ils ou elles.
- **Entoure** les deux lettres que tu retrouves toujours avec je, tu, il ou elle, ils ou elles et la lettre que tu retrouves avec nous et vous.

Ces lettres marquent l'**imparfait**. Les autres lettres de la **terminaison** marquent la **personne**.

3 **Observe** le radical des verbes à l'imparfait et **réponds** aux questions.

a. Que faut-il ajouter au c du verbe enfoncer et après le g du verbe manger ? Explique pourquoi.

b. Par quelles lettres se termine le radical des verbes du 2e groupe ?

c. Par quelle lettre se termine le radical du verbe voir ?

d. Comment se prononce fai dans le radical du verbe faire ?

Je conclus

4 **Écris** le titre de la page 10 de ton cahier de grammaire : L'imparfait.

oral **5** **Récapitule** les régularités et les particularités de ces verbes à l'imparfait.
- **Lis** la page de la conjugaison de ces verbes à l'imparfait.

Je m'entraine

6 **Recopie** les verbes qui sont à l'imparfait avec leur sujet.
- **Entoure** les terminaisons de l'imparfait.

Toute la famille était dans le salon. Zoé et moi, nous regardions la télévision. Toi, Jules, tu jouais sur ta console. Vous, Noémie et Arthur, vous faisiez des mots croisés. Le chien et le chat mangeaient. J'avais l'impression que quelque chose allait arriver. Tout à coup, il y a eu un grand bruit et la télévision s'est éteinte.

7 **Recopie** les groupes en gras en conjuguant les verbes à l'imparfait.

a. Souvent **je déplace** les meubles, **j'ai** ainsi l'impression de changer de maison.

b. **Nous voyons** souvent des oiseaux migrateurs, **ils volent** au-dessus de la maison.

c. **Tu prends** le même chemin tous les jours, **tu ne changes jamais** d'itinéraire.

Fiche 116 + et ++

Des phrases dans un texte (8)

Je repère et je transforme

Pour une fois, Charles a bien appris la poésie. Chez lui, il a récité *L'Albatros* de nombreuses fois. En descendant l'escalier, il répète encore le poème en silence.

En classe, Charles est choisi par Monsieur Krocus pour réciter le poème. Il n'hésite pas une seconde. Il dit le titre. Mais Monsieur Krocus l'interrompt et crie :

– Parle plus fort !

1 **Transforme** les trois phrases déclaratives du premier paragraphe à la forme négative.
- **Écris** la troisième phrase et **entoure** les mots de la négation.

2 **Transforme** à la forme affirmative la phrase déclarative qui est à la forme négative.

3 **Recopie** la phrase impérative à la forme exclamative et trouve ce qu'elle exprime.
- **Écris**-la à la forme négative.

Je repère les groupes

4 **Souligne** le verbe, **entoure** de différentes couleurs le sujet et les compléments.

a. Aussitôt, Monsieur Krocus interrompt Charles.
b. Le poème de Charles Baudelaire parle d'un albatros.

- **Indique** la nature de chaque sujet.
- **Remplace** chaque groupe nominal sujet par un autre groupe nominal.

Je collecte

5 **Colle** les étiquettes à la bonne page de ton cahier de grammaire.

Je m'entraine

6 **Récris** ces phrases à la forme négative.

a. Son bateau est encore en panne.
b. Commencez à travailler tout de suite.
c. Prends ton livre d'histoire.
d. Cet auteur illustre son roman.

7 **Souligne** le verbe, **entoure** le sujet.

a. Ces émissions de télévision ont beaucoup de succès depuis plusieurs années.
b. Charles Baudelaire a écrit de nombreux poèmes.
c. Ils écoutaient la radio tous les matins.

- **Indique** la nature de chaque sujet : GN ou pronom.
- **Recopie** chaque phrase en remplaçant le GN-sujet par un pronom et le pronom-sujet par un GN.

Fiche 117 + et ++

Des mots de sens proche : les synonymes

Je réfléchis

1 **Lis** ces articles de dictionnaire.
- **Indique** les mots définis et leur nature.

a. Comment sont indiqués les synonymes de chaque mot défini ?
b. Quelle est la nature des synonymes de l'adjectif, du nom commun et du verbe ?

immense adj. Extrêmement grand. *Le Canada est un pays immense.* ➜ **vaste.** ▮ contraires : **minuscule, petit.** *Vous me faites un immense plaisir en acceptant.* ➜ **extrême.**

2 **Suivant** le sens du mot défini, les synonymes sont-ils les mêmes ?
- **Indique** par quel synonyme on peut remplacer chaque mot en gras.

a. Mais devant toute la classe, les rimes s'emmêlent, c'est **le chaos** !
b. En descendant **l'immense** escalier qui court vers l'école, j'avais encore répété en silence...
c. Mes yeux clignaient pour **bloquer** mes larmes.

chaos [kao] n. m. Grand désordre. *La guerre a plongé le pays dans le chaos.* ➜ **confusion.** ▮ homonymes : cahot, K.-O.

bloquer v. (conjug. 3) **1.** Empêcher de bouger, de se mouvoir. *Le gardien de but a bloqué le ballon. La voiture est bloquée dans les embouteillages.* ➜ **coincer.** **2.** Boucher, obstruer. *Des travaux bloquent la rue.* ➜ **barrer.** **3.** *Le gouvernement a bloqué les prix,* a interdit qu'ils augmentent. ▮ contraire : **débloquer.** ▷ Mot de la famille de bloc.

© *Le Robert junior illustré*, 2019

Je conclus

3 **Lis** dans le mémo la page sur les synonymes.
- **Dis** des mots synonymes, **indique** leur nature, puis **lis** la page mémo sur les synonymes.

Je m'entraine

4 **Remplace** chaque adjectif en gras par son synonyme.

gigantesque – faible – délicieux – puissante

a. un **énorme** camion
b. une voix **forte**
c. un **bon** gâteau
d. un vent **léger**

5 **Remplace** chaque verbe en gras par le synonyme proposé qui convient.

a. enfiler / poser : **mettre** le vase sur la table – **mettre** un pantalon
b. tester / tenter : **essayer** une nouvelle voiture – **essayer** de faire de la planche à voile
c. augmenter / grimper : **monter** une côte – **monter** le son

Fiche 118 + et + +

Écrire une notice biograpique (1)

Je découvre

1 **Lis** la présentation de l'auteur de *J'ai oublié ma poésie*, Alain Serres.

Un auteur jeunesse, Alain Serres

Alain Serres est un auteur de littérature de jeunesse. Il est aussi le directeur des éditions *Rue du monde*.

Il est né à Biarritz en 1956. D'abord enseignant en maternelle, il devient ensuite auteur. Depuis son premier album en 1982, Alain Serres a publié une cinquantaine d'ouvrages chez de nombreux éditeurs. En 1996, il a fondé les éditions *Rue du monde* afin de proposer aux enfants « des livres qui leur permettent d'interroger et imaginer le monde ».

Alain Serres écrit des albums, des poèmes, des chansons, des pièces de théâtre et même des dessins animés. Ses livres traitent souvent des droits de l'Homme et plus particulièrement de ceux de l'enfant, sans négliger pour autant l'imaginaire ou la fantaisie.

• **Indique** les informations données :
- dans le paragraphe de présentation ;
- sur la carrière de l'auteur (dans le deuxième paragraphe) ;
- sur son œuvre (dans le troisième paragraphe).

Quel synonyme du mot livre est utilisé dans le deuxième paragraphe ?

J'écris

2 **Écris** la présentation d'Évelyne Brisou-Pellen, l'autrice de *John et le royaume d'en bas* à partir des informations suivantes :
- elle écrit des romans pour la jeunesse ;
- 1947 naissance : en Bretagne ;
- enfance au Maroc, retour en Bretagne ;
- 1978 : début de l'écriture dans des revues ;
- 1980 : premier roman ;
- héros : enfants, animaux ;
- actuellement : vit à Rennes ;
- écriture de plus de 150 ouvrages ;
- éditeurs différents ;
- nombreux prix ;
- aime écrire des romans historiques ; policiers ou d'aventures.

• **Recherche** des livres de cette autrice dans une bibliothèque.

Je révise et j'améliore

3 **Relis** ton texte et **vérifie** que :
- tu as écrit une phrase de présentation ;
- tu as parlé de sa carrière et de son œuvre ;
- tu es allé(e) à la ligne à la fin de chaque paragraphe ;
- tu as mis les majuscules et les points.

Fiche 119 + et ++

J'ai oublié ma poésie (2)

› Identifier actions et pensées des personnages
› Identifier les caractéristiques du poème

Magali était impressionnée. Elle me souriait et, dans ses beaux yeux sombres, j'ai vu le soleil peu à peu se coucher…

J'ai tenté de poursuivre :

Que ces rois de l'azur, maladroits et honteux,
Laissent piteusement leurs grandes ailes blanches...

Mais le soleil de Magali m'éblouissait de plus en plus et j'ai perdu pied.

Au lieu de dire :
... *Comme des avirons trainer à côté d'eux.*
j'ai dit :
... *S'éclairer, Magali, au soleil de tes yeux.*

Et sans gêne, mais non sans génie, j'ai inventé toute la suite !

– Je voudrais que ces gens nous laissent enfin seuls.
Que tu découvres ma secrète vérité :
Mon cœur t'écrit des poèmes sous le grand tilleul,
À chaque récré, depuis le jour de la rentrée...

En ce sinistre jour de contrôle de poésie, j'avais envie de tout dire, de faire enfin déborder l'océan de mes mots.

Je me sentais pousser des ailes. J'avais le sentiment de devenir champion en poésie faute de l'être en récitation. […]

oral je raconte

1. **Raconte** l'histoire comme si tu étais Charles.
2. **Souviens**-toi et **dis** quelques vers du poème de Baudelaire. **Exprime** ce que tu ressens.

Je comprends les mots

3. **Relève** le mot qui indique ce que ressent Magali.
4. **Recopie** les différentes manières de nommer les albatros.
5. **Relève** une comparaison dans les vers du poème de Baudelaire.
6. **Indique** les mots évoquant la mer qui sont employés pour dire ce que fait et ressent Charles.
7. (oral) **Explique** les expressions imagées suivantes :
   a. […] j'ai perdu pied.
   b. Je me sentais pousser des ailes.

Mais c'était de la faute de Magali si le flot de mes mots ne pouvait plus s'arrêter… Et si j'avais de plus en plus envie de faire pipi. J'avais trop peur de m'arrêter. […]

Le poète ne va pas contre moi se fâcher
Parce qu'il sait que tout sentiment doit s'exprimer
Sinon, l'oiseau du silence peut nous étouffer,
Ses ailes de géant, nous empêcher de marcher.

Au dernier mot de ces magnifiques vers signés des deux Charles à la fois, les applaudissements ont éclaté. Même Monsieur Krocus applaudissait. Poussée par les bravos et les hourras, la marée de l'émotion est brusquement montée en moi. J'ai tout lâché et tout inondé.

Magali était rouge de bonheur, ou de honte, je ne savais pas encore. […]

Et comme un bonheur ne vient jamais seul j'ai glissé ma main dans la poche de mon pantalon humide : Maman y avait déposé un paquet de mouchoirs en papier. J'étais sauvé !

À la récréation, je n'écrirai pas de poème sur mes mouchoirs. J'épongerai le sol sous ma chaise. […]

Là-haut, dans son navire de papier glissant sur les gouffres amers, Charles Baudelaire pouvait être fier. Son *Albatros* fait encore des petits, un siècle et demi après avoir péri.

Je mets en relation

8 Réponds à la question par une phrase.

a. Que se passe-t-il aux lignes 7 à 10 ?
b. Quels sentiments Charles éprouve-t-il pour Magali ?

9 Indique qui est désigné par le pronom en gras. **Explique** le sens de cette phrase.

J'avais le sentiment de devenir champion en poésie faute de l'être en récitation.

10 Réponds à la question en citant une phrase du texte.

Pourquoi Baudelaire pourrait-il être fier ?

oral **11 Échange** et **réponds** aux questions.

a. As-tu déjà écrit un poème ? Pour qui ?
b. Aimerais-tu écrire un poème comme Charles ?

oral Je lis à voix haute

Lis de *Je me sentais pousser des ailes* **(ligne 18) à la fin du texte.**

Je lis très vite

des hourras - des handicaps
des hannetons
des habits - des heures - des horaires
des hamsters - des hôtels - des hérissons

Le poète Charles Baudelaire

L'ALBATROS

Souvent, pour s'amuser, les hommes d'équipage
Prennent des albatros, vastes oiseaux des mers,
Qui suivent, indolents compagnons de voyage,
Le navire glissant sur les gouffres amers.

À peine les ont-ils déposés sur les planches,
Que ces rois de l'azur, maladroits et honteux,
Laissent piteusement leurs grandes ailes blanches
Comme des avirons trainer à côté d'eux.

Ce voyageur ailé, comme il est gauche et veule !
Lui, naguère si beau, qu'il est comique et laid !
L'un agace son bec avec un brule-gueule,
L'autre mime, en boitant, l'infirme qui volait !

Le Poète est semblable au prince des nuées
Qui hante la tempête et se rit de l'archer ;
Exilé sur le sol au milieu des huées,
Ses ailes de géant l'empêchent de marcher.

Charles Baudelaire

Mon portrait

MON ALBATROS

Souvent, pour s'amuser, les hommes d'équipage
Prennent des albatros, vastes oiseaux des mers,
Qui suivent, indolents compagnons de voyage,
Le navire glissant sur les gouffres amers.

À peine les ont-ils déposés sur les planches,
Que ces rois de l'azur, maladroits et honteux,
Laissent piteusement leurs grandes ailes blanches
S'éclairer, Magali, au soleil de tes yeux.

Je voudrais que ces gens nous laissent enfin seuls.
Que tu découvres ma secrète vérité :
Mon cœur t'écrit des poèmes sous le grand tilleul,
À chaque récré, depuis le jour de la rentrée...

Le poète ne va pas contre moi se fâcher
Parce qu'il sait que tout sentiment doit s'exprimer
Sinon, l'oiseau du silence peut nous étouffer,
Ses ailes de géant, nous empêcher de marcher.

Charles

Alain Serres, extrait de *J'ai oublié ma poésie*, éditions Rue du monde, 2017

oral Je raconte

1 **Raconte** l'histoire de Charles.

Je comprends les mots

2 **Fais** des hypothèses de sens sur les mots gauche et veule. **Aide**-toi du contexte et du lexique.

3 **Relève** dans le poème de Baudelaire les mots qui désignent l'albatros sur le navire.

Je mets en relation

4 **Lis** les deux dernières strophes du poème de Baudelaire et **réponds** aux questions.
a. Pourquoi l'albatros, majestueux dans les airs, est-il comique à terre ?
b. Qui se moque de l'albatros ?
c. À qui le poète est-il comparé ?
d. Quelle est la secrète vérité de Charles ?

oral 5 **Échange** et **explique** ce que Charles veut exprimer sur la poésie et la récitation.

Je vais plus loin

oral 6 **Donne** ton avis sur cette histoire.

7 **Échange** et **réponds** à cette question.
Cette histoire a-t-elle changé ton opinion sur la poésie ?

oral Je lis à voix haute

Des deux poèmes, **lis** celui que tu préfères.

Fiche 121 + et ++

Écrire ap-/app-, ac-/acc-, af-/aff-, eff-, off-

Je mémorise

1 **Lis** les mots à mémoriser.

effondrer / un officier / affreux / accrocher / affaiblir

- **Recopie** les verbes, le nom, puis l'adjectif.

2 **Recopie** les mots à mémoriser.

accourir / une approche / offrir / efficace / appuyer

- **Souligne** d'un trait les verbes, de deux traits le nom, puis **entoure** l'adjectif.

Je fais le point

3 **Recopie** les mots et **entoure** les manières d'écrire : [ap], puis [ak], puis [af], [ɛf], [ɔf].

a. appeler – un apprenti – appuyer – l'application – apprécier – apprivoiser – appeler

b. accorder – l'accoudoir – accuser – acclamer – l'accalmie – accorder – accourir

c. affreux – affaiblir – affamé – affronter – un affluent – affoler – effeuiller – un effort effectuer – effrayer – effacer – offenser – officiel – un office

- **Complète** les phrases :

Les mots commençant par [ap] ou [ak] s'écrivent le plus souvent ... ou ....   **Mais** on écrit : apercevoir, aplatir, après, apeuré, l'acacia, l'acrobate, actif, un acteur.
Les mots commençant par [af], [ɛf], [ɔf] s'écrivent ..., ..., ... **Mais** on écrit : afin et africain.

Je m'entraine

4 **Récris** les mots en les complétant avec ac- ou acc-.

une •trice – un •oudoir – l'•acia – •order – un •robate – une •almie

5 **Récris** les mots en les complétants avec ap- ou app-.

•rendre – •euré – •latir – •uyer – l'•étit – •rouver – •rès

6 **Écris** un verbe de la famille de chaque mot. Il commence par acc- ou app-.

profond – un crochet – proche – la compagnie – pauvre – porter – courir

7 **Écris** un verbe de la famille de chaque mot. Il commence par aff-, eff-.

faible – une feuille – le front – folle – une frayeur – la faim

8 **Range** les dix mots mémorisés dans l'ordre alphabétique.

Fiche 122 + et ++

Les relations dans un texte (13)

Je lis et je transpose

Récitation et poésie

Aujourd'hui, en ce sinistre jour, Charles commence à réciter le poème *L'Albatros*. Cette poésie, Charles la sait, mais il commence par se tromper dans le titre. Les élèves ricanent. Charles comprend que, en face de lui, Magali pleure de rire. Alors, ses yeux clignent pour bloquer ses larmes. Le silence revenu, Charles parvient à dire le titre complet et les cinq vers suivants.

Magali est impressionnée, elle sourit. Mais son sourire éblouit Charles et il perd pied. Alors il invente toute la suite. Il a envie de tout dire, il prononce des mots nés entre sa tête et son cœur. Il ne peut plus s'arrêter. Il imagine la réaction de son maitre et des élèves, alors, il continue.

Quand enfin il s'arrête, les élèves applaudissent, même Monsieur Krocus applaudit. Magali est toute rouge.

1 **Lis** ce texte au passé en commençant par hier. Les verbes soulignés en bleu sont au passé composé, ceux soulignés en noir sont à l'imparfait.

2 **Récris** les groupes de mots soulignés en mettant le texte au passé. **Indique** ce qui change. **Nomme** les auxiliaires utilisés.

3 **Donne** l'infinitif de tous les verbes conjugués du texte, même de ceux qui ne sont pas soulignés.

Je collecte

4 **Colle** les étiquettes à la bonne page de ton cahier de grammaire.

Je m'entraine

5 **Conjugue** les verbes à l'infinitif à l'imparfait.

• **Recopie**-les avec leur sujet.

a. Il y a longtemps, les rois gouverner la France, ils avoir tous les pouvoirs.
b. Quand tu être à la maternelle, tu faire de la peinture et tu pouvoir faire la sieste.
c. Avant, mon jeune chien jouer beaucoup, il venir dans ma chambre et il pouvoir y dormir.
d. Pendant les vacances, nous aller tous les jours au centre de loisirs, souvent nous prendre un piquenique et tout le monde manger dehors sous les arbres.
e. Autrefois, vous ne porter pas de lunettes et vous dire toujours que vous voir mal.
f. Chaque jour, je faire plusieurs kilomètres avec mon vélo pour aller à l'école.

Fiche 123 + et ++

Des phrases et des groupes nominaux (2)

Je repère et je transforme

1 **Relis** le texte *Récitation et poésie* (p. 146).
- **Compte** le nombre de phrases et **indique** leur type.
- **Recopie** la phrase qui est à la forme négative.
- **Transforme**-la à la forme affirmative.

2 Dans chaque phrase, **souligne** le verbe, **entoure** de différentes couleurs le sujet, le complément déplaçable et supprimable (quand il y en a un) et le complément proche du verbe

a. Autrefois, les hommes d'équipage attrapaient des albatros.
b. Ces vastes oiseaux suivaient les navires.
c. Sur le navire, l'albatros regarde les marins.

- **Dis** ces phrases en déplaçant, puis supprimant les compléments qui peuvent l'être.

Je repère

3 **Recopie** les groupes nominaux du texte *Récitation et poésie* (p. 146), en les classant :
GN avec article / GN avec déterminant possessif / GN avec déterminant démonstratif.
- **Souligne** les noms et les adjectifs.

Je m'entraine

4 **Souligne** le verbe, **entoure** de couleurs différentes le sujet, les compléments déplaçables et supprimables et les compléments proches du verbe.

a. Ces enfants vivent une aventure extraordinaire chaque été.
b. Tout l'après-midi, ils ont fait de la planche à voile.
c. Au-dessus des vagues, des oiseaux poussent de grands cris.
d. Sur la plage, les parents regardent des magazines.
e. Les enfants poussent des cris en s'éclaboussant.

5 **Recopie** les groupes nominaux, **souligne** les déterminants et les adjectifs avec des couleurs différentes.
- **Classe**-les suivant leur genre et leur nombre.

a. des fleurs multicolores
b. un grand rideau brodé
c. une rivière calme
d. un beau ciel bleu
e. les rochers pointus
f. de grandes athlètes
g. l'étrange histoire
h. des pantalons rayés
i. une fenêtre ouverte
j. des petites voix sèches

Fiche 124 + et ++

Des mots de l'album

Je réfléchis

1 **Lis** les définitions suivantes.

- **Explique** la différence entre la récitation et la poésie.
- **Indique** le synonyme du mot poème.
- **Recopie** la phrase exemple correspondant à chaque sens du mot poésie.

▸ **récitation** n. f. Texte, poème que l'on doit apprendre par cœur et réciter.

poème n. m. Texte poétique en vers ou en prose. ➜ **poésie.** *Léa récite un poème.*

poésie n. f. (➜ ÉTYM.) **1.** Art d'évoquer des impressions, des sentiments ou de décrire des objets grâce à l'harmonie des sons et au rythme des mots. *La poésie peut être en vers ou en prose.* ➜ aussi **poète. 2.** Poème. *Louise apprend une poésie par cœur.* **3.** Beauté émouvante. *Ces ruines au coucher du soleil sont pleines de poésie.* ➜ aussi **poétique.**

2 **Indique** à quoi sont comparés les élèves, Charles, les albatros, le Poète.

a. Les élèves de la classe ont ri comme des mouettes.

b. Charles était perdu, comme le phare de Biarritz face à l'immensité de l'océan.

c. Les albatros laissent piteusement leurs grandes ailes blanches, comme des avirons trainer à côté d'eux.

d. Le Poète est semblable au prince des nuées.

- Par quels mots, la comparaison est-elle introduite ?

3 **Recopie** les mots du champ lexical de la mer dans la colonne qui convient suivant ce qu'ils désignent : des éléments maritimes réels / dans le poème de Baudelaire / ce que fait ou ressent Charles dans la classe.

- la marée
- les hommes d'équipage
- l'océan
- des albatros
- des oiseaux des mers
- déborder
- le navire
- la tempête
- reprendre la mer
- les avirons
- le capitaine
- le brule-gueule (la pipe du marin)
- le flot

Je m'entraine

4 **Écris** une phrase avec le mot récitation et une autre avec le mot poésie.

5 **Associe** le groupe de mots en gras à la comparaison qui convient.

- **Entoure** les mots qui introduisent la comparaison.

1. Sur cette chaise, **le chat à la fourrure grise** ressemble à ...
2. Le matin, sur l'herbe, **les gouttes de rosée** forment comme ...
3. Le bébé a **des joues rebondies** pareilles à ...
4. **Le jeune garçon** se faufile entre les grandes herbes tel ...

a. un serpent.
b. des pommes bien mures.
c. un gros coussin de poils.
d. de petites perles brillantes.

Fiche 125 + et ++

Écrire un poème

J'observe

La lune
Comme un bol de lait
Comme une bulle d'or
Comme une balle de cristal

La lune
Comme un tailladin[1] de citron
Comme un quartier d'orange
Comme une barque de melon

1. tranche fine d'agrume

Henry Pichette, *Les enfances Pichette*, Cahier n°2, Granit, 1995

1 **Indique** le nombre de strophes et de vers pour chaque strophe.

a. Quel mot est toujours répété ? Où est-il situé ? Quel est son rôle ?

b. Dans la première strophe, à quoi la lune est-elle comparée ? Quelle forme de la lune est évoquée ? Et dans la seconde strophe ?

- **Relève** les mots qui évoquent les couleurs de la lune.
- **Indique** sous quelle forme est écrite chaque comparaison : une phrase, un groupe nominal, un verbe.

J'écris

2 **Choisis** un élément sur lequel tu aimerais écrire des comparaisons. Cela peut être : une étoile, la pluie, un chat, un caillou, une fleur, un coquillage, une lettre de l'alphabet, etc.

- **Cherche** à quoi tu peux le comparer au niveau de sa forme, de sa taille, de sa couleur, de son usage...
- **Trouve** des groupes nominaux qui traduisent ces comparaisons.
- **Emploie** le terme comparatif : comme.
- **Écris** une ou deux strophes de plusieurs vers.

Je révise et j'améliore

3 **Relis** ton texte et **vérifie** que :

- tu as mis une majuscule au début de chaque vers ;
- tu as écrit des comparaisons ;
- tu as introduit tes comparaisons avec le même mot ;
- les comparaisons sont sous forme de groupes nominaux.

Fiche 126 + et ++

Le secret de maitre Cornille (1)

- Attribuer du sens aux mots inconnus
- Identifier le narrateur
- Faire des inférences

Francet Mamaï, un vieux joueur de fifre, qui vient de temps en temps faire la veillée chez moi, en buvant du vin cuit, m'a raconté l'autre soir un petit drame de village dont mon moulin a été témoin il y a quelque vingt ans. Le récit du bonhomme m'a touché, et je vais essayer de vous le redire tel que je l'ai entendu.

Imaginez-vous pour un moment, chers lecteurs, que vous êtes assis devant un pot de vin tout parfumé, et que c'est un vieux joueur de fifre qui vous parle.

Notre pays, mon bon monsieur, n'a pas toujours été un endroit mort et sans renom, comme il est aujourd'hui. Autre temps, il s'y faisait un grand commerce de meunerie, et, dix lieues à la ronde, les gens des mas[1] nous apportaient leur blé à moudre… Tout autour du village, les collines étaient couvertes de moulins à vent. De droite et de gauche, on ne voyait que des ailes qui viraient au mistral par-dessus les pins, des ribambelles de petits ânes chargés de sacs, montant et dévalant le long des chemins ; et toute la semaine c'était plaisir d'entendre sur la

1. Ferme en Provence
2. Cri du conducteur de la charrette pour faire avancer le cheval
3. Exclamation provençale qui exprime ici le malheur

oral J'anticipe

1 **Lis** les cinq premières lignes de cette nouvelle publiée en 1866.
Sais-tu à quoi servaient les moulins à vent à cette époque ?

Je comprends les mots

2 **Lis** la définition suivante.
Petite flute d'un son aigu en usage pour les fêtes traditionnelles en Provence.
- **Trouve** le mot qui y correspond dans le texte.

3 **Relève** le nom du vent qui faisait virer les ailes du moulin.

4 **Trouve** le sens des mots minoterie, meunerie, veillée, farandole, débâcle en t'aidant de leur formation et/ou du contexte. **Vérifie** dans le lexique.

5 **Explique** le sens de ces phrases.
a. Les pauvres moulins à vent restèrent sans ouvrage.
b. La commune fit jeter toutes ces masures à bas.

6 **Reformule** avec tes propres mots les activités aux moulins le dimanche.

hauteur le bruit des fouets, le craquement de la toile et le Dia hue[2] ! des aides-meuniers… Le dimanche nous allions aux moulins, par bandes. Là-haut, les meuniers payaient le muscat. Les meunières étaient belles comme des reines, avec leurs fichus de dentelles et leurs croix d'or. Moi, j'apportais mon fifre, et jusqu'à la noire nuit on dansait des farandoles. Ces moulins-là, voyez-vous, faisaient la joie et la richesse de notre pays.

Malheureusement, des Français de Paris eurent l'idée d'établir une minoterie à vapeur, sur la route de Tarascon. Tout beau, tout nouveau ! Les gens prirent l'habitude d'envoyer leurs blés aux minotiers, et les pauvres moulins à vent restèrent sans ouvrage. Pendant quelque temps ils essayèrent de lutter, mais la vapeur fut la plus forte, et l'un après l'autre, pécaïre[3] ! ils furent tous obligés de fermer… On ne vit plus venir les petits ânes… Les belles meunières vendirent leurs croix d'or… Plus de muscat ! plus de farandole !… Le mistral avait beau souffler, les ailes restaient immobiles… Puis, un beau jour, la commune fit jeter toutes ces masures à bas, et l'on sema à leur place de la vigne et des oliviers.

Pourtant, au milieu de la débâcle, un moulin avait tenu bon et continuait de virer courageusement sur sa butte, à la barbe des minotiers. C'était le moulin de maitre Cornille, celui-là même où nous sommes en train de faire la veillée en ce moment.

Je mets en relation

7 **Indique** la personne désignée par le mot bonhomme **et celle désignée par** mon bon monsieur**.**
• Explique leur rôle.

8 **Réponds aux questions par une phrase.**
- **a.** Dans quelle région de France se déroule l'histoire ?
- **b.** Qui a eu l'idée d'installer des minoteries à vapeur ?
- **c.** Pourquoi les ailes des moulins restaient-elles immobiles malgré le mistral ?
- **d.** À qui appartenait le dernier moulin en fonctionnement ?
- **e.** À qui appartient le moulin de maitre Cornille au moment où Francet raconte l'histoire ?

oral **9** **Échange et réponds à la question.**
Qu'est-ce que l'installation des minoteries à vapeur a provoqué ?

10 **Imagine le secret de maitre Cornille.**

oral Je lis à voix haute

Lis de *Notre pays* (ligne 9) à la fin du texte.

Je lis très vite

un témoin - pointue - rejoindre
une action - une invasion - l'adoption
des pointillés - l'éclosion - l'admission
amoindrir - poinçonner - un champion

Fiche 127 + et ++

Maitre Cornille était un vieux meunier vivant depuis soixante ans dans la farine et enragé pour son état. L'installation des minoteries l'avait rendu comme fou. Pendant huit jours, on le vit courir par le village, ameutant le monde autour de lui et criant de toutes ses forces qu'on voulait empoisonner la Provence avec la farine des minotiers. « N'allez pas là-bas, disait-il ; ces brigands-là, pour faire le pain, se servent de la vapeur, qui est une invention du diable, tandis que moi je travaille avec le mistral et la tramontane, qui sont la respiration du bon Dieu… ». Et il trouvait comme cela une foule de belles paroles à la louange des moulins à vent, mais personne ne les écoutait.

Alors, de male rage, le vieux s'enferma dans son moulin et vécut tout seul comme une bête farouche. Il ne voulut pas même garder près de lui sa petite-fille Vivette, une enfant de quinze ans, qui, depuis la mort de ses parents, n'avait plus que son grand[1] au monde. La pauvre petite fut obligée de gagner sa vie et de se louer un peu partout dans les mas, pour la moisson, les magnans ou les olivades. Et pourtant son grand-père avait l'air de bien l'aimer, cette enfant-là. Il lui arrivait souvent de faire ses quatre lieues à pied par le grand soleil pour aller la voir au mas où elle travaillait, et quand il était près d'elle, il passait des heures entières à la regarder en pleurant…

1. Terme provençal pour désigner le grand-père

oral Je raconte

1 **Choisis** trois mots-clés et **raconte** le début du récit.

Je comprends les mots

2 **Trouve** le sens des mots en gras en t'aidant de leur formation ou du contexte.

a. On le vit courir par le village, **ameutant** le monde autour de lui.

b. […] une foule de belles paroles à la **louange** des moulins.

3 **Indique** ce que désignent mistral et tramontane.

4 **Relève** une comparaison qui indique la solitude de maitre Cornille.

5 **Fais** des hypothèses sur le sens des mots moisson, magnans, olivades en t'aidant de leur formation, du contexte ou du lexique.

Je mets en relation

6 **Exprime** ce que ressent maitre Cornille lorsque les minoteries ont été installées.

7 **Donne** des informations sur Vivette en te servant du texte.

8 **Relève** différentes façons de désigner Vivette.

9 **Lis** les paroles prononcées par maitre Cornille. **Indique** qui est désigné par ces brigands-là (ligne 42).

oral **10** **Échange** et **réponds** aux questions.

a. Pourquoi maitre Cornille est-il solitaire et malheureux ?

b. Pourquoi pleure-t-il en regardant Vivette ?

oral Je lis à voix haute

Lis le texte en entier.

Fiche 128 + et ++

Le pluriel des noms et des adjectifs (3)

Je mémorise

1 **Lis** les mots à mémoriser.

un végétal / l'émail / original / le littoral / triomphal

• **Écris**-les au pluriel en deux colonnes : noms / adjectifs.

2 **Recopie** les mots à mémoriser.

un canal / familial / le corail / un signal / fluvial

• **Écris**-les au pluriel en deux colonnes : noms / adjectifs.

Je fais le point

3 **Recopie** les noms et **entoure** ce qui change au pluriel.

a. un bocal → des bocaux
b. un détail → des détails
c. un cristal → des cristaux
d. un éventail → des éventails
e. un mal → des maux
f. un rail → des rails
g. un bal → des bals
h. un travail → des travaux

• **Complète** les phrases :

Les noms terminés par -al font leur pluriel en … . **Mais** on écrit : des festivals, des bals, des carnavals, des chacals, des régals, des récitals.

Les noms terminés par -ail prennent un … au pluriel. **Mais** on écrit : des coraux, des émaux, des soupiraux, des travaux, des vitraux.

4 **Recopie** les adjectifs et **entoure** ce qui change au masculin pluriel.

a. normal → normaux
b. social → sociaux
c. spécial → spéciaux
d. glacial → glacials

• **Complète** la phrase :

Les adjectifs terminés par -al font leur pluriel en … . **Mais** on écrit : glacials, natals, fatals, bancals, navals.

Je m'entraine

5 **Écris** les noms au pluriel.

un vitrail - un capital - un détail - un festival - un animal - un local - un oral

6 **Écris** les adjectifs au pluriel.

musical - vertical - fatal - central - fluvial - naval - rival - amical

7 **Récris** les groupes nominaux au pluriel.

un journal national - un palais royal - un hiver glacial - un métal spécial

8 **Range** les dix mots mémorisés dans l'ordre alphabétique.

Fiche 129 + et ++

Les relations dans un texte (14)

Je lis et je transpose

En Provence

Un vieux joueur de fifre raconte à l'auteur Alphonse Daudet :

Le dimanche, les gens des fermes apportent du blé à moudre aux moulins. **Ils** vont au moulin par bandes. Les ailes tournent au-dessus des pins avec l'action du vent. Les ânes chargés de sacs montent et descendent en ribambelle le long des chemins. **J'**apporte mon fifre, je joue et on fait des farandoles.

Mais un jour, des Français de Paris ont l'idée d'installer une minoterie à vapeur. Les gens prennent alors l'habitude d'envoyer leur blé aux minoteries. Les moulins restent sans ouvrage. **Ils** ne peuvent pas lutter et peu de temps après, ils ferment. Nous ne voyons plus les ailes tourner ni les petits ânes venir au moulin. La commune fait abattre les moulins et sème à leur place de la vigne et des oliviers. Au milieu de cette débâcle, un moulin résiste, celui de maitre Cornille.

1 **Lis** ce texte. **Indique** qui est désigné par les mots en gras.
- **Relis** le texte en commençant par : Autrefois, le dimanche…

Les verbes soulignés en bleu sont au passé composé, ceux soulignés en noir sont à l'imparfait.

2 **Récris** les groupes de mots soulignés en mettant le texte au passé. **Indique** ce qui change.

3 **Donne** l'infinitif de tous les verbes conjugués du texte, même de ceux qui ne sont pas soulignés.
- **Distingue** les verbes des différents groupes et les auxiliaires.

Je collecte

4 **Colle** l'étiquette à la bonne page de ton cahier de grammaire.

Je m'entraine

5 **Recopie** les verbes avec leur sujet en mettant les verbes à l'imparfait.

a. **Les moulins font** la joie du pays. **Leurs grandes ailes tournent** avec le vent.
b. **Vous regardez** des ânes monter sur le chemin et **vous êtes** contents.
c. **Nous venons** au moulin et **nous écoutons** le joueur de fifre.
d. **Je vois** maitre Cornille dans le village, **il crie** que **les minoteries veulent empoisonner** la Provence.
e. **Tu gravis** le chemin vers le moulin, **ton âne est** chargé de sacs.

6 **Récris** les verbes avec le sujet proposé.

a. Tu dansais. → Les meunières…
b. Je jouais du fifre. → Vous…
c. Le moulin ne tournait plus. → Les moulins…
d. Les ânes montaient au moulin. → L'âne …

Fiche 130 + et ++

Des phrases dans un texte (9)

Je repère et je transforme les phrases

Après l'installation des minoteries, pendant huit jours, maitre Cornille a couru partout dans le village.

« N'allez pas là-bas. Dans la minoterie, ces brigands se servent de la vapeur. Moi, je travaille avec le vent. Le mistral et la tramontane animent les ailes de mon moulin. La farine des minotiers empoisonne la Provence. »

Personne n'écoutait maitre Cornille. Alors, de rage, il s'est enfermé dans son moulin.

1 **Lis** une phrase déclarative.

2 **Indique** le rôle des guillemets et le nombre de phrases dans les paroles prononcées par maitre Cornille.

3 **Recopie** la phrase impérative.
Qu'exprime-t-elle ? À quelle forme est-elle ?
- **Dis**-la à la forme affirmative.

4 **Récris** à la forme affirmative la phrase déclarative qui est à la forme négative.
- **Écris** cette phrase à la forme négative.
Tout le monde allait au moulin.

Je repère les groupes

5 **Souligne** le verbe, **entoure** de différentes couleurs le sujet, le complément déplaçable et supprimable (quand il y en a) et le complément proche du verbe.

a. Dans la minoterie, ces brigands se servent de la vapeur.
b. La farine des minotiers empoisonne la Provence.
c. En Provence, le mistral et la tramontane animent les ailes de mon moulin.

- **Recopie** les sujets des verbes et **indique** leur nature.
Dans chaque groupe nominal sujet, **souligne** le ou les noms.
Dans la dernière phrase, les deux groupes nominaux sujets sont reliés par la conjonction et.
- **Explique** la terminaison du verbe animer.

Je collecte

6 **Colle** les étiquettes à la bonne page de ton cahier de grammaire.

Je m'entraine

7 **Récris** ces phrases à la forme négative.

a. Quelqu'un frappa à la porte.
b. Courez aussi vite que lui.
c. Chantez plus fort.
d. Quelqu'un vient me voir à l'hôpital.

Fiche 131 + et ++

Des mots de la nouvelle (1)

Je réfléchis

1 **Constitue** le champ lexical de la meunerie sous la forme d'une corolle lexicale.
- **Relève** tous les mots qui parlent de la fabrication de la farine (pages 150-152).
- **Écris**-les en les classant suivant :
  - les lieux de fabrication ;
  - la matière première ;
  - l'énergie ;
  - les parties et les bruits du moulin ;
  - les personnes, les animaux ;
  - les objets utiles à la fabrication ;
  - les actions indiquées par des verbes.

2 **Complète** les différentes parties de ta liste avec des mots du texte ci-dessous.

Le métier de meunier

Autrefois, le meunier était un personnage important du village. Il était respecté et les paysans écoutaient ses conseils car il savait reconnaitre les nuages, prévoir la pluie et les vents contraires.

Son moulin était construit sur une hauteur pour une meilleure prise au vent. Le toit du moulin pouvait pivoter pour diriger les ailes vers le vent et mettre ainsi une meule en action. Au premier étage du moulin, cette meule, disposée à plat sur une autre, écrasait les grains de blé qui ressortaient sous la forme de farine.

Le travail de meunier n'était pas de tout repos ! Il devait veiller aux caprices du vent, porter des sacs de grains, de farine, vérifier la finesse de la mouture. Ses aides allaient chercher le grain avec des ânes chez les paysans qui habitaient loin du moulin et ne pouvaient pas l'apporter.

Le moulin était un lieu de rencontre pour tous les paysans. Le meunier était au courant de tout ce qui se passait dans le village.

- **Vérifie** que tu n'as pas oublié de mots (cf. Mémo) : Le champ lexical de la fabrication de la farine.

Je m'entraine

3 **Trouve** l'intrus dans la liste.
les ailes - le vent - la meule - pivoter - le soleil - une hauteur - la toile

4 **Complète** les phrases avec des mots de ta corolle lexicale.

a. Deux ... placées l'une sur l'autre écrasaient le ... pour obtenir de la ... .

b. Les moulins à vent étaient construits sur des ... .

c. Les ... ont remplacé les moulins à vent.

d. Les personnes qui fabriquent la farine sont des ... ou des ... .

Fiche 132 + et ++

Changer de narrateur (2)

J'imagine

1 **Relis** l'histoire du meunier maitre Cornille racontée par le joueur de fifre.

• **Imagine** que c'est maitre Cornille qui raconte son histoire. Ton texte aura quatre paragraphes de quelques phrases.

1. L'activité de son moulin avant l'arrivée des minoteries à vapeur, et ce qu'il éprouvait.
2. L'arrivée des minoteries, ce que cela a provoqué, ce qu'il a ressenti, ce qu'il a fait pour faire revenir les fermiers à son moulin.
3. Ce qu'il a dit à Vivette à ce moment-là, et ce qu'elle lui a dit.
4. Ce qu'il faisait dans son moulin au moment où il a raconté son histoire, et ce qu'il ressentait.

oral **2** **Échange** avec tes camarades pour choisir ce qu'il est important de raconter dans chaque paragraphe.

• **Recherche** des mots pour exprimer les émotions et les sentiments de maitre Cornille à chaque étape de son récit.

J'écris le texte

3 Voici le début de ton texte. **Rédige** la suite du premier paragraphe.

Je suis maitre Cornille, un vieux meunier. Cela fait soixante ans que je vis dans la farine. J'aime beaucoup mon métier. Il y a quelques années, tous les fermiers des alentours m'apportaient leur blé à moudre...

4 **Rédige** le deuxième paragraphe, puis le troisième paragraphe.

Mais un jour, une minoterie à vapeur s'est installée dans la région...

5 **Rédige** le quatrième paragraphe en imaginant le dialogue entre maitre Cornille et Vivette .

Alors, j'ai dit à Vivette...

6 **Termine** ton récit en indiquant en une phrase comment maitre Cornille vivait dans son moulin.

Je restais seul dans mon moulin...

Je révise et j'améliore

7 **Relis** ton texte et **vérifie** que :

- tu es allé(e) à la ligne à la fin de chaque paragraphe ;
- tu as écrit ton texte au passé (passé composé / imparfait) ;
- tu as inséré le dialogue avec Vivette ;
- tu as exprimé les émotions et les sentiments de maitre Cornille ;
- tu as mis les majuscules, les points, la ponctuation du dialogue ;
- tu as bien orthographié les mots que tu as repris du texte.

Fiche 133 + et ++

Le secret de maitre Cornille (2)

› Attribuer du sens à des mots inconnus
› Identifier actions et pensées des personnages

Dans le pays on pensait que le vieux meunier, en renvoyant Vivette avait agi par avarice ; et cela ne lui faisait pas honneur de laisser sa petite-fille ainsi trainer d'une ferme à l'autre, exposée aux brutalités des baïles[1] et à toutes les misères des jeunesses en condition. On trouvait très mal aussi qu'un homme du renom de maitre Cornille, et qui, jusque-là, s'était respecté, s'en allât maintenant par les rues comme un vrai bohémien, pieds nus, le bonnet troué, la taillole en lambeaux… Le fait est que le dimanche, lorsque nous le voyions entrer à la messe, nous avions honte pour lui, nous autres les vieux ; et Cornille le sentait si bien qu'il n'osait plus venir s'assoir sur le banc d'œuvre. Toujours il restait au fond de l'église, près du bénitier, avec les pauvres.

Dans la vie de maitre Cornille il y avait quelque chose qui n'était pas clair. Depuis longtemps personne, au village, ne lui portait plus de blé, et pourtant les ailes de son moulin allaient toujours leur train comme devant… Le soir, on rencontrait par les chemins le vieux meunier poussant devant lui son âne chargé de gros sacs de farine.

1. les contremaitres dans une ferme

oral Je raconte

1 **Souviens**-toi et **raconte** l'histoire en faisant apparaitre ce que ressent maitre Cornille.

2 **Fais** la liste de tous les personnages rencontrés et **écris** pour chacun un mot-clé.
Exemple : *maitre Cornille = meunier*

Je comprends les mots

3 **Relève** les groupes de mots du premier paragraphe qui décrivent la misère de maitre Cornille.
• **Fais** des hypothèses sur le sens des mots bohémien, taillole et **vérifie** dans le lexique.

4 **Explique** le sens des mots avarice, gaillard et jaser en t'aidant de leur formation, du contexte ou du lexique.

5 **Cherche** le sens des mots et expressions suivants dans le lexique : être en condition, le banc d'œuvre, comme devant, bonnes vêpres.

6 **Relève** un synonyme de pièces de monnaie dans le texte.

7 **Indique** à quel oiseau est comparée Vivette dans la dernière phrase du texte.

« Bonnes vêpres, maitre Cornille ! lui criaient les paysans ; ça va donc toujours, la meunerie ?

– Toujours, mes enfants, répondait le vieux d'un air gaillard. Dieu merci, ce n'est pas l'ouvrage qui nous manque. »

Alors, si on lui demandait d'où diable pouvait venir tant d'ouvrage, il se mettait un doigt sur les lèvres et répondait gravement : « Motus[2] ! je travaille pour l'exportation… ». Jamais on n'en put tirer davantage.

Quant à mettre le nez dans son moulin, il n'y fallait pas songer. La petite Vivette elle-même n'y entrait pas…

Lorsqu'on passait devant, on voyait la porte toujours fermée, les grosses ailes toujours en mouvement, le vieil âne broutant le gazon de la plateforme, et un grand chat maigre qui prenait le soleil sur le rebord de la fenêtre et vous regardait d'un air méchant.

Tout cela sentait le mystère et faisait beaucoup jaser le monde. Chacun expliquait à sa façon le secret de maitre Cornille, mais le bruit général était qu'il y avait dans ce moulin-là encore plus de sacs d'écus que de sacs de farine.

À la longue pourtant tout se découvrit ; voici comment :

En faisant danser la jeunesse avec mon fifre, je m'aperçus un beau jour que l'aîné de mes garçons et la petite Vivette s'étaient rendus amoureux l'un de l'autre. Au fond je n'en fus pas fâché, parce qu'après tout le nom de Cornille était en honneur chez nous, et puis ce joli petit passereau de Vivette m'aurait fait plaisir à voir trotter dans ma maison.

2. Chut ! C'est un secret !

Je mets en relation

8 **Indique** pourquoi Cornille ne s'assoit plus sur le banc d'œuvre.

9 **Écris** qui prononce ces paroles et **explique** ce que veut dire le personnage.
Motus ! Je travaille pour l'exportation…

10 **Recopie** ce qui peut laisser penser que le moulin fonctionne toujours.

11 **Réponds** aux questions.

a. Pourquoi maitre Cornille empêche-t-il les gens d'entrer dans son moulin ?

b. Quel peut être son secret ?

oral Je lis à voix haute

Lis de *Dans la vie de maitre Cornille* (ligne 16) à la fin du texte.

Je lis très vite

un bohémien – une trahison – ébahi
envahir – exhiber – un menhir
la bonhommie – le bonheur
appréhender – souhaiter – le dahlia
cahoter

Fiche 134 + et ++

Seulement, comme nos amoureux avaient souvent occasion d'être ensemble, je voulus, de peur d'accidents, régler l'affaire tout de suite, et je montai jusqu'au moulin pour en toucher deux mots au grand-père… Ah ! Le vieux sorcier ! Il faut voir de quelle manière il me reçut ! Impossible de lui faire ouvrir sa porte. Je lui expliquai mes raisons tant bien que mal, à travers le trou de la serrure ; et tout le temps que je parlais, il y avait ce coquin de chat maigre qui soufflait comme un diable au-dessus de ma tête.

Le vieux ne me donna pas le temps de finir, et me cria fort malhonnêtement de retourner à ma flute ; que, si j'étais pressé de marier mon garçon, je pouvais bien aller chercher des filles à la minoterie… Pensez que le sang me montait d'entendre ces mauvaises paroles ; mais j'eus tout de même assez de sagesse pour me contenir, et, laissant ce vieux fou à sa meule, je revins annoncer aux enfants ma déconvenue… Ces pauvres agneaux ne pouvaient pas y croire ; ils me demandèrent comme une grâce de monter tous deux ensembles au moulin, pour parler au grand-père… Je n'eus pas le courage de refuser, et pffft ! Voilà mes amoureux partis.

oral Je raconte

1 **Choisis** quelques mots-clés et **raconte** l'histoire de maitre Cornille dans l'ordre chronologique.

Je comprends les mots

2 **Remplace** l'expression toucher deux mots par un verbe qui a le même sens.

3 **Relève** une phrase qui montre la colère du joueur de fifre.

4 **Indique** qui parle et **explique** le sens de cette phrase.

Je revins annoncer aux enfants ma déconvenue…

Je mets en relation

5 **Réponds** aux questions.

a. Pourquoi Francet va-t-il voir maitre Cornille ?
b. Comment réagit maitre Cornille à ce que lui dit le joueur de fifre ?
c. Qui est témoin de la scène entre maitre Cornille et le joueur de fifre ?

6 **Relève** les différentes façons de nommer maitre Cornille, Vivette et le fils de Francet.

7 **Liste** les évènements survenus dans le récit dans l'ordre chronologique.

oral **8** **Échange** et **imagine** la suite du récit en répondant à la question.

Quelle va être la réaction de maitre Cornille en voyant les amoureux ?

oral Je lis à voix haute

Lis le texte en entier.

Fiche 135 + et + +

Les rôles de la lettre x

Je mémorise

1 **Lis** les mots à mémoriser.

un exemple / expédier / la paix / l'expérience / (c'est) faux

- **Recopie** le verbe et l'adjectif.

2 **Recopie** les mots à mémoriser.

exister / fixer / un examen / nerveux / le thorax

- **Souligne** les verbes. **Récris** les noms et l'adjectif au pluriel.

Je fais le point

3 **Entoure** la lettre qui transcrit [ks] ou [gz].

un taxi – boxer – exact – une flexion – anxieux – exubérant – toxique – exposer – explorer
un exercice – une excursion – extrême – complexe – flexible

- **Complète** la phrase :

La lettre x se prononce généralement [ks]. Dans les mots commençant par ex, la lettre x se prononce [ks] quand elle est suivie d'une ... ; elle se prononce [gz] quand elle est suivie d'une ... .

4 **Lis** ces mots.

six – dix – soixante – deuxième – sixième – dixième – dix-huit – le choix – une voix – un prix
du houx – un creux – doux

- **Complète** la phrase :

La lettre x se prononce parfois ... ou ... . À la fin de nombreux mots, la lettre x est ... .

5 **Écris** au pluriel.

un bateau – le préau – un pou – un cheveu – nouveau – beau

- **Conjugue** au présent avec je et tu, les verbes vouloir et pouvoir.
- **Complète** la phrase :

La lettre x marque le ... de certains noms ou adjectifs. La lettre x est la terminaison des verbes ... et ... au présent à la 1re et 2e personne du singulier.

Je m'entraine

6 **Classe** les mots en deux colonnes : x se prononce [ks] / x se prononce [gz].

un taxi – un texte – exagérer – le luxe – exaucer – exotique – un lynx – exigeant

7 **Classe** les mots en deux colonnes : x se prononce / x ne se prononce pas.

de l'inox – une perdrix – la toux – un box – deux – l'index – un époux

8 **Écris** au pluriel.

un noyau – un chapeau – le feu – un hibou – beau

9 **Range** les dix mots mémorisés dans l'ordre alphabétique.

Fiche 136 + et ++

Le passé composé du verbe *être* et des verbes du 1er groupe avec *avoir*

Je réfléchis

1 **Lis** la page 7 de ton cahier de grammaire.
- **Souligne** le verbe dans chaque phrase et **entoure** son sujet.
- **Indique** le temps de chaque verbe, son infinitif, son groupe ou si c'est un auxiliaire.
- **Recopie** les verbes conjugués. **Entoure** l'auxiliaire utilisé, **indique** à quel temps il est conjugué.
- **Souligne** le participe passé. **Entoure** sa terminaison.

Je conclus

2 **Écris** le titre de la page 7 de ton cahier de grammaire : Le passé composé du verbe *être* et des verbes du 1er groupe avec *avoir*.

oral **3** **Indique** la régularité que tu observes dans la terminaison du participe passé des verbes du 1er groupe.
- **Lis** la conjugaison de ces verbes au passé composé (p. 247).

Je m'entraine

4 **Recopie** les verbes qui sont au passé composé avec leur sujet.
- **Entoure** l'auxiliaire, **souligne** le participe passé.

a. Dimanche dernier, nous avons fêté notre anniversaire. Les invités étaient nombreux.
b. Hier soir, tu étais au cinéma. Tu as regardé un film de science-fiction.
c. Les oiseaux ont quitté leur nid. Ils ont été capables de voler.
d. Vous avez joué dehors toute la journée. Le soir, vous étiez contentes de rentrer.
e. Je voulais te faire une surprise, alors, j'ai préparé un gâteau.

5 **Recopie** les phrases en conjuguant les verbes au passé composé.

a. Le professeur corrige nos exercices.
b. Pendant les vacances, j'embarque sur un bateau pour une croisière.
c. Vous enfermez votre chat dans la maison par erreur. Il est sage.
d. Les ouvriers déchargent un camion.
e. Tu distribues les cahiers.
f. Nous lançons le ballon trop fort.

6 **Conjugue** les verbes en bleu au passé composé.

a. Tu préparer le repas et nous manger.
b. Le chien abandonner la poursuite.
c. Mes voisins habiter dans une grande maison.
d. Vous soigner la dent de Jules.

Fiche 137 + et ++

Des groupes nominaux (5)

Je repère

1 **Lis** les phrases suivantes.

a. Cornille avait envoyé Vivette travailler dans des fermes.

b. Le moulin ne tournait plus. Devant ce moulin, un vieil âne broutait le gazon. Un grand chat maigre prenait le soleil.

c. Le soir, on rencontrait un vieux meunier poussant son âne devant lui.

d. Cornille refuse d'ouvrir sa porte à Francet.

- **Identifie** les groupes nominaux.
- **Recopie** les groupes nominaux selon quatre colonnes :
  avec article / avec déterminant possessif / avec déterminant démonstratif / sans déterminant.
  Comment nomme-t-on les noms de la quatrième colonne ?
- **Indique** le genre et le nombre de chaque groupe nominal.

2 **Complète** chaque groupe nominal avec un des groupes nominaux ci-dessous.

de la serrure – du moulin – de maitre Cornille – de farine – de mes garçons – à vapeur – des fouets – de notre pays

a. le vieil âne ... b. la porte ... c. des gros sacs ... d. le bruit ...
e. la richesse ... f. l'ainé ... g. le trou ... h. une minoterie ...

- **Trouve** le nom principal dans chacun des groupes nominaux ainsi constitué.

Je collecte

3 **Colle** les étiquettes à la bonne page de ton cahier de grammaire.

Je reconstitue une phrase

4 **Souligne** le nom, **entoure** de différentes couleurs le déterminant et le ou les adjectifs.

- **Classe** les groupes nominaux selon leur genre et leur nombre.

a. un petit âne gris b. un exercice incomplet
c. une farine blanche d. une écriture illisible
e. l'année dernière f. une petite ville inconnue
g. une durée illimitée

5 **Recopie** les groupes nominaux. **Souligne** le nom principal de chaque groupe nominal.

a. des chaussures de sport b. un pantalon de ski c. le livre neuf de Karim
d. un gros bateau de pêche e. plusieurs billets de cinéma f. la grande fenêtre du salon

6 **Recopie** le nom principal de chaque groupe nominal.

a. une photo d'insecte b. une vieille maison en pierres c. un train pour Londres
d. un gros pain aux céréales e. la confiture d'oranges f. un fromage sous vide

Fiche 138 + et ++

Des préfixes

Je réfléchis

1 **Trouve** le radical commun aux mots de chaque liste. Tu remarques que c'est un mot.

a. monter - démonter - remonter
b. charger - décharger - recharger
c. utile - inutile
d. lisible - illisible
e. réalisable - irréalisable

- **Recopie** les préfixes utilisés.
- **Indique** leur sens.
- **Indique** la nature du mot radical et celle du mot formé avec le préfixe. Que constates-tu ?

2 **Lis** ces mots formés avec un préfixe.

a. transporter - transpercer - un transatlantique
b. un antivol - un antigel - un antipoison
c. un préavis - un prénom - la préhistoire
d. encadrer - encercler - emprisonner
e. surélever - surligner - surhumain

- **Associe** chaque préfixe à son sens.

1. trans-	a. au-dessus de
2. anti-	b. avant
3. pré-	c. contre
4. em- / en-	d. dedans
5. sur-	e. à travers

Je conclus

oral **3** **Dis** où se placent les préfixes.

- **Cite** des préfixes et **donne** leur sens.
- **Lis** la page du mémo sur les préfixes.

Je m'entraine

4 **Trouve** le mot de chaque série qui n'est pas formé avec un préfixe.

a. détacher - défaire - décider - déplier - déraciner
b. infaisable - indiscret - incertain - instrument
c. préau - prédire - prévoir - préscolaire

5 **Complète** chaque phrase avec un mot formé en ajoutant un des préfixes au mot en gras.

mal - para - dés

a. Il protège de la **pluie**. C'est un ... .
b. Il n'est pas **honnête**. Il est ... .
c. Le matin, on **s'habille**. Le soir, on se ... .

Fiche 139 + et + +

Changer de narrateur (3)

J'imagine

1 **Relis** la suite de l'histoire de maitre Cornille racontée par le joueur de fifre et le récit que tu as écrit page 157.

- **Continue** ton récit en faisant raconter la suite par maitre Cornille.

- Son comportement le dimanche à l'église et ce qu'il éprouve.
- Sa rencontre avec des villageois quand il est par les chemins le soir.
- Son secret imaginé par les villageois.
- La venue au moulin du joueur de fifre et la manière dont il est reçu.

oral 2 **Échange** avec tes camarades pour choisir ce qu'il est important de raconter dans chaque paragraphe.

- **Imagine** le secret de maitre Cornille. **Écris** les idées que tu retiens.
- **Recherche** des mots pour exprimer les émotions et les sentiments de maitre Cornille à chaque étape de son récit.

J'écris le texte

3 Voici le début de ton texte. **Rédige** la suite du premier paragraphe.

J'allais dans les rues, toujours mal habillé…

4 **Rédige** le deuxième paragraphe du texte en insérant un dialogue entre maitre Cornille et les villageois.

Souvent, le soir, quand je poussais mon âne chargé de gros sacs de farine, je rencontrais…

5 **Rédige** le troisième paragraphe à partir des idées que tu as retenues sur le secret de maitre Cornille.

Je savais que les villageois imaginaient toutes sortes de choses à mon sujet. Ils pensaient…

6 **Rédige** le quatrième paragraphe en imaginant le dialogue entre maitre Cornille et Francet.

Un jour,…

Je révise et j'améliore

7 **Relis** ton texte et **vérifie** que :

- tu es allé(e) à la ligne à la fin de chaque paragraphe ;
- tu as écrit ton texte au passé (passé composé / imparfait) ;
- tu as inséré un premier dialogue avec les villageois et un second avec Francet ;
- tu as exprimé les émotions et les sentiments de maitre Cornille ;
- tu as mis les majuscules, les points, la ponctuation du dialogue ;
- tu as bien orthographié les mots que tu as repris du texte.

Fiche 140 + et ++

Le secret de maitre Cornille (3)

› Comprendre ce que ressentent les personnages
› Émettre un avis

Tout juste comme ils arrivaient là-haut, maitre Cornille venait de sortir. La porte était fermée à double tour ; mais le vieux bonhomme, en partant, avait laissé son échelle dehors, et tout de suite l'idée vint aux enfants d'entrer par la fenêtre, voir un peu ce qu'il y avait dans ce fameux moulin…

Chose singulière ! la chambre de la meule était vide… Pas un sac, pas un grain de blé ; pas la moindre farine aux murs ni sur les toiles d'araignée… On ne sentait pas même cette bonne odeur chaude de froment écrasé qui embaume dans les moulins… L'arbre de couche était couvert de poussière, et le grand chat maigre dormait dessus.

La pièce du bas avait le même air de misère et d'abandon : un mauvais lit, quelques guenilles, un morceau de pain sur une marche d'escalier, et puis dans un coin trois ou quatre sacs crevés d'où coulaient des gravats et de la terre blanche.

C'était là le secret de maitre Cornille ! C'était ce plâtras qu'il promenait le soir par les routes, pour sauver l'honneur du moulin et faire croire qu'on y faisait de la farine… Pauvre moulin ! Pauvre Cornille ! Depuis longtemps les minotiers

oral J'anticipe

1 **Souviens**-toi et **raconte** l'essentiel du récit dans l'ordre chronologique.

Je comprends les mots

2 **Liste** ce qui montre que le moulin est abandonné.

3 **Fais** des hypothèses sur le sens des mots guenilles, gravats, plâtras, froment.
- **Vérifie** dans le lexique.

4 **Lis** la phrase en vert et **explique** le sens du groupe de mots en gras et des points de suspension.
J'eus **le cœur crevé** de les entendre…

5 **Indique** qui parle et **explique** le sens de ces paroles.
« Pauvre de moi ! disait-il. Maintenant, je n'ai plus qu'à mourir… Le moulin est déshonoré. »

6 **Relève** les mots qui indiquent que maitre Cornille pleure.

leur avaient enlevé leur dernière pratique. Les ailes viraient toujours, mais la meule tournait à vide.

Les enfants revinrent tout en larmes, me conter ce qu'ils avaient vu. J'eus le cœur crevé de les entendre… Sans perdre une minute, je courus chez les voisins, je leur dis la chose en deux mots, et nous convînmes qu'il fallait, sur l'heure, porter au moulin de Cornille tout ce qu'il y avait de froment dans les maisons… Sitôt dit, sitôt fait. Tout le village se met en route, et nous arrivons là-haut avec une procession d'ânes chargés de blé, du vrai blé, celui-là !

Le moulin était grand ouvert… Devant la porte, maitre Cornille, assis sur un sac de plâtre, pleurait, la tête dans ses mains. Il venait de s'apercevoir, en rentrant, que pendant son absence on avait pénétré chez lui et surpris son triste secret.

« Pauvre de moi ! disait-il. Maintenant, je n'ai plus qu'à mourir… Le moulin est déshonoré. »

Et il sanglotait à fendre l'âme, appelant son moulin par toutes sortes de noms, lui parlant comme à une personne véritable.

À ce moment, les ânes arrivent sur la plateforme, et nous nous mettons tous à crier bien fort comme au beau temps des meuniers :

« Ohé ! Du moulin !… Ohé ! Maitre Cornille ! »

Et voilà les sacs qui s'entassent devant la porte et le beau grain roux qui se répand par terre, de tous côtés…

Je mets en relation

7 **Relève** la phrase qui indique que les enfants entrent dans le moulin sans autorisation.

8 **Explique** avec tes propres mots le secret de maitre Cornille.

9 **Réponds à la question.**
Que décident de faire les villageois pour aider maitre Cornille ?

10 **Réponds à la question en citant le texte.**
Pourquoi maitre Cornille est-il désespéré en rentrant chez lui ?

11 **Lis** la dernière phrase du texte et **écris** ce que peut ressentir maitre Cornille.

oral **12** **Échange** et donne ton avis en répondant aux questions.
a. Que penses-tu du secret de maitre Cornille ?
b. Que penses-tu de la réaction des villageois ?

oral Je lis à voix haute

Lis de *C'était là le secret* (ligne 18) à la fin du texte.

Je lis très vite

des guenilles - orgueilleux - un aiguillage
une anguille - une gerbe - une engelure
un aménagement - agenouillé
la vigueur - un guéridon - la sidérurgie

Maitre Cornille ouvrait de grands yeux. Il avait pris du blé dans le creux de sa vieille main et il disait, riant et pleurant à la fois :

« C'est du blé !... Seigneur Dieu !... Du bon blé !... Laissez-moi que je le regarde. »

Puis se tournant vers nous :

« Ah ! Je savais bien que vous me reviendriez... Tous ces minotiers sont des voleurs. »

Nous voulions l'emporter en triomphe au village :

« Non, non, mes enfants ; il faut avant tout que j'aille donner à manger à mon moulin... Pensez donc ! il y a si longtemps qu'il ne s'est rien mis sous la dent ! »

Et nous avions tous des larmes dans les yeux de voir le pauvre vieux se démener de droite et de gauche, éventrant les sacs, surveillant la meule, tandis que le grain s'écrasait et que la fine poussière de froment s'envolait au plafond.

C'est une justice à nous rendre : à partir de ce jour-là, jamais nous ne laissâmes le vieux meunier manquer d'ouvrage. Puis, un matin, maitre Cornille mourut, et les ailes de notre dernier moulin cessèrent de virer, pour toujours cette fois... Cornille mort, personne ne prit sa suite. Que voulez-vous, monsieur !... tout a une fin en ce monde, et il faut croire que le temps des moulins à vent était passé comme celui des coches sur le Rhône, des parlements et des jaquettes à grandes fleurs.

Alphonse Daudet, *Le Secret de maitre Cornille*, 1869

oral Je raconte

1 **Rappelle** ce que maitre Cornille a ressenti en voyant les sacs de blé.

Je comprends les mots

2 **Indique** qui parle et **explique** les propos de ce personnage.

Tous ces minotiers sont des voleurs.

3 **Indique** ce que désigne le pronom il et **fais** des hypothèses de sens sur l'expression en gras.

Il ne s'est rien **mis sous la dent**.

4 **Trouve** le sens des mots coches et parlements dans le lexique.

• **Reformule** avec tes mots le sens de la dernière phrase du texte.

Je mets en relation

5 **Relève** la phrase qui décrit l'émotion des villageois en voyant le meunier travailler.

6 **Réponds** aux questions.

a. Pourquoi maitre Cornille ne veut-il pas être porté en triomphe ?

b. Que se passe-t-il à sa mort ?

Je vais plus loin

oral **7** **Échange** et **donne** ton avis en répondant aux questions.

a. Que penses-tu de cette nouvelle et des différents personnages ?

b. Conseillerais-tu sa lecture à quelqu'un ?

c. As-tu envie de lire d'autres nouvelles écrites par Alfonse Daudet ?

oral Je lis à voix haute

Lis le texte en entier.

Fiche 142 + et ++

Écrire des préfixes

Je mémorise

1 **Lis** les mots à mémoriser.

enfermer / illimité / inconnu (un) / irréparable / désobéir

• **Écris** les préfixes utilisés pour former ces mots.

2 **Recopie** les mots à mémoriser.

décharger / imperméable / le désordre / irréel / embarquer

• **Entoure** les préfixes utilisés pour former ces mots.

Je fais le point

3 **Recopie** les mots et **entoure** le préfixe utilisé dans chaque mot.

encaisser - enrouler - embrouiller - encrasser - emmurer - enchainer - embrasser
illogique - illégal - illégitime - irrégulier - irréalisable - irrésistible - irréfléchi

• **Complète** les phrases : Le préfixe [ã] s'écrit ... ou ... .

Les mots formés avec le préfixe il- s'écrivent avec deux ... .

Les mots formés avec le préfixe ir- s'écrivent avec deux ... .

4 **Recopie** les mots et **entoure** en rouge la lettre placée juste après chaque préfixe.

décolorer - un désaccord - démasquer - dessaler - déplier - desserrer - désespéré

• **Complète** les phrases :

Devant un radical commençant par une consonne, le préfixe [de] s'écrit ... .
Devant un radical commençant par la lettre s il s'écrit ... .

Devant un radical commençant par une voyelle, le préfixe [de] s'écrit ... .

Je m'entraine

5 **Écris** le verbe contenant le préfixe [ã] correspondant à chacun de ces mots.

une flamme - une jambe - dormir - une barque - un tas - la fumée - un cadre

6 **Écris** le contraire de chaque mot en lui ajoutant le préfixe il- ou ir-.

remplaçable - lettré - limité - respirable - lisible - responsable

7 **Écris** le verbe contenant le préfixe dé-, dés- ou des- correspondant à chaque mot.

composer - un bouton - servir - articulé - tendu - sécher - un avantage - visser

8 **Range** les dix mots mémorisés dans l'ordre alphabétique.

Fiche 143 + et ++

Le passé composé des autres verbes avec l'auxiliaire *avoir*

Je réfléchis

1 **Lis** la page 8 de ton cahier de grammaire.
- **Trouve** le verbe et son sujet dans chaque phrase.
- **Indique** à quel temps sont conjugués les verbes.
- **Entoure** l'auxiliaire utilisé, **donne** son infinitif et le temps auquel il est conjugué.
- **Recopie** le participe passé de chaque verbe selon sa terminaison :
terminé par *-i* / terminé par *-it* / terminé par *-is* / terminé par *-u*.

Indique l'infinitif des verbes de chaque colonne, leur groupe ou si c'est un auxiliaire.

Entoure la lettre muette qui est à la fin de certains participes passés.

Je conclus

2 **Écris** le titre de la page 8 de ton cahier de grammaire : Le passé composé des verbes du 2e groupe et des verbes *avoir*, *faire*, *prendre*, *vouloir*, *pouvoir*, *voir*, *dire* conjugués avec l'auxiliaire *avoir*.

oral **3** **Indique** la terminaison du participe passé des verbes du 2e groupe, de chacun des verbes du 3e groupe et du verbe *avoir*.
- **Lis** la page de la conjugaison de ces verbes au passé composé (p. 247).

Je m'entraine

4 **Récris** les groupes de mots en gras en conjuguant les verbes au passé composé.

a. **La navette atterrit** sur la Lune. **Un homme fait** ses premiers pas sur le sol lunaire.
b. **Une exposition de peinture a** lieu au musée de la ville.
c. **Vous pouvez** admirer de beaux livres dans la vitrine de cette librairie.
d. **Je vois** un superbe paysage et **je prends** une photo.
e. **Tu veux** continuer la partie de cartes pour essayer de gagner.
f. **Les élèves disent** le poème dans leur tête pour le mémoriser.

5 **Recopie** les phrases en conjuguant les verbes au passé composé.

a. J' prendre mon blouson et j' dire au revoir.
b. Des promeneurs voir des chevreuils sur le chemin.
c. Elle maigrir à cause de sa maladie.
d. Vous choisir un livre et vous pouvoir l'emporter chez vous.
e. Tu faire du camping pendant tes vacances.
f. Le cavalier vouloir sauter l'obstacle et il réussir .

Fiche 144 + et ++

Les compléments circonstanciels

Je réfléchis

1 **Lis** la page 11 de ton cahier de grammaire.

- **Relis** chaque phrase en déplaçant, puis en supprimant les compléments qui peuvent l'être.
- **Entoure** ces compléments.

Ce sont des **compléments circonstanciels**. Ils complètent la phrase.

2 **Recopie** les phrases en mettant le complément circonstanciel au début de la phrase.
N'oublie pas d'ajouter une virgule après ce complément circonstanciel.

a. Maitre Cornille pleure devant son moulin.
b. Les enfants ont surpris le secret de maitre Cornille, cet après-midi.
c. Le meunier n'a plus de travail, à cause des minoteries.

3 **Entoure** le sujet, **souligne** le verbe, **entoure** le complément circonstanciel.

a. Aussitôt, Francet raconte le secret aux voisins.
b. Les ânes portent de gros sacs sur leur dos.
c. Ce soir, le moulin de maitre Cornille tourne.

- **Indique** la nature de chaque complément circonstanciel :

groupe nominal / groupe nominal introduit par un petit mot / adverbe.

Je conclus

4 **Écris** le titre de la page 11 de ton cahier de grammaire : Des compléments circonstanciels.

oral
- **Explique** comment tu reconnais un complément circonstanciel.
- **Lis** dans le mémo, ce qui est à retenir des compléments circonstanciels.

Je m'entraine

5 **Souligne** le verbe, **entoure** de différentes couleurs le sujet et le complément circonstanciel.

a. Dans la classe, les élèves ont recopié leurs exercices.
b. Nous ferons du sport bientôt.
c. Le jeune garçon dessine un château sur une feuille blanche.

- **Récris** les phrases **b.** et **c.** en mettant le complément circonstanciel en début de phrase.
- **Indique** la nature de chaque complément circonstanciel.

6 **Ajoute** un complément circonstanciel au début de chaque phrase.

a. Sarah téléphonera à sa sœur.
b. Les deux frères mangent leur gouter.
c. Le chien aboie.

Fiche 145 + et ++

Des mots de la nouvelle (2)

Je réfléchis

1 **Complète** la corolle lexicale de la meunerie avec les mots ci-dessous.

a. la chambre de la meule
b. la fine poussière
c. le froment
d. éventrer
e. le beau grain roux
f. surveiller

• **Relis** tous les mots du champ lexical.

2 **Remplace** les mots en gras par les mots synonymes en orange.

pleure - un défilé - bizarre - déception - parfume - sauvage

a. Maitre Cornille vécut tout seul comme une bête **farouche**.
b. Je revins annoncer aux enfants ma **déconvenue**.
c. Chose **singulière** !
d. On ne sentait pas la bonne odeur de froment écrasé qui **embaume** le moulin.
e. Maitre Cornille **sanglote** à perdre l'âme.
f. Nous arrivons là-haut avec une **procession** d'ânes chargés de blé.

3 **Lis** l'article ci-contre. **Recopie** le nom défini.

• **Indique** le nombre de sens du mot défini.

• **Trouve** dans quel sens le mot ouvrage est employé dans la phrase suivante.

Jamais nous ne laissâmes le vieux meunier manquer d'ouvrage.

• **Recopie** les synonymes du mot défini dans son sens 1.

ouvrage n. m. **1.** Travail. → **besogne, tâche.** *Il est temps de se mettre à l'ouvrage.* **2.** *Une boîte à ouvrage,* où l'on range ce qui sert aux travaux de couture. **3.** Livre. *Un ouvrage de philosophie.*
▸ **ouvragé, ouvragée** adj. Très orné, travaillé avec soin. *Un meuble très ouvragé.*

© *Le Robert junior illustré*, 2019

Je m'entraine

4 **Écris** une phrase avec le verbe sangloter.

5 **Écris** un mot correspondant à chaque définition.

a. Tristesse que l'on éprouve lorsque l'on n'a pas eu ce que l'on voulait avoir.
b. Remplir d'une odeur agréable.

6 **Associe** chaque mot à son ou ses synonymes.

1. le blé
2. le travail
3. un fifre
4. farouche

a. la besogne
b. le froment
c. sauvage
d. une flute
e. l'ouvrage

Fiche 146 + et ++

Changer de narrateur (4)

J'imagine

1 **Relis** la fin de l'histoire de maitre Cornille racontée par le joueur de fifre.
- **Écris** la fin du récit que tu as commencé.
  - Son désespoir quand il découvre que quelqu'un est rentré chez lui et connait son secret.
  - L'arrivée des villageois et sa joie.

oral **2** **Échange** avec tes camarades pour choisir ce qu'il est important de raconter dans chaque paragraphe.
- **Cherche** quels mots maitre Cornille a pu employer pour parler à son moulin comme à une personne page 167, (lignes 36-37).
- **Recherche** des mots pour exprimer le désespoir, puis la joie de maitre Cornille.

J'écris le texte

3 Voici le début de ton texte. **Rédige** la suite du premier paragraphe.
- **Écris** les paroles que maitre Cornille adresse à son moulin.

Un soir, en rentrant, j'ai vu que...

4 **Rédige** le deuxième paragraphe du texte.

À un moment, j'ai vu arriver...

5 **Imagine** un troisième paragraphe : Vivette et le fils de Francet lui racontent comment ils ont découvert son secret.

Le lendemain, Vivette et le fils de Francet sont venus me voir. Ils m'ont dit...

6 **Complète** la phrase qui peut terminer le récit. **Écris**-la au présent.

Depuis ce jour,...

Je révise et j'améliore

7 **Relis** ton texte et **vérifie** que :
- tu es allé(e) à la ligne à la fin de chaque paragraphe ;
- tu as écrit ton texte au passé (passé composé / imparfait) ;
- tu as inséré un dialogue avec Vivette et Francet ;
- tu as exprimé les émotions et les sentiments de maitre Cornille ;

8 **Relis** les trois textes qui constituent le récit de l'histoire de maitre Cornille racontée par lui-même.
- **Vérifie** que l'histoire est cohérente. Éventuellement, **ajoute** une phrase pour faire le lien entre chaque texte.

Fiche 147 + et ++

La littérature au XIXe siècle

Au XIXe siècle, on lit de plus en plus de romans. Les grands romanciers – Hugo, Balzac, Flaubert, Zola – décrivent la société et les individus. De nombreux récits plus courts, comme les contes et les nouvelles, sont publiés. Le XIXe siècle compte aussi de nombreux poètes.

1 Un roman de Victor Hugo

Le roman *Les Misérables* de Victor Hugo est l'un des plus célèbres au monde : l'auteur y dénonce la misère et l'injustice.

La petite Cosette a été recueillie chez les Thénardier, qui la maltraitent. Elle va être battue parce qu'elle vient de toucher à la poupée des filles de la maison. Un homme, qui l'a rencontrée dans la journée, assiste à la scène.

L'homme alla droit à la porte de la rue, l'ouvrit et sortit. Dès qu'il fut sorti, la Thénardier profita de son absence pour allonger sous la table à Cosette un grand coup de pied qui fit jeter à l'enfant les hauts cris. La porte se rouvrit, l'homme reparut, il portait dans ses deux mains une poupée fabuleuse que tous les marmots du village contemplaient depuis le matin, et il la posa devant Cosette en disant :
– Tiens, c'est pour toi...
Cosette leva les yeux, elle avait vu venir l'homme à elle avec cette poupée comme elle eût vu venir le soleil, elle entendit ces paroles inouïes : c'est pour toi, elle le regarda, elle regarda la poupée, puis elle recula lentement, et s'alla cacher tout au fond sous la table dans le coin du mur.
Elle ne pleurait plus, elle ne criait plus, elle avait l'air de ne plus oser respirer.

Victor Hugo, *Les Misérables*, 1862.

Cosette, gravure colorisée – édition des *Misérables* de 1865.

Questions

1 Pourquoi l'homme fait-il ce cadeau à Cosette ?
2 Pourquoi Cosette va-t-elle se cacher sous la table ?
3 Quels sentiments indique la dernière phrase ?
4 Quels aspects de Cosette l'image met-elle en évidence ? Que ressens-tu en la regardant ?

LE SAVAIS-TU ?

Victor Hugo a mis 17 ans pour écrire ce roman. Aujourd'hui, le livre est traduit dans toutes les langues. Il a été adapté 34 fois au cinéma, 11 fois à la télévision, 6 fois en dessin animé et aussi en comédie musicale...

Je sais déjà

1 Qu'est-ce que la littérature ? Quels auteurs du XIXe siècle connais-tu ?

Je repère l'organisation des deux pages

2 À qui s'adresse cette leçon sur la littérature ?

3 **Lis** l'introduction et le titre des trois parties de la leçon.

4 Il y a une fiche d'information et une rubrique Vocabulaire. **Retrouve**-les.

J'observe les documents

5 **Distingue** les informations données par les auteurs du manuel et les documents d'époque que les élèves doivent observer et lire.

6 **Indique** la nature et la source de ces documents.

7 À quels documents se rapportent les différentes questions ? Comment le sais-tu ?

› Se repérer sur la double page d'une leçon
› Identifier la nature d'un document
› Trouver les informations essentielles

2 Un recueil de nouvelles

Frontispice « Le moulin, diverses scènes du livre » pour *Les Lettres de mon moulin* d'Alphonse Daudet – éditions Hetzel, 1880.

Tout au long du siècle, les écrivains publient des **contes**. Ce ne sont plus des **contes** de fées. Certains présentent des aspects de la vie en société ; d'autres sont plus **fantastiques** ou imaginaires.
Les **nouvelles** sont, comme les **contes**, de courts récits mais elles racontent un événement concernant peu de personnages. Guy de Maupassant ou Alphonse Daudet ont écrit de nombreuses **nouvelles**.
Daudet a publié les célèbres *Lettres de mon moulin* illustrées ici.

3 Un poème de Baudelaire

De très grands poètes écrivent au XIXe siècle : Hugo, Musset… Vers 1850, Charles Baudelaire veut trouver une nouvelle façon de décrire la beauté, qu'il cherche en toute chose.

Le Chat

De sa fourrure blonde et brune
Sort un parfum si doux, qu'un soir
J'en fus embaumé, pour l'avoir
Caressée une fois, rien qu'une.

C'est l'esprit familier du lieu ;
Il juge, il préside, il inspire
Toutes choses dans son empire ;
Peut-être est-il fée, est-il dieu ?

Quand mes yeux, vers ce chat que j'aime
Tirés comme par un aimant,
Se retournent docilement,
Et que je regarde en moi-même,

Je vois avec étonnement
Le feu de ses prunelles pâles,
Clairs fanaux[1], vivantes opales[2],
Qui me regardent fixement.

Charles Baudelaire, *Les Fleurs du mal*, 1857.

1. Lanternes – 2. Pierre précieuse.

Questions

5 Doc 2. Quels éléments repères-tu sur cette image ?
6 Doc 2. Connais-tu l'histoire de la chèvre de Monsieur Seguin ? Retrouves-tu cet animal ici ?
7 Doc 3. Quelle impression le chat fait-il sur le poète ?

Je compare les Œuvres

8 Docs 1 et 3. Quelles caractéristiques d'un récit et d'un poème retrouves-tu dans ces deux textes ?

Vocabulaire

- **fantastique :** en littérature, une histoire dans laquelle un élément étrange et inexplicable intervient dans la vie ordinaire.
- **une nouvelle :** un court récit qui raconte un moment assez précis.
- **un roman :** au sens moderne, un long récit d'une histoire imaginaire, parfois en rapport avec la réalité.

Je comprends les informations

9 **Nomme** les auteurs et les titres d'œuvres cités.

10 **Recopie** ce qui est vrai.
a. C'est une leçon d'histoire des arts.
b. Cosette est un personnage du roman *Les Misérables*.
c. Le poème de Baudelaire a cinq strophes.
d. Guy de Maupassant a écrit des nouvelles.

Je formule ce que j'ai appris

11 **Écris** une phrase pour dire ce que les élèves apprennent en lisant cette double page de manuel d'Histoire des arts.

Je comprends les mots

8 **Trouve** le sens du mot Frontispice en t'aidant du contexte et du lexique.

oral Je lis à voix haute

Lis les informations données par les auteurs du manuel.

Je lis très vite

I - II - III - IV - V - VI - VII - VIII - IX - X - XI
Les rois Louis IX, Louis XIV, Louis XVIII
XIXe, VIe, XXIe, XVIe siècle

Fiche 148 + et ++

Alphonse Daudet,
Les Lettres de mon moulin, © Hemma, 1978

Alphonse Daudet raconte son installation en Provence.

Ce sont les lapins qui ont été étonnés !… Depuis si longtemps qu'ils voyaient la porte du moulin fermée, les murs et la plateforme envahis par les herbes, ils avaient fini par croire que la race des meuniers était éteinte. […]

Quelqu'un de très étonné aussi, en me voyant, c'est le locataire du premier, un vieux hibou sinistre, à tête de penseur, qui habite le moulin depuis plus de vingt ans. […] Il garde comme dans le passé tout le haut du moulin avec une entrée par le toit ; moi je me réserve la pièce du bas, une petite pièce blanchie à la chaux, basse et voutée comme un réfectoire de couvent. C'est de là que je vous écris, ma porte grande ouverte, au bon soleil. Un joli bois de pins tout étincelant de lumière dégringole devant moi jusqu'au bas de la côte. À l'horizon, les Alpilles découpent leurs crêtes fines… Pas de bruit… À peine, de loin en loin, un son de fifre, un courlis dans les lavandes, un grelot de mules sur la route… Tout ce beau paysage provençal ne vit que par la lumière. Et maintenant, comment voulez-vous que je le regrette, votre Paris bruyant et noir ? Je suis si bien dans mon moulin ! C'est si bien le coin que je cherchais, un petit coin parfumé et chaud, à mille lieues des journaux, des fiacres, du brouillard !…

Les Lettres de mon moulin, Alphonse Daudet

oral J'observe l'image

1 Quelles sont les deux nouvelles d'Alphonse Daudet qui sont illustrées ?

Je comprends les mots

2 **Indique** le nom des collines que l'auteur voit à l'horizon.

3 **Trouve** le sens des mots sinistre, crêtes, grelot, fiacres, réfectoire en t'aidant du contexte. **Vérifie** dans le lexique.

4 **Remplace** le verbe dégringoler par un synonyme.

Je mets en relation

5 **Recopie** les groupes de mots qui indiquent de quelle pièce du moulin l'auteur écrit ce texte.

6 **Nomme** les bruits que l'auteur entend.

oral 7 **Relève** l'adjectif qui permet de dire dans quelle région s'est installé l'auteur.

8 **Réponds** aux questions.
a. Pourquoi les lapins et le hibou sont-ils étonnés en voyant quelqu'un dans le moulin ?
b. Pourquoi Alphonse Daudet ne regrette-t-il pas Paris ?

oral Je lis à voix haute

Lis le texte en entier.

Fiche 149 + et ++

Les rôles de la lettre *t*

Je mémorise

1 **Lis** les mots à mémoriser.

la patience / attacher / tandis que / une invention / direct

- **Recopie** le verbe et le groupe de mots invariables. **Écris** l'adjectif au pluriel.

2 **Recopie** les mots à mémoriser.

un déchet / l'inondation / la lecture / une bibliothèque / le climat

- **Récris** tous ces noms au pluriel.

Je fais le point

3 **Lis** ces mots.

un métier – ajouter – l'acrobatie – trouver – une potion – correct

- **Complète** la phrase : La lettre t se prononce ... ou ... .

4 **Recopie** les mots, puis **entoure** les manières d'écrire le son [t].

attraper – chanter – l'orthographe – la fatigue – une noisette – un étage – un athlète

- **Complète** la phrase : Le son [t] peut être transcrit par ... , ... ou ... .

5 **Observe** ces adjectifs, ces noms et ces verbes.

a. fort / forte – lent / lente – vivant / vivante – confort / confortable

b. dent / dentiste – lit / literie

c. il fait – elle voit – on finit – elles jouent – ils ont – ils finissent – ils allaient – ils marchaient ils feront

- **Complète** les phrases :

À la fin de nombreux mots, la lettre t muette sert à former le ... ou un mot de la même ... .

La lettre t muette est présente dans la terminaison :
- des verbes du 2e et 3e groupe (sauf *aller*) à la 3e personne du singulier au présent et à l'imparfait ;
- de tous les verbes à la 3e personne du pluriel à tous les temps.

Je m'entraine

6 **Classe** les mots en deux colonnes : t se prononce [t] / t se prononce [s].

un étage – net – l'action – une tour – spatial – le dictionnaire – la lecture

7 **Écris** un mot de la famille de chaque nom en utilisant le t final.

un chant – un aliment – un toit – un abricot – un accident – un récit

8 **Range** les dix mots mémorisés dans l'ordre alphabétique.

Fiche 150 + et ++

Le passé composé des verbes conjugués avec *être*

Je réfléchis

1 **Lis** la page 9 de ton cahier de grammaire.
- **Trouve** le verbe et son sujet dans chaque phrase.
- **Indique** le temps des verbes, leur infinitif et leur groupe.
- **Entoure** l'auxiliaire utilisé, **donne** son infinitif et le temps auquel il est conjugué.
- **Souligne** le participe passé de chaque verbe.

2 **Recopie** les participes passés dans la colonne qui convient.

	le sujet est masculin	le sujet est féminin
le sujet est au singulier		
le sujet est au pluriel		

- **Entoure** la ou les lettres muettes à la fin des participes passés.

3 Parmi ces verbes, **relève** ceux qui se conjuguent avec l'auxiliaire *être* au passé composé.
aller - marcher - entrer - arriver - monter (dans) - parler - rester - tomber - danser - retourner - venir

Je conclus

4 **Écris** le titre de la page 9 de ton cahier de grammaire : Le passé composé des verbes conjugués avec l'auxiliaire *être* : verbes du 1er groupe, verbes *aller* et *venir*.

oral **5** **Explique** l'accord du participe passé avec le sujet quand le verbe est conjugué au passé composé avec l'auxiliaire *être*.
- **Lis** la conjugaison de ces verbes au passé composé (p. 247).

Je m'entraine

6 **Complète** ces verbes conjugués au passé composé avec l'auxiliaire *être*.
a. Lisa ... retournée à l'école car elle avait oublié son livre de lecture.
b. Les enfants ... montés dans le bus pour aller à la piscine.
c. Nous ... arrivés en retard à cause d'une panne de voiture.
d. Je ... allé avec mon chien dans le parc de jeux.

7 **Complète** ces verbes conjugués au passé composé avec l'auxiliaire *être* ou *avoir*.
a. Louise ... tombée de vélo. Elle ... pleuré.
b. Les touristes ... arrivés en autocar. Ils ... visité le château.
c. Toi, Jules, tu ... entré dans la classe en bavardant. Alors la maitresse t'... grondé.

8 **Récris** cette phrase avec les sujets proposés.
Mon cousin est venu en vacances à la maison, il est resté une semaine.
a. Mes cousins... b. Ma cousine... c. Mes cousines...

Fiche 151 + et ++

Le complément du nom

Je réfléchis

1 **Lis** la page 15 de ton cahier de grammaire.
- **Souligne** le nom principal dans chaque groupe nominal.
- **Entoure** le groupe nominal qui donne des précisions sur ce nom.
  Le groupe nominal que tu as entouré complète le nom principal. C'est un **complément du nom**.
- **Relève** les petits mots qui introduisent les compléments du nom.

2 **Trouve** les compléments du nom dans ces groupes nominaux.
- **Relève** les petits mots qui les introduisent.

a. une bonne tarte aux fraises
b. une fenêtre avec balcon
c. une glace au chocolat
d. une petite rue sans voiture

3 **Trouve** différents compléments du nom pour ce nom.

un sac...
- **Ajoute** des adjectifs dans chaque groupe nominal trouvé.

4 **Remplace** chaque adjectif en gras par un complément du nom.

a. une journée **printanière**
b. la pollution **terrestre**
c. un journal **communal**
d. un garde **forestier**

Je m'entraine

5 **Écris** le titre de la page 15 de ton cahier de grammaire : Le complément du nom.
- oral **Explique** le rôle du complément du nom.
- **Lis** dans le mémo ce qui est à retenir du complément du nom.

Je reconstitue une phrase

6 **Recopie** chaque groupe nominal en supprimant le complément du nom.

a. le château du prince charmant
b. un beau livre avec des images
c. un accident de voiture
d. un vieux vélo sans roues
e. un mouchoir en papier
f. le bus de la ville

7 **Récris** chaque groupe nominal en remplaçant le complément du nom par un autre.

a. une grande ville de France
b. un panier de cerises
c. un voyage en avion
d. un joli pot de confiture
e. une brosse à cheveux
f. une tasse à café

8 **Ajoute** un complément du nom à chaque nom.

a. une machine...
b. un match...
c. le chat...
d. une salle...

Fiche 152 + et ++

Des mots du texte
La littérature au XIXe siècle

Je réfléchis

1 **Complète** les phrases avec des mots qui parlent de la littérature.

contes – poètes – romans – nouvelles

a. Victor Hugo a écrit de nombreux ... dont *Les Misérables*.

b. Les ... et les ... sont de courts récits.

c. Victor Hugo, Alfred de Musset, Charles Baudelaire sont de grands ... .

2 **Lis** l'article ci-contre. **Recopie** le nom défini.

- **Indique** le nombre de sens du mot défini.
- **Trouve** dans quel sens le mot société est employé dans la phrase suivante.

Les grands romanciers décrivent la société et les individus.

- **Lis** la phrase exemple donnée pour ce sens du mot.
- **Recopie** les synonymes pour ce sens.

société n. f. **1.** Groupe organisé d'êtres vivants. *Les abeilles et les fourmis vivent en société.* ➜ **colonie. 2.** Ensemble de personnes vivant dans un pays à un moment donné et devant respecter les mêmes lois. ➜ **collectivité, communauté.** *Les marginaux vivent en dehors de la société.* **3.** *Jeu de société,* jeu qui se joue à plusieurs et qui fait appel à la mémoire ou au hasard. **4.** Entreprise commerciale. ➜ **compagnie, établissement, firme, maison.** *Une société de location de voitures.* **5.** Association. ➜ **club, organisation.** *La Société protectrice des animaux protège les animaux.*

▸ **sociétaire** n. m. et f. Personne qui fait partie d'une société, d'une association. *Il est sociétaire d'un club de tennis.*

3 **Complète** avec un nom de la famille du mot en gras.

a. L'auteur d'un **roman** est un ... .

b. Victor Hugo veut plus de **justice**, il combat l' ... .

c. Les écrivains ont de l'**imagination**, ils écrivent des histoires ... .

Je m'entraine

4 **Lis** l'article ci-contre. **Recopie** le verbe défini.

- **Indique** le nombre de sens du mot défini.
- **Trouve** dans quel sens le mot dénoncer est employé dans la phrase suivante.

Dans le roman *Les Misérables*, l'auteur dénonce la misère et l'injustice.

- **Recopie** les mots de la famille du mot défini.
- **Entoure** le radical et **explique** leur rapport de sens.

dénoncer v. (conjug. 5a) **1.** Désigner comme coupable ou responsable. *Les élèves hésitent à dénoncer le tricheur.* **2.** Signaler, faire connaître. *Le scandale a été dénoncé.*

▸ **dénonciateur** n. m., **dénonciatrice** n. f. Personne qui en dénonce une autre. ➜ **délateur ;** fam. **mouchard.**

▸ **dénonciation** n. f. Action de dénoncer quelqu'un. ➜ **délation.** *La police a reçu une lettre de dénonciation, qui dénonçait quelqu'un.*

Fiche 153 + et ++

Décrire une image

J'observe et je recherche

1 **Observe** la couverture page 176. **Décris** ce paysage provençal dans lequel évoluent les personnages des *Lettres de mon moulin.*

- **Relis** la description du paysage provençal dans le texte *Le secret de maitre Cornille (1)* page 150, de *Tout autour du village...* à... *le long des chemins* (lignes 12 à 16) et dans le texte *Installation* (page 176) de *C'est de là que je vous écris...* à... *sur la route* (lignes 11 à 16).
- **Relis** la page du mémo Des mots pour décrire un paysage.

oral **2** **Décris** le paysage et les personnages.

- La chèvre de monsieur Seguin : aspect physique, à quoi elle est attachée, son caractère que l'on devine.
- L'église et quelques maisons, une route.
- Un chemin et un homme, un âne avec des sacs, où ils se dirigent.
- Le moulin de maitre Cornille : sur une butte, les ailes.
- Les collines : leur forme, où elles sont situées.

J'organise et j'écris

3 **Écris** une ou plusieurs phrases au présent pour décrire chaque élément de la couverture à partir de ce que tu as trouvé dans l'activité 2.

- **Présente** d'abord la chèvre, puis **choisis** l'ordre dans lequel tu vas présenter la suite.
- **Utilise** des indicateurs d'espace que tu mettras en début de phrase pour organiser ta description.

Dans ce paysage provençal, on reconnait la chèvre de monsieur Seguin. Elle...

4 **Termine** ton texte en ajoutant une phrase pour indiquer la présence et l'importance de la lumière comme le fait remarquer Alphonse Daudet p. 176.

Je révise et j'améliore

5 **Relis** ton texte et **vérifie** que :

- tu as écrit ton texte au présent ;
- tu as utilisé des indicateurs d'espace pour situer les éléments du paysage ;
- tu as placé ces indicateurs d'espace en début de phrase ;
- ta description du paysage est cohérente ;
- tu as mis les majuscules et les points.

› Anticiper le contenu d'un conte
› Attribuer du sens à des mots inconnus

Les Trois Questions (1)

Il était une fois un garçon nommé Nikolaï qui se demandait quelle était la meilleure façon d'agir. « Je veux être quelqu'un de bien, disait-il à ses amis, mais je ne sais pas toujours comment y parvenir. » Ses amis comprenaient son désarroi et souhaitaient l'aider.

« Si seulement j'obtenais les réponses aux trois questions qui me hantent, ajoutait-il, alors je saurais toujours quoi faire ».

Quel est le meilleur moment pour agir ? Quelle est la personne la plus importante ? Quelle est la meilleure chose à faire ?

Les amis de Nikolaï réfléchirent à sa première question.

Sonya le héron prit la parole :

« Pour savoir quel est le meilleur moment pour agir, il faut s'organiser en conséquence. »

Gogol le singe, qui venait de fourrager dans les feuilles pour trouver à manger, ajouta :

« Tu sauras à quel moment il faut agir si tu es attentif et observateur. »

Et Pouchkine le chien, qui était sur le point de s'assoupir, conclut :

« Tu ne peux pas toi seul faire attention à tout. Tu as besoin d'un gardien vigilant pour t'aider à décider quel est le meilleur moment. À ce propos, Gogol, une noix de coco risque de te tomber sur la tête. »

oral J'anticipe

1 **Dis** ce que tu vois sur la couverture du livre et **imagine** ce dont va parler le texte.

2 **Indique** le nom de l'auteur et **réponds** à la question.
Que signifie *d'après un conte de Tolstoï* ?

Je comprends les mots

3 **Indique** qui parle et **fais** des hypothèses sur le sens du mot en gras.
« Si seulement j'obtenais les réponses aux trois questions qui me **hantent**... »
- **Explique** ce que signifie la phrase.

4 **Remplace** les mots fourrager et s'assoupir par des mots de sens proche.

5 **Relève** le verbe qui introduit la réponse de Gogol à la 3e question. **Indique** son sens. **Vérifie** dans le lexique.

6 **Trouve** le sens du mot vigilant à partir de sa formation.

7 **Indique** le sens du mot endolori en le rapprochant du mot douleur.

Nikolaï réfléchit un moment. Puis il posa sa deuxième question.

« Quelle est la personne la plus importante ? »

« Celle qui est le plus près du paradis », dit Sonya en décrivant de grands cercles dans le ciel.

« Celle qui sait guérir les malades », proposa Gogol en frottant sa tête endolorie.

« Celle qui établit les règles », grogna Pouchkine.

Nikolaï réfléchit à nouveau longuement. Puis il posa sa troisième question.

« Quelle est la meilleure chose à faire ? »

« Voler », dit Sonya.

« S'amuser tout le temps », s'esclaffa Gogol.

« Se bagarrer, » aboya Pouchkine sur-le-champ.

Le garçon demeura silencieux un long moment. Il aimait ses amis. Il sentait qu'ils faisaient de leur mieux pour l'aider à répondre à ses trois questions, mais leurs réponses ne le satisfaisaient pas totalement.

Soudain, il lui vint une idée. « Je sais ! Je vais interroger Léon la tortue. Il vit depuis très longtemps. Il connait surement les réponses à mes questions. »

Je mets en relation

8 **Indique** qui raconte l'histoire et **justifie** ta réponse.

9 **Réponds** aux questions.

a. Que souhaite Nikolaï ?

b. Pourquoi Gogol frotte-t-il sa tête endolorie ?

10 **Indique** qui parle et qui est désigné par les pronoms en gras.

Je vais interroger Léon la tortue. **Il** vit depuis très longtemps. **Il** connait surement les réponses à mes questions.

11 **Réponds** aux questions en justifiant tes réponses.

Que penses-tu des réponses des amis de Nikolaï ? Nikolaï est-il satisfait de leurs réponses ?

oral **12** **Échange** et **reformule** avec tes propres mots la réponse de Sonya à la première question.

• **Imagine** les réponses de Léon la tortue à Nicolaï.

oral Je lis à voix haute

Lis de *Les amis de Nikolaï* (ligne 9) à la fin du texte.

Je lis très vite

bien - mien - un chien - il vient - il tient
éteint - un frein - plein - geindre
une enceinte - feindre
le teint - tien - rien - un rein - un lien

Fiche 155 + et ++

Nikolaï se mit en route et gravit la montagne où vivait, solitaire et retirée, la vieille tortue.

Lorsqu'il arriva, il trouva Léon en train de bêcher son jardin. La tortue étant très âgée, bêcher lui demandait de gros efforts.

« Je me pose trois questions et j'ai pensé que tu pourrais m'aider, dit Nikolaï. Quel est le meilleur moment pour agir ? Quelle est la personne la plus importante ? Quelle est la meilleure chose à faire ? »

Léon écouta attentivement, mais se contenta de sourire puis recommença à bêcher.

« Tu dois être fatigué, dit Nikolaï au bout d'un moment. Laisse-moi t'aider. »

La tortue lui tendit la bêche et le remercia.

Bêcher est beaucoup plus facile pour un jeune garçon que pour une vieille tortue. Nikolaï ne s'arrêta qu'après avoir retourné tout le jardin.

Mais juste comme il terminait, le vent se leva, de gros nuages noirs éclatèrent et la pluie se mit à tomber. Or, tandis qu'il se dirigeait vers la maison de Léon pour s'y abriter, Nikolaï entendit soudain des pleurs et des appels au secours. Aussitôt, il dévala le sentier en courant et trouva un panda, la patte blessée par un arbre que le vent avait déraciné.

oral Je raconte

1 **Choisis** trois mots-clés et **raconte** le début de l'histoire.

Je comprends les mots

2 **Trouve** le sens des mots solitaire et dévaler en t'aidant du contexte.

3 **Indique** ce que fait Léon quand Nikolaï arrive.

- **Relève** dans le texte une autre façon de nommer cette activité.

4 **Relève** la phrase qui indique un changement météorologique.

5 **Indique** le sens du mot pleurs en le raprochant du verbe pleurer.

Je mets en relation

6 **Indique** qui est désigné par le pronom en gras.

Il dévala le sentier en courant et trouva un panda.

7 **Réponds** aux questions.

a. Pourquoi Nikolaï bêche-t-il ?
b. Pourquoi Nikolaï ne part-il pas s'abriter dans la maison ?
c. À qui Nikolaï porte-t-il secours ? Comment s'est-il blessé ?

oral **8** **Échange** et **réponds** aux questions.

a. Que penses-tu des actions de Nikolaï ?
b. Léon a-t-il répondu aux questions de Nikolaï ?

oral Je lis à voix haute

Lis le texte en entier.

Fiche 156 + et ++

L'accord du participe passé

Je mémorise

1 **Lis** les mots à mémoriser.

accepter / décrire / dormir / retourner / réussir

- **Écris** chaque verbe au passé composé avec le pronom il, puis elle.

2 **Lis** les verbes à mémoriser.

sortir / apercevoir / remplir / déclarer / promettre

- **Écris** chaque verbe au passé composé avec le pronom ils, puis elles.

Je fais le point

3 **Recopie** les verbes conjugués de chaque série au passé composé. Puis **souligne** le sujet, **entoure** l'auxiliaire et la terminaison du participe passé.

a. Nous avons rangé. – Elle a bondi. – Ils ont vu. – Vous avez suivi. – Elles ont crié.
b. Il est venu. / Elle est venue. – Léo est allé… / Léa est allée… – Tom est entré. / Zoé est entrée.
c. Le chat est sorti. / Les chats sont sortis. – Ma cousine est restée. / Mes cousines sont restées.

- **Explique** l'accord du participe passé dans les lignes b. et c.
- **Complète** les phrases :

Lorsqu'un verbe est conjugué au passé composé avec l'auxiliaire …, le participe passé ne s'accorde jamais avec le sujet du verbe.
Lorsqu'un verbe est conjugué au passé composé avec l'auxiliaire être, le participe passé s'accorde en … (masculin / féminin) et en … (singulier / pluriel) avec le sujet.

Je m'entraine

4 **Écris** chaque verbe au passé composé avec le pronom personnel indiqué.

a. voir → elle…
b. intervenir → nous (Zoé et Alice)…
c. déclarer → ils…
d. réussir → il…
e. retourner chez elles → elles…
f. monter dans leur chambre → ils…

5 **Récris** chaque verbe avec le sujet indiqué.

a. Max est venu chez nous. → Julie…
b. Ils ont accepté. → Léa…
c. Elles sont allées à Paris. → Des garçons…

6 **Range** les dix mots mémorisés dans l'ordre alphabétique.

Fiche 157 + et ++

Les relations dans un texte (15)

Je lis et je transpose

Les trois questions

Nikolaï, qui veut être quelqu'un de bien, souhaite obtenir la réponse à trois questions. Il pose alors ces questions à ses amis. Ces derniers comprennent le désarroi du jeune garçon et ils veulent l'aider. Ils réfléchissent.

D'abord le héron prend la parole, puis le singe, qui vient de manger, ajoute sa réponse. Enfin, le chien, qui veut dormir, donne la sienne.

Le garçon reste silencieux un moment. Il aime beaucoup ses amis mais il n'est pas satisfait de leurs réponses. Soudain, il a une idée. Il décide d'aller interroger Léon la tortue.

Nikolaï gravit la montagne et quelques heures plus tard, il arrive chez Léon qui bêche son jardin. Il lui dit qu'il a besoin de lui pour avoir la réponse à trois questions. Léon écoute le jeune garçon attentivement, puis recommence à bêcher.

1 **Lis** ce texte. **Indique** à quel temps sont conjugués les verbes.
- **Relis** le texte en le mettant au passé. **Utilise** l'imparfait pour les verbes soulignés en noir et le passé composé pour ceux soulignés en bleu.

2 **Récris** les verbes et leur sujet en mettant le texte au passé. **Indique** ce qui change.
- **Nomme** les auxiliaires utilisés.

3 **Entoure** les lettres muettes à la fin des participes passés.

Je m'entraine

4 **Recopie** les verbes avec le sujet proposé.

a. Le professeur a corrigé les cahiers. → Les professeurs...
b. Les élèves ont pu regarder un film. → L'élève...
c. Vous avez vu des animaux sauvages. → Tu...
d. J'ai pris des fruits pour le gouter. → Nous...

5 **Recopie** les phrases en conjuguant les verbes au passé composé.
- **Accorde** le participe passé avec le sujet.

a. Mattéo tomber dans l'escalier.
b. Nos voisins arriver en retard pour le diner.
c. Je aller à Lille, dit Nadia.
d. Nous venir pour jouer avec toi, disent Louna et Nina.

6 **Récris** le texte en le mettant au passé (imparfait / passé composé).

Nikolaï arrive chez la tortue, elle est en train de bêcher son jardin. Le garçon lui pose ses questions, la tortue écoute, puis recommence à bêcher. Au bout d'un moment, Nikolaï lui propose de l'aider.

Fiche 158 + et ++

Des phrases dans un texte (10)

Je repère et je transforme les phrases

Nikolaï est arrivé chez Léon.

« Je me pose trois questions et j'ai pensé que tu pourrais m'aider. Quel est le meilleur moment pour agir ? Quelle est la personne la plus importante ? Quelle est la meilleure chose à faire ? »

Léon a écouté attentivement, s'est contenté de sourire, puis a recommencé à bêcher.

« Tu dois être fatigué, a dit Nikolaï au bout d'un moment. Laisse-moi t'aider. »

La tortue lui a tendu la bêche et l'a remercié.

1 **Indique** le nombre de phrases du texte.

- **Explique** le rôle des guillemets.
- **Recopie** une phrase déclarative, une phrase interrogative et la phrase impérative.
- **Transforme** la première phrase déclarative du texte à la forme négative.

Je trouve les groupes

2 **Souligne** le verbe, **entoure** de différentes couleurs le sujet, le ou les compléments circonstanciels (s'il y en a) et le complément proche du verbe.

a. Aujourd'hui, Léon la tortue bêche son jardin.
b. Nikolaï pose ses trois questions à la tortue.
c. Dans son jardin, elle écoute le jeune garçon avec attention.
d. Au bout d'un moment, tu aides la tortue.

- **Indique** la nature de chaque sujet et des compléments circonstanciels.
- **Remplace** le complément proche du verbe par le dans la première phrase.

Je collecte

3 **Colle** les étiquettes à la bonne page de ton cahier de grammaire.

Je m'entraine

4 **Souligne** le verbe, **entoure** de différentes couleurs le sujet et les compléments circonstanciels.

a. Pendant les vacances, les touristes ont pollué les plages.
b. La neige recouvre les sommets depuis quelques jours, dans les Alpes.
c. Hier, une voiture a renversé un cycliste.
d. Nous avons observé de magnifiques tableaux au musée.

- **Indique** la nature de chaque sujet.
- **Recopie** chaque phrase en changeant de place le ou les compléments circonstanciels.

Fiche 159 + et ++

Des suffixes (1)

Je réfléchis

1 **Trouve** le radical commun aux mots de chaque liste.

a. laver / le lavage - repasser / le repassage - découper / le découpage

b. imiter / une imitation - distribuer / la distribution - explorer / une exploration

- **Recopie** les trois suffixes utilisés derrière chaque radical verbal.
- **Donne** la nature des mots formés avec ces suffixes.
- **Indique** ce que désignent ces mots.

2 **Trouve** les suffixes utilisés pour former les noms suivants.

- **Indique** ce que désignent ces mots.

a. le cuisinier / le fermier / le marinier / le plombier / le poissonnier
b. le coiffeur / le chanteur / un dompteur / un danseur
c. un observateur / un organisateur / un utilisateur

- **Écris** un autre nom dans chaque liste avec le suffixe employé.

3 **Trouve** comment sont formés les adverbes : le mot radical + le suffixe utilisé.

a. facile → facilement
b. rapide → rapidement
c. agréable → agréablement
d. grande → grandement
e. lente → lentement
f. fine → finement

- **Indique** le sens du suffixe.

Je conclus

oral **4** **Dis** où se placent les suffixes. **Cite** des suffixes et **donne** leur sens.

- **Lis** la page du mémo sur les suffixes.

Je m'entraine

5 **Complète** chaque phrase avec un mot formé en ajoutant un suffixe au mot en orange.

-age - -ier - -ation - -eur - -ment

serrure : Tu as perdu ta clé. Il faut appeler un … .
installer : Alfonse Daudet raconte son … dans un moulin.
jardiner : Papi aime faire du … .
chaude : L'hiver, il faut s'habiller … .
sculpter : Cet artiste est un … .

Fiche 160 + et ++

Répondre aux questions de Nikolaï

J'observe

1 **Recopie** les questions que se pose Nikolaï.

a. Quel est le meilleur moment pour agir ?
b. Quelle est la personne la plus importante ?
c. Quelle est la meilleure chose à faire ?

- **Relis** dans le texte pages 182-183 les réponses qu'il a obtenues.
- **Recopie**-les sous chaque question.
- **Observe** la façon dont elles sont formulées :

- <u>question 1</u> : une ou plusieurs phrases avec emploi de *il faut, si…, tu as besoin* ;
- <u>question 2</u> : des groupes de mots commençant par *Celle qui…* ;
- <u>question 3</u> : des verbes à l'infinitif.

oral **2** **Recherche** les réponses que tu pourrais donner à chacune des questions posées par Nikolaï dans les situations suivantes :

- quand on travaille dans la classe ;
- quand on voit quelqu'un qui a besoin d'aide ;
- quand on fait du sport ;
- quand on est à la maison,
- ou autre…

J'écris le texte

3 **Imagine** que tu es Nikolaï et que tu demandes à deux camarades de répondre aux trois questions.

- **Choisis** une situation évoquée dans l'activité 2 et les réponses données par les élèves.
- **Rédige** un dialogue entre toi et tes deux camarades, chacun donnant sa réponse comme dans le conte.
- **Utilise** les formulations employées dans le conte pour répondre aux questions.

Je révise et j'améliore

4 **Relis** ton texte et **vérifie** que :

- tu as écrit un dialogue ;
- tu as mis la ponctuation du dialogue ;
- tu as utilisé les formulations employées dans le conte ;
- tu as mis les majuscules et les points.

Fiche 161 + et ++

› Attribuer du sens à des mots inconnus
› Comprendre actions, pensées et émotions des personnages

Les Trois Questions (2)

Avec précaution, Nikolaï le prit dans ses bras et le transporta dans la maison de la tortue. Puis, avec une tige de bambou, il confectionna une attelle pour la patte. La tempête faisait rage, cognant aux portes et aux fenêtres. Le panda se réveilla.

« Où suis-je ? s'écria-t-il. Où est mon enfant ? »

Nikolaï se précipita dehors et courut le long du sentier. La tempête faisait un vacarme assourdissant. Luttant contre le vent qui hurlait et contre la pluie diluvienne, il s'enfonça dans la forêt. Et, là, il trouva le petit panda qui gisait par terre, gelé et tremblant de froid.

Le petit panda était trempé jusqu'aux os et effrayé, mais vivant. Nikolaï le ramena à la maison. Il le sécha, le réchauffa et le déposa tendrement dans les bras de sa mère.

Léon sourit en voyant ce qu'avait fait le garçon. Le lendemain matin, le soleil était de retour, les oiseaux chantaient, la vie était belle. Sa patte commençait à guérir, et le panda remercia Nikolaï de l'avoir sauvé avec son enfant.

C'est juste à cet instant qu'arrivèrent Sonya, Gogol et Pouchkine. Ils voulaient s'assurer que tout le monde était sain et sauf. Nikolaï ressentait une grande paix intérieure. Il avait des amis merveilleux. Il avait sauvé le panda et son enfant. Cependant, il était déçu. Il n'avait toujours pas obtenu de réponses à ses questions. Il interrogea donc à nouveau Léon.

oral Je raconte

1 **Rappelle** les trois questions de Nikolaï, les personnes rencontrées par celui-ci et certaines réponses de ses amis.

Je comprends les mots

2 **Fais** des hypothèses sur le sens des mots attelle, sain et sauf en t'aidant du contexte.

3 **Trouve** le sens du mot assourdissant en t'aidant de sa formation.

4 **Relève** l'adjectif qui qualifie la pluie et **trouve** son sens dans le lexique.

5 **Trouve** le sens du mot en gras en t'aidant du contexte.

Il trouva le petit panda qui **gisait** par terre.

6 **Lis** et **exprime** avec tes propres mots le sens des phrases.

a. Nikolaï ressentait une grande paix intérieure.
b. La tempête faisait rage.
c. Le petit panda était trempé jusqu'aux os.

La vieille tortue l'observa.

« Mais ces réponses, tu les as eues », répondit-elle.

« Vraiment ? » demanda Nikolaï.

« Si tu n'étais pas resté hier pour m'aider à bêcher mon jardin, tu n'aurais pas entendu le panda crier à l'aide à travers la tempête. C'est pourquoi le moment le plus important a été celui que tu as passé à retourner mon jardin. La personne la plus importante à cet instant-là, c'était moi, et la chose la plus importante à faire était de m'aider au jardin. Par la suite, quand tu as trouvé le panda blessé, le moment le plus important a été le temps que tu as passé à soigner sa patte et à sauver son enfant. Les personnes les plus importantes alors étaient le panda et son enfant. Et la chose la plus importante à faire était de prendre soin d'eux et de les sauver.

« Ainsi rappelle-toi qu'il y a un seul moment important, et que ce moment c'est maintenant. La personne la plus importante est toujours celle avec laquelle tu es. Et la chose la plus importante est d'être bon avec la personne qui est à tes côtés. Voilà, mon cher enfant, les réponses à tes questions sur ce qui est le plus important dans ce monde. Et voilà pourquoi nous sommes ici. »

Je mets en relation

7 **Réponds** aux questions par une phrase.

a. Comment Nikolaï soigne-t-il le panda ?
b. Nikolaï réussit-il à sauver le bébé panda ?

8 **Souviens-toi de la deuxième phrase du conte :** Je veux être quelqu'un de bien mais je ne sais pas comment y parvenir, **puis réponds aux questions.**

a. Nikolaï a-t-il réussi à devenir quelqu'un de bien ?
b. En faisant quoi ?

9 **Indique** les réponses de la tortue aux trois questions de Nikolaï.

oral **10** **Échange** et **réfléchis.**

a. Que penses-tu de ce conte ?
b. En quoi ce conte aide-t-il à réfléchir et à agir ?

11 **Raconte** une action, un évènement qui t'a permis de sentir que tu étais quelqu'un de bien.

oral Je lis à voix haute

Lis de *C'est juste* (ligne 17) à la fin du texte.

Je lis très vite

une attelle - une étincelle - il appelle - une selle
un attelage - il a appelé - chanceler - étinceler
la batellerie - un batelier - ficeler - une ficelle

Note de l'auteur

La nouvelle originale ne met pas en scène un garçon et ses amis animaux, mais un tsar à la recherche de réponses aux « trois questions ». L'aventure elle-même est différente. Au lieu de sauver un panda et son enfant, le tsar secourt sans le vouloir un homme qui voulait sa perte. En sauvant son ennemi, il établit une profonde relation avec quelqu'un d'autre. [...] J'ai voulu que cette histoire soit connue des enfants, même si sa forme en est ici quelque peu différente. J'ai conçu cet album comme un hommage à Tolstoï. J'espère qu'il l'aurait fait sourire.

Le nom donné à chaque animal est intentionnel. Pouchkine et Gogol sont ceux d'illustres écrivains russes. Sonya était le prénom de la femme de Tolstoï, Nikolaï celui de son frère, ainsi que de mon propre fils. Quant au personnage du sage incarné par Léon la tortue, il renvoie, bien sûr, à Tolstoï lui-même.

Léon Tolstoï (1828-1910) a été l'un des plus grands romanciers russes [...].

Il est très célèbre pour deux de ses œuvres, *Guerre et Paix* (1865-1869) et *Anna Karénine* (1875-1877), et pour avoir été l'un des penseurs les plus exceptionnels du dix-neuvième siècle. Sa nouvelle, « Les Trois Questions », dont cet album est inspiré, a été publiée pour la première fois en 1903.

JON J MUTH, *Les Trois Questions*, Circonflexe, 2017

Je comprends les mots

1 **Trouve** le sens des mots tsar et hommage dans le lexique et le sens de illustre, incarné en t'aidant du contexte.

2 **Fais** des hypothèses sur le sens du mot intentionnel à partir de sa formation.

3 **Indique** qui parle.
J'ai conçu cet album comme un hommage à Tolstoï.
• **Exprime** avec tes propres mots le sens de cette phrase.

4 **Relève** les noms des personnages du conte qui sont des noms de personnes réelles.

Je mets en relation

5 **Réponds** aux questions par une phrase.
a. Qui a écrit cette note ?
b. Qui était Léon Tolstoï ?
c. Pourquoi John J Muth a-t-il écrit ce conte ?

6 **Relève** les différences entre le conte de John J Muth et celui de Tolstoï.

Je vais plus loin

oral **7** **Échange** et **réfléchis**.
Aimerais-tu lire des contes de Tolstoï ?

oral Je lis à voix haute

Lis de *J'ai voulu* (ligne 6) à la fin du texte.

Fiche 163 + et ++

Écrire des adverbes

Je mémorise

1 **Lis** les mots à mémoriser.

ainsi / brusquement / également / humain / surtout

- **Recopie** les quatre adverbes. **Écris** l'adjectif au féminin pluriel.

2 **Recopie** les mots à mémoriser.

certain / autrefois / secret / nécessaire / pareil

- **Entoure** l'adverbe. **Souligne** les deux mots qui peuvent être à la fois adjectifs et noms.

Je fais le point

3 **Observe** les adverbes debout, loin et presque. **Que remarques-tu ?**

a. Elle reste debout. – Nous restons debout.
b. Il part loin. – Elles partent loin.
c. Le bol est presque vide. – Les bouteilles sont presque vides.

- **Complète** la phrase :

> Les adverbes ne changent ni en genre ni en nombre : ce sont des mots … .

4 **Entoure** la lettre finale de l'adjectif au masculin. **Observe** la formation de l'adverbe.

a. faible → faiblement
c. poli → poliment
e. absolu → absolument

b. lent → lente → lentement
d. fier → fière → fièrement
f. nerveux → nerveuse → nerveusement
g. cruel → cruelle → cruellement

- **Complète** les phrases :

> Si l'adjectif se termine par e, i, u, on ajoute -ment à l'adjectif au … pour former l'adverbe.
> Si l'adjectif se termine par une consonne, on ajoute -ment à l'adjectif au … pour former l'adverbe.

Je m'entraine

5 **Écris** au féminin, puis au masculin l'adjectif qui a servi à former chaque adverbe.

a. correctement
b. généreusement
c. premièrement
d. durement
e. chaudement
f. traditionnellement
g. régulièrement
h. actuellement
i. précieusement

6 **Écris** les adverbes terminés par -ment que l'on peut former à partir de ces adjectifs.

heureux – entier – pur – habituel – amical – joli – solide

7 **Remplace** chaque groupe de mots en gras par un adverbe qui a le même sens.

a. La fillette s'adresse **de manière polie** à la maitresse.
b. L'escargot avance **avec lenteur**.
c. Tu gardes **de façon précieuse** le cadeau de ton frère.

8 **Range** les dix mots mémorisés dans l'ordre alphabétique.

Fiche 164 + et ++

Les relations dans un texte (16)

Je lis et je transpose

Un sauvetage

Avec précaution, Nikolaï prend le panda dans ses bras et il le transporte à la maison. Il confectionne une attelle pour sa patte.

La tempête fait rage, elle cogne aux portes et aux fenêtres.

À son réveil, le panda réclame son enfant. Aussitôt Nikolaï va à sa recherche. Il lutte contre le vent et la pluie et, finalement dans la forêt, il trouve le petit panda sous un arbre, sur le sol. Il tremble de froid mais il est vivant.

Nikolaï le ramène à la maison, le sèche, le réchauffe et le dépose près de sa mère. Le panda remercie Nikolaï de l'avoir sauvé ainsi que son enfant.

Le lendemain, Sonya, Gogol et Pouchkine arrivent. Ils veulent s'assurer que tout le monde est sain et sauf.

1 **Lis** ce texte. **Indique** à quel temps sont conjugués les verbes.

oral **Dis** le texte en le mettant au passé. **Utilise** l'imparfait et le passé composé.

2 **Récris** les verbes et leur sujet en mettant le texte au passé. **Indique** ce qui change.

3 **Donne** l'infinitif de tous les verbes conjugués du texte.
- **Indique** les auxiliaires utilisés.
- **Entoure** les lettres muettes à la fin des participes passés.
- **Explique** l'accord du participe passé du verbe conjugué avec l'auxiliaire *être*.

Je m'entraine

4 **Souligne** le verbe conjugué et **écris** son infinitif.
- **Indique** à quel temps il est conjugué.

a. Avant la récréation, nous avons fait de la conjugaison.
b. Tous les ans, des oiseaux bâtissaient un nid sous le toit.
c. Pendant l'été, je faisais des devoirs de vacances tous les matins.
d. À la fin du spectacle, les artistes ont salué les spectateurs.

5 **Recopie** les phrases en conjuguant les verbes au passé composé.

a. Ce matin, les enfants mangent des fruits.
b. Éva vient en voiture avec sa sœur.
c. Les fillettes entrent dans la classe en bavardant.
d. Tu dis bonjour au professeur.

Fiche 165 + et ++

Des phrases et des groupes nominaux (3)

Je repère et je transforme les phrases

1 **Relis** le texte de la page 194 *Un sauvetage*.
- **Compte** le nombre de phrases et **indique** leur type.

2 Dans chaque phrase, **souligne** le verbe, **entoure** de différentes couleurs le sujet, le ou les compléments circonstanciels et le complément proche du verbe.
a. À son réveil, le panda réclame son enfant.
b. Il trouve le jeune panda sous un arbre, dans la forêt.
c. À la maison, aussitôt, Nikolaï réchauffe le petit panda.
- **Indique** la nature du sujet et des compléments circonstanciels.

3 **Recopie** des groupes nominaux du texte *Un sauvetage*, en les classant :
GN avec article défini / GN avec article indéfini / GN avec déterminant possessif / Noms propres.
- **Souligne** les noms et les adjectifs.

4 **Ajoute** un complément du nom dans les groupes nominaux en gras.
a. Nikolaï a trouvé le jeune panda sous **un arbre**.
b. Il le ramène à **la maison**.

Je m'entraine

5 **Souligne** le verbe, **entoure** de différentes couleurs le sujet, les compléments circonstanciels et les compléments proches du verbe.
a. Pour son anniversaire, les invités apportent des cadeaux.
b. Ce soir, vous avez assisté à un beau match.
c. Autrefois, pour voyager, les gens prenaient la diligence.
d. Le vent agite les branches des arbres dans le jardin.
- **Indique** la nature du sujet.

6 **Recopie** les groupes nominaux, **entoure** le nom principal, **souligne** de différentes couleurs les déterminants, les adjectifs et les compléments du nom.
a. une grosse araignée noire
b. un vieux refuge de montagne
c. une grande affiche publicitaire
d. une armoire en bois
e. un animal sauvage de la savane

7 **Recopie** les groupes nominaux en les classant suivant leur genre et leur nombre.
a. les branches cassées
b. la neige fondue
c. les beaux coquillages
d. une catastrophe prévisible
e. des chemins sinueux
f. des iles lointaines
g. un bruit assourdissant

Fiche 166 + et ++

Des mots du conte

Je réfléchis

1 **Remplace** les mots en gras par les mots suivants.

sains et saufs – solitaire – diluvienne – illustre

a. Une pluie **très forte** s'abat sur la ville.
b. Victor Hugo est un écrivain **célèbre**.
c. L'ours est un animal **qui vit seul**.
d. Après l'accident, les passagers sont sortis de la voiture **sans aucune blessure**.

• **Écris** une phrase en employant l'adjectif illustre.

2 **Associe** les mots à leur définition.

1. attentif
2. endolorie
3. incarner
4. le désarroi
5. jouer
6. vigilant
7. un hommage
8. la détresse
9. interpréter
10. douloureux

a. un grand trouble qui empêche de savoir ce qu'il faut faire
b. qui surveille avec attention
c. représenter un personnage dans une histoire, un spectacle
d. qui fait mal, qui est envahi par la douleur
e. une marque de respect, d'admiration

• **Indique** les mots qui sont synonymes.

3 **Écris** le nom à partir duquel chaque adjectif est formé.

a. exceptionnel → une ...
b. sensationnel → une ...
c. intentionnel → une ...
d. mortel → la ...
e. accidentel → un ...
f. traditionnel → la ...

• **Indique** le suffixe utilisé pour former les adjectifs.

Je m'entraine

4 **Écris** une phrase avec chacun des adjectifs suivants.

exceptionnelle – illustre

5 **Complète** avec un mot de l'activité 1 ou 2.

a. Louis XIV est un roi ... .
b. La maitresse est ..., elle fait très attention à ce que l'on écrit.
c. Maitre Cornille a vécu dans son moulin, ... sans voir personne.
d. Dans le spectacle de fin d'année, Louna va ... le personnage de Cosette.
e. Évan est tombé, il a le genou ... .
f. Le jour du 11 novembre, on rend ... aux soldats tués lors de la Première Guerre mondiale.

Fiche 167 + et ++

Résumer le conte

Je remets dans l'ordre

1 **Numérote** de 1 à 5 les étapes du conte selon l'ordre chronologique.
- La quête de réponses auprès de la tortue.
- Le problème de Nikolaï.
- Le sauvetage des pandas.
- Les réponses expliquées par la tortue.
- La quête de réponses au problème auprès de ses trois amis.

2 **Écris** ce qu'il est important de retenir pour chaque étape en répondant aux questions suivantes.
- Quelles questions se posait Nikolaï ? Pourquoi ?
- À qui a-t-il d'abord demandé des réponses ? Était-il satisfait des réponses ?
- Soudain, quelle idée a-t-il eue ? Que faisait Léon quand il est arrivé ? Qu'a-t-il alors décidé ?
- Qu'est-il arrivé alors qu'il terminait de bêcher le jardin ? Qu'a-t-il entendu ? Qu'a-t-il fait aussitôt malgré la pluie diluvienne et le vent qui hurlait ? Qui a-t-il sauvé ensuite ?
- Le lendemain, que ressentait Nikolaï ? Que lui a appris la tortue ?

J'écris le résumé

3 **Rédige** le résumé en cinq paragraphes en respectant l'ordre chronologique des étapes.
- **Recherche** dans le texte les adjectifs qui caractérisent Léon afin de les utiliser.
- **Emploie** des indicateurs de temps pour marquer le lien entre les différentes étapes du conte.

Je révise et j'améliore

4 **Relis** ton texte et **vérifie** que :
- tu es allé(e) à la ligne à la fin de chacun des cinq paragraphes ;
- tu as écrit ton texte au passé composé et à l'imparfait ;
- tu as utilisé des indicateurs de temps ;
- tu as mis les majuscules et les points ;
- tu as écrit les terminaisons des verbes qui conviennent ;
- tu as réalisé les accords dans les groupes nominaux ;
- tu as bien orthographié les mots que tu as repris du texte.

Fiche 168 + et ++

› Anticiper le contenu d'une biographie
› Attribuer du sens à des mots inconnus

Les passions d'Émilie (1)

La première femme de science que la France ait jamais comptée. ÉLISABETH BADINTER raconte le destin exceptionnel d'Émilie, marquise du Châtelet, femme libre et passionnée. JACQUELINE DUHÊME le met en images avec esprit et jubilation.

Émilie nait à Paris le 12 décembre 1706 dans une famille noble, aisée et cultivée. [...]

Sa mère est bien un peu sévère mais son père, le baron de Breteuil, lui voue une véritable adoration : il a toutes les faiblesses pour elle. Au lieu de l'envoyer dans un couvent à 7 ans et de l'y laisser jusqu'à son mariage, comme c'est l'usage pour les filles de sa condition, ses parents décident de la garder près d'eux. Elle passe toute sa jeunesse dans la belle maison qui donne sur le jardin des Tuileries, instruite par les mêmes maitres que ses deux frères. Décision étonnante à une époque où nul ne comprend l'intérêt de l'instruction des filles.

À cette époque, les écoles étaient rares et non obligatoires. L'immense majorité des petites filles qui vivaient dans les campagnes et les quartiers pauvres des villes ne savait ni lire ni écrire.

oral J'anticipe

1 **Observe** la couverture, **indique** le titre de cette biogaphie, le nom de l'autrice et celui de l'illustratrice.

2 **Lis** le texte encadré et **réponds** à la question.
Émilie est-elle une personne qui a existé ou un personnage inventé ?

Je comprends les mots

3 **Lis** la définition des mots jubilation, aisée, couvent, philosophe dans le lexique.

4 **Indique** le sens des mots cultivée, instruction, illisible, contemporaines à l'aide de leur formation.

5 **Remplace** les mots lamentable (ligne 24) et cotoie (ligne 33) par un synonyme.

6 **Explique** la phrase suivante.
Elles avaient une orthographe lamentable presque illisible pour nous aujourd'hui.

7 **Indique** ce que signifient les phrases suivantes.
a. [...] il a toutes les faiblesses pour elle.
b. [...] comme c'est l'usage pour les filles de sa condition.
c. Émilie a soif de comprendre les mystères de l'univers.

Seule une petite minorité de filles nobles et riches apprenait à lire à la maison avant d'être envoyées dans un couvent vers l'âge de 7 ans. Elles y restaient généralement jusqu'à leur mariage. Là, on leur enseignait le catéchisme, la danse, le chant, la musique, la broderie et le tricot. Parfois un peu d'histoire et de géographie. Mais nul ne se souciait de leur apprendre les mathématiques ni même à écrire correctement, si bien qu'elles avaient une orthographe lamentable, presque illisible pour nous aujourd'hui.

Contrairement à ses contemporaines, Émilie apprend très jeune et très vite à lire, écrire et compter. Comme tout l'intéresse, ses parents l'autorisent à emprunter les livres de leur immense bibliothèque. Elle apprend le latin, l'anglais, l'italien et se passionne autant pour les étranges histoires de la Bible que pour les étoiles qu'elle regarde le soir avant de se coucher. Émilie a soif de comprendre les mystères de l'univers. Par chance, [...] ses parents reçoivent à diner savants et écrivains qui parlent des sujets qui l'intéressent. [...]

C'est ainsi qu'elle côtoie le célèbre savant Fontenelle qui décrit les sept planètes qui nous environnent, et Voltaire, un écrivain et un philosophe qui lit des poèmes.

Je mets en relation

8 **Relève** le nom du personnage principal et les différentes façons de le qualifier.

9 **Réponds** aux questions.

a. À quel siècle est née Émilie ?
b. En général, où sont envoyées les filles de sa condition quand elles ont 7 ans ?
c. Qu'y apprennent-elles ?

10 **Cite** ce qui intéresse Émilie.

11 **Indique** les différents lieux évoqués dans le texte.

oral **12** **Échange** autour des questions suivantes.

a. Que penses-tu de la vie d'Émilie ?
b. A-t-elle la même vie que ses contemporaines ?
c. Émilie aime apprendre, et toi ?

oral Je lis à voix haute

Lis de *À cette époque* (ligne 12) à la fin du texte.

Je lis très vite

emprunter - aucun - un défunt
un lunch
alunir - communal - cunéiforme
un funiculaire
un emprunt - immunitaire - les embruns
importuner

Fiche 169 + et ++

À 18 ans, Émilie est une jeune fille pleine de charme et de vitalité. Elle ne s'intéresse pas seulement aux sciences et à la philosophie anglaise, elle aime aussi les grandes randonnées à cheval et tout ce qui concerne les spectacles. Rien ne l'enchante plus que d'aller à l'opéra et au théâtre. Elle raffole des costumes, des rubans et des brillants que les actrices portent sur scène. À l'opposé des jeunes femmes de son temps, elle rêve tout à la fois d'être une vraie savante à l'égal des hommes et de jouer et chanter aussi bien qu'une véritable actrice.

Étonnés par les ambitions si peu communes de leur fille unique, ses parents jugent qu'il est temps de la marier. Ils choisissent un militaire de vieille noblesse, de onze ans son aîné, le marquis Florent du Châtelet. [...]

Dès le mariage (le 20 juin 1725), le couple quitte Paris pour s'installer en Bourgogne dans la demeure de son beau-père. La jeune marquise s'y sent bien et dirige la maison avec autorité et compétence. Ce qui ne l'empêche pas de continuer à étudier comme à Paris. Heureusement, elle se lie d'amitié avec un savant de la région qui vient régulièrement lui donner des leçons de mathématiques. En moins de deux ans, Émilie accouche d'une fille, Pauline, et d'un garçon, Louis-Marie. Les deux enfants confiés à des nourrices, comme c'est alors l'usage, elle estime avoir rempli son devoir d'épouse. Puisque son mari part rejoindre son régiment de Lorraine, d'un commun accord avec lui, elle décide de rentrer à Paris voler de ses propres ailes.

oral Je raconte

1 **Souviens**-toi et **raconte** l'enfance d'Émilie.

Je comprends les mots

2 **Trouve** le sens du groupe de mots suivant (ligne 54).

[...] comme c'est alors l'usage, [...]

3 **Relève** l'expression (ligne 56) qui signifie être indépendante.

Je mets en relation

4 **Recopie** les différentes façons de désigner Émilie. Que nous apprennent-elles ?

5 **Relève** la phrase qui indique qu'Émilie est différente de ses contemporaines.

6 **Réponds** aux questions.

a. Quelles sont les activités d'Émilie à 18 ans, puis après son mariage ?
b. Avec qui Émilie se marie-t-elle ? A-t-elle choisi son mari ?

7 **Indique** qui est désigné par le pronom en gras.

Ce qui ne **l'**empêche pas de continuer à étudier comme à Paris.

8 **Recopie** ce qui est vrai.

a. Émilie a deux enfants.
b. Elle aime l'opéra.
c. Elle suit son mari en Lorraine.
d. Elle étudie les mathématiques.

oral Je lis à voix haute

Lis le texte en entier.

Fiche 170 + et ++

Écrire les suffixes : -ation, -tion, -sion ou -ssion

Je mémorise

1 **Lis** les mots à mémoriser.

une organisation / la participation / l'imagination / une définition / une indication

• **Écris** le verbe de la famille de chaque nom.

2 **Recopie** les noms à mémoriser.

une réduction / une solution / une émotion / la population / une permission

• **Entoure** dans ces noms le radical commun avec les mots suivants.

réduire - soluble - émouvoir - populaire - permettre

Je fais le point

3 **Recopie** les noms et **entoure** le suffixe utilisé pour les former.

une opération - une occupation - la récitation - une habitation - une déclaration
une dérivation - une installation - une observation - une réclamation - une animation

• **Complète** la phrase : Le suffixe [asjɔ̃] s'écrit toujours ... .

4 **Recopie** les noms et **entoure** le suffixe utilisé pour les former.

la discrétion - la démolition - l'abolition - l'évolution - une infection - l'obtention
une action - la pollution - une finition - une édition - une diminution
la compréhension - une admission - une discussion - une tension - une impression

• **Complète** la phrase : Le suffixe [sjɔ̃] s'écrit le plus souvent ... . Il peut aussi s'écrire ... ou ... .

Je m'entraine

5 **Écris** les noms terminés par -ation de la famille de ces verbes.

conserver - limiter - planter - compliquer - fabriquer - animer - articuler - réaliser - opérer

6 **Récris** les noms en les complétant avec s ou ss.

une inver•ion - une profe•ion - une expan•ion - une agre•ion - la posse•ion - une pre•ion
une suppre•ion - une diver•ion - la soumi•ion

7 **Récris** les noms en les complétant avec s, ss ou t.

une impre•ion - une décora•ion - la compréhen•ion - l'évolu•ion - une ac•ion

8 **Écris** une phrase avec un mot terminé par [sjɔ̃] de la famille du verbe mettre.
Écris une phrase avec un mot terminé par [sjɔ̃] de la famille du verbe prendre.

9 **Range** les dix mots mémorisés dans l'ordre alphabétique.

Fiche 171 + et ++

Les relations dans un texte (17)

Je lis et je transpose

L'enfance d'Émilie

Émilie voit le jour à Paris le 12 décembre 1706 dans une famille noble, aisée et cultivée.

Quand Émilie a sept ans, ses parents décident de la garder auprès d'**eux. Elle** ne va pas au couvent. Elle passe son enfance dans une belle maison à Paris. Elle a les mêmes maitres que ses frères. Très jeune, elle apprend à lire, écrire et compter. Ses parents l'autorisent alors à emprunter des livres dans leur immense bibliothèque.

Vers douze ans, elle veut comprendre les mystères de l'univers. Tous les jeudis, ses parents organisent des diners et elle a la permission de rester au salon avec les invités. Elle peut rencontrer le célèbre savant Fontenelle. Elle **lui** pose des questions auxquelles il répond volontiers. De temps en temps, elle voit aussi Voltaire. **Il** vient lire des poèmes.

1 **Lis** ce texte. **Indique** qui est désigné par les mots en gras.
- **Relis** le texte à partir de *Quand Émilie* en le mettant au futur.

2 **Récris** les groupes de mots soulignés au futur. **Entoure** les terminaisons des verbes au futur.

3 **Donne** l'infinitif de tous les verbes conjugués du texte.
- **Distingue** les verbes des différents groupes et les auxiliaires.
- **Souligne** la lettre qui est à la fin du radical des verbes du 1er groupe au futur.

Je collecte

4 **Colle** les étiquettes à la bonne page de ton cahier de grammaire.

Je m'entraine

5 **Recopie** les groupes de mots en bleu en mettant le texte au futur.

Les élèves décident de rechercher des informations sur le XVIIIe siècle. Sofia veut trouver un portrait de Voltaire. Théo cherche une image de Paris. Louis a envie de lire un texte sur le savant Fontenelle. Julie pose des questions à la maitresse sur l'école au temps d'Émilie.

6 **Recopie** les verbes et leur sujet en mettant les verbes au futur.

a. Le jeune homme peut faire des recherches à la bibliothèque, il y reste longtemps.
b. À la fin de l'année, les villageois organisent une grande fête.
c. La fillette voit ses frères lire, elle est impatiente d'apprendre.

Fiche 172 + et ++

Les compléments d'objet

Je réfléchis

1 **Lis** la page 12 de ton cahier de grammaire.
- **Entoure** les sujets, **souligne** les verbes.
- **Trouve** les compléments proches du verbe que l'on ne peut ni déplacer ni supprimer. Ce sont des **compléments d'objet**.
- **Entoure**-les. Dans certaines phrases, il y a deux compléments d'objet. Ne les confonds pas avec les compléments circonstanciels.

2 **Remplace** chaque complément d'objet en gras par le pronom personnel le, la, l' ou les.

a. La jeune fille aime **les randonnées à cheval**.
b. Le baron de Breteuil adore **Émilie**.
c. Elle rencontre **Voltaire**.
d. Monsieur et Madame de Breteuil marient **leur fille unique**.

3 **Indique** la nature des compléments d'objet en gras.

a. Le soir, Émilie regarde **les étoiles**. Elle **les** admire.
b. Émilie s'intéresse **à la philosophie anglaise**.
c. Les savants discutent **de sujets intéressants**.

Je conclus

4 **Écris** le titre de la page 12 de ton cahier de grammaire : Des compléments d'objet.
- oral **Explique** comment tu reconnais un complément d'objet.
- **Lis** dans le mémo, ce qui est à retenir des compléments d'objet.

Je m'entraine

5 **Recopie** chaque phrase en remplaçant le complément d'objet en gras par un pronom personnel.

a. Le cheval franchit **le fossé**.
b. Toutes les semaines, nous rangeons **notre chambre**.
c. L'explorateur raconte **ses aventures**.
d. Pour son anniversaire, Abdel invite **son copain Achille**.
e. Vous aimez **les films de science-fiction**.

6 **Souligne** le verbe, **entoure** de couleurs différentes le sujet, le complément circonstanciel et le complément d'objet.

a. Dans le bus, vous regardez une bande dessinée.
b. Émilie écoute le célèbre savant Fontenelle dans le salon de ses parents.
c. Très souvent, tu parles de ta grand-mère.
d. Vous écoutez la professeure avec attention.

Fiche 173 + et ++

D'autres suffixes (2)

Je réfléchis

1 **Lis** l'article du dictionnaire.
- **Indique** le mot défini et sa nature.
- **Relève** son contraire.
- **Recopie** le mot de la même famille.
- **Entoure** le suffixe utilisé.
- **Indique** ses synonymes et son contraire.

> se **lamenter** v. (conjug. 4) Se plaindre. ➜ **geindre, gémir.** *Elle ne cesse de se lamenter sur son sort.* contraire : se **réjouir.**
> ▸ **lamentable** adj. Très mauvais. ➜ **déplorable, désastreux, minable, pitoyable.** *Julie a eu une note lamentable en français.* contraire : **excellent.**

© *Le Robert junior illustré*, 2019

2 **Trouve** le radical commun des mots suivants.

gonfler / gonflable - détacher / détachable - réaliser / réalisable
le prestige / prestigieux - un prodige / prodigieux - un souci / soucieux
la fin / final - la commune / communal - le génie / génial

- **Recopie** les suffixes utilisés. **Indique** leur sens.
- **Donne** la nature des mots formés avec ces suffixes.

3 **Complète** chaque phrase avec le nom correspondant à l'adjectif en gras.

a. Le malade est **faible**, il est d'une grande … .
b. Tu es **jeune**, tu regardes les émissions pour la … .
c. C'est un **noble**, il appartient à la … .
d. Ce roi est **riche**, sa … est fabuleuse.

4 **Trouve** dans le texte *La passion d'Émilie (1)* :
- un nom formé avec le suffixe -ation et un formé avec le suffixe -tion.
- deux adverbes formés avec le suffixe -ment.

Je m'entraine

5 **Complète** chaque phrase avec un adjectif formé en ajoutant un des suffixes ci-dessous au radical du mot en gras.

-al / -ale - -eux / -euse - -able

a. Le ciel est couvert de **nuages**, il est … .
b. C'est fabriqué par un **artisan**, c'est un produit … .
c. Ce phénomène est difficile à **observer**, il est … au microscope.
d. Ce parachute se fixe sur le **ventre**, c'est un parachute … .
e. On peut **replier** ce parapluie, il est … .
f. Cette peinture recouvre le **mur**, c'est une peinture … .
g. Elsa fait souvent des **colères**, elle est … .

Fiche 174 + et ++

Écrire à partir d'une œuvre d'art

J'observe

1 **Lis** ce texte.

Dans ce salon richement décoré d'une belle maison parisienne du XVIIIe siècle, l'artiste a représenté sa sœur, assise à gauche, sa femme Marie-Jeanne et ses deux enfants : Jeanne-Élisabeth, fillette de quatre ans et Juste-Nathan, un garçon de trois ans, assis sur les genoux de sa tante. Il porte une robe, comme tous les garçons de l'époque à cet âge.

Les deux femmes font déjeuner les enfants. Elles leur proposent du chocolat, boisson nouvelle, très appréciée dans les familles aisées.

François Boucher (1703-1770), *Le déjeuner*, musée du Louvre

2 **Observe** le salon, les vêtements des personnages, ce qu'ils font.

- **Réponds** aux questions en rédigeant une phrase.
  - Devant quoi et autour de quoi les personnes sont-elles installées ?
  - Que vient de faire le serviteur ?
  - Que fait Madame Boucher ?
  - Que fait la sœur du peintre ?
  - Que tient précieusement près d'elle Jeanne-Élisabeth ?

J'écris le texte

3 **Écris** un récit au présent pour raconter cette scène de déjeuner.
À l'époque, on ne disait pas encore petit-déjeuner.

- **Utilise** les informations du texte de l'activité 1 et les réponses aux questions de l'activité 2.
- **Décris** le salon, les vêtements des personnes, des enfants, les jouets.
- **Utilise** des groupes nominaux différents pour désigner les personnes représentées.

C'est le matin. La sœur du peintre et Madame Boucher s'installent dans ...

Je révise et j'améliore

4 **Relis** ton texte et **vérifie** que :
- tu as écrit ton texte au présent ;
- tu as mis les majuscules et les points.

Fiche 175 + et ++

› Faire des inférences
› Comprendre actions et pensées des personnages

Les passions d'Émilie (2)

Dorénavant, le marquis du Châtelet laissera toute liberté à sa femme de vivre comme elle le désire, ainsi que le faisaient les maris les plus tolérants à cette époque.

La jeune marquise s'installe dans la maison que son époux possède dans le quartier Saint-Honoré. Redécouvrant les plaisirs de la capitale, elle sort tous les soirs chez des amis et ne rate pas un spectacle. […]

Des amis la présentent alors à un des savants les plus prestigieux du moment, Monsieur de Maupertuis. C'est une personnalité originale qui prône la science anglaise au grand mécontentement de ses collègues de l'Académie. Il accepte de la prendre pour élève et de lui expliquer les mathématiques modernes sans lesquelles on ne comprend rien à la physique et à l'astronomie. Quand il est trop occupé pour donner ses leçons, c'est son ami, le jeune Clairaut, qui le remplace. Ce dernier est un véritable génie des mathématiques. Il a même été reçu à l'Académie des sciences dès l'âge de 18 ans avec une dispense exceptionnelle du roi. Grâce à ses deux maitres sans pareils et à son travail acharné, Émilie du Châtelet devient la seule femme en France capable de pénétrer la physique du génial Anglais Isaac Newton, dont les savants français ne veulent pas entendre parler. En vérité, ils sont vexés d'être détrônés par la nouvelle science anglaise qui chamboule leur vision du monde qui date du siècle dernier.

oral Je raconte

1 **Rappelle** les principaux évènements de l'enfance d'Émilie.

2 **Nomme** les activités préférées d'Émilie.

Je comprends les mots

3 **Fais** des hypothèses sur le sens des mots tolérant, prône, une dispense, dédie, saillie, sublime à partir du contexte. **Vérifie** dans le lexique.

4 **Lis** et **exprime** avec tes propres mots le sens de la phrase suivante.
Pour Voltaire, c'est un véritable coup de foudre.

5 **Remplace** les mots en gras par des synonymes.

a. […] la seule femme en France capable de **pénétrer** la physique…

b. […] la nouvelle science anglaise qui **chamboule** leur vision du monde…

6 **Relève** les adjectifs qui qualifient Émilie dans le dernier paragraphe du texte.

Voici ce que c'est Émilie
Elle est belle et sait être amie.
Elle a l'imagination
Toujours juste et fleurie.
Sa vive et sublime raison
Quelque fois a trop de saillie...
Elle a, je vous jure, un génie
Digne d'Horace et de Newton
Et n'en passe pas moins sa vie
Avec le monde qui l'ennuie...

V

À 28 ans, un soir de printemps, Émilie du Châtelet rencontre par hasard Voltaire à l'opéra.

Ils ne s'étaient pas revus depuis qu'elle était enfant dans le salon de son père. Pour Voltaire, c'est un véritable coup de foudre. Il la trouve belle avec ses longs cheveux bruns relevés par-derrière, bouclés comme ceux d'une enfant, sa silhouette d'amazone et son regard lumineux. Elle parle si vite qu'il a du mal à la suivre, mais il s'aperçoit immédiatement qu'elle est aussi intelligente que séduisante. Bref, il l'admire autant qu'il la désire. Au début, Émilie est flattée que ce brillant écrivain déjà célèbre, et que tout Paris s'arrache, s'intéresse à elle et lui dédie des poèmes.

Je mets en relation

7 **Réponds** aux questions.

a. Avec qui Émilie apprend-t-elle les mathématiques ?

b. Qui rencontre-t-elle à l'opéra ? Est-ce la première fois qu'elle le voit ?

c. Pourquoi Émilie est-elle flattée que Voltaire s'intéresse à elle ?

8 **Indique** ce qui différencie Émilie de ses contemporaines.

9 **Trouve** les vers du poème qui montrent l'intelligence d'Émilie.

oral **10** **Échange** et **recherche** des informations sur Voltaire et Newton.

11 **Exprime** avec tes propres mots ce que ressent Voltaire pour Émilie.

oral Je lis à voix haute

Lis de *Des amis* (ligne 8) à la fin du texte.

Je lis très vite

un original, un orignal – emmener, amener – inapte, inepte
éminent, imminent – un dessert, un désert – muer, muter
l'altitude, l'attitude – l'attention, l'intention – l'effraction, l'infraction

Fiche 176 + et ++

Il a douze ans de plus qu'elle, mais est encore fort bel homme. Et surtout, il a tant d'esprit, de drôlerie, d'énergie, qu'elle succombe à son charme. Peu à peu, ils découvrent qu'ils partagent la même passion pour le théâtre, l'opéra, l'Angleterre, la philosophie et les discussions en tête à tête qui n'en finissent plus. Contrairement à lui, ce n'est pas pour elle le coup de foudre, mais le début d'un amour très profond qui ne cessera de grandir au fil des ans. De son côté, à la différence de bien des hommes de son époque, Voltaire ne craint pas les femmes intelligentes. Il aime l'idée d'avoir une alliée qu'il considère comme son égale et avec laquelle il ne s'ennuie jamais. Éperdu d'admiration pour cette compagne à la fois savante et coquette, il la nomme alternativement « la divine Émilie » ou « Madame Newton-Pompon » pour marquer qu'elle aime autant la physique que les belles toilettes. Très féminine et très virile, elle ne manque pas d'autorité, ce que le poète ne déteste pas.

Quand Voltaire est menacé d'arrestation pour avoir écrit un livre qui déplait aux autorités, Émilie convainc son mari de le cacher dans son château de Cirey, tout délabré, au fin fond de la Lorraine. […] Bientôt, elle ira le rejoindre chargée d'innombrables malles, bourrées de livres, de papiers, de robes, de bijoux et de pots de crème pour la peau et le maquillage.

oral Je raconte

1 **Raconte** la vie d'Émilie en insistant sur ce qui la différencie de ses contemporaines.

Je comprends les mots

2 **Explique** le sens des mots qui qualifient Émilie : savante et coquette, féminine et virile.

3 **Fais** des hypothèses sur le sens des mots éperdu et délabré à partir du contexte. **Vérifie** dans le lexique.

4 **Fais** des hypothèses sur le sens des mots autorités et innombrables. **Aide**-toi de leur formation ou du contexte.

Je mets en relation

5 **Indique** qui est désigné par les pronoms en gras.
[…] une alliée qu'**il** considère comme son égale et avec **laquelle** il ne s'ennuie jamais.

6 **Réponds** aux questions.
a. Quelles sont les passions communes d'Émilie et de Voltaire ?
b. Pourquoi Voltaire est-il menacé d'arrestation ?

7 **Recopie** ce qui est vrai.
a. Voltaire est arrêté.
b. Voltaire a écrit un livre dont les idées ne plaisent pas aux autorités.
c. Émilie le rejoint à Cirey.

oral 8 **Échange** et **réfléchis**.
- **Situe** la Lorraine sur une carte de France. Pourquoi dit-on que Cirey est au fin fond de la Lorraine ?
- Pense aux moyens de communications de l'époque.

oral Je lis à voix haute

Lis le texte en entier.

Fiche 177 + et ++

Des consonnes finales muettes

Je mémorise

1 **Lis** les mots à mémoriser.

un refus / le fond / un drap / un aliment / inquiet

- **Écris** un mot appartenant à la famille de chaque mot.

2 **Recopie** les noms à mémoriser.

un point / un tapis / un bout / un tronc / le continent

- **Écris** un mot appartenant à la famille de chaque nom.

Je fais le point

3 **Entoure** la consonne finale muette du premier mot et cette même lettre dans le second mot. À quoi sert la consonne muette ?

haut / haute – lourd / lourde – gris / grise – le client / la cliente – un Niçois / une Niçoise
blanc / blanche – gentil / gentille

- **Complète** la phrase :

Dans certains noms et adjectifs, la consonne finale muette sert à former le … .

4 **Entoure** la consonne finale muette du premier mot et cette même lettre dans le second mot. À quoi sert la consonne muette ?

le début / débuter – un bond / bondir – du plomb / le plombier – le sang / sanguin
un camp / camper – franc / la franchise – le repos / reposer

- **Complète** la phrase :

Dans certains noms et adjectifs, la consonne finale muette sert à former un mot de la … .

Je m'entraine

5 **Écris** ces groupes nominaux au masculin. **Entoure** la consonne finale muette des noms et adjectifs masculins.

la marchande souriante – la cliente bavarde – la renarde grise – la mauvaise perdante

6 **Écris** un nom terminé par une lettre muette appartenant à la famille de chaque mot.

champêtre – universel – regarder – la literie – ranger – sanguin – galoper – border

7 **Recopie** chaque mot en le complétant avec la consonne finale muette qui convient.

un accen● – profon● – un cam● – un souhai● – un tapi● – un abrico● – un Anglai●

8 **Range** les dix mots mémorisés dans l'ordre alphabétique.

Fiche 178 + et ++

Les relations dans un texte (18)

Je lis et je transpose

Émilie à Paris

À Paris, j'habite dans la maison que mon époux possède dans le quartier Saint-Honoré. Pendant quelques mois, tous les soirs, je vais au bal et je ne rentre chez moi qu'au petit matin.

Puis je reprends mes études. Des amis me présentent à un prestigieux savant Monsieur de Maupertuis. **Il** accepte de me prendre comme élève. Je réfléchis avec **lui** sur la physique d'Isaac Newton et je deviens la seule femme à **la** comprendre.

À 28 ans, un soir, je rencontre Voltaire à l'opéra. **Nous** avons la même passion pour le théâtre, l'Angleterre et la philosophie. Nous discutons longuement en tête à tête.

Quand Voltaire est menacé d'arrestation, je suis inquiète. Je dis à mon mari, de **le** cacher dans son château de Cirey au fin fond de la Lorraine. Quelques mois plus tard, je choisis de ne pas rester à Paris et d'aller **le** rejoindre.

1 **Lis** ce texte. **Indique** qui est désigné par les mots en gras.
- **Relis** le texte en le mettant au futur.

2 **Récris** les groupes de mots soulignés en mettant le texte au futur.
- **Entoure** les terminaisons des verbes au futur. **Souligne** la lettre qui est à la fin du radical des verbes du 1er groupe.

Je collecte

3 **Colle** les étiquettes à la bonne page de ton cahier de grammaire.

Je m'entraine

4 **Recopie** les groupes de mots en bleu ci-dessous, puis **mets** les textes au futur.
Dans deux ans…

Je vais au collège. Je suis en 6e. Dans le bus, je retrouve mes camarades. Nous discutons. Nous avons plusieurs professeurs. Nous changeons souvent de salle de classe.

5 **Recopie** les verbes en les conjuguant au futur avec le sujet proposé.
- **Entoure** les terminaisons des verbes au futur.

a. Nous réussirons l'épreuve de sport. → Je …
b. Je recopierai l'exercice. → Nous …
c. Nous mangerons à la cantine. → Nora …

Fiche 179 + et ++

Des groupes nominaux (5)

Je réfléchis

1 **Lis** les phrases suivantes.

a. **L'écrivain célèbre** et **la belle marquise** se rencontrent à **l'opéra de Paris**.

b. **La divine Émilie** aime **les belles toilettes** et **la physique**.

c. **Le château de Cirey** était en ruines.

d. Voltaire avait vu Émilie enfant dans **le salon de son père**.

e. **La jeune Émilie** a **un garçon** et **une fille.**

- **Indique** les groupes nominaux en gras qui sont reliés par la conjonction et.
- **Recopie** les groupes nominaux en gras sur trois lignes :
  GN formés d'un déterminant et d'un nom /
  GN formés d'un déterminant, d'un nom, d'un adjectif placé devant ou derrière le nom /
  GN formés avec un GN et un GN complément du nom.
- **Souligne** le nom principal dans chaque groupe nominal formé d'un GN et d'un GN complément du nom.

2 **Remplace** chaque GN complément du nom en gras par un adjectif.

a. une charpente **en métal**
b. l'évènement **de l'année**
c. e changement **du climat**
d. un récit **de police**
e. un livre **avec des images**
f. un temps **de printemps**

Je m'entraine

3 **Souligne** de couleurs différentes les groupes nominaux avec un ou plusieurs adjectifs et ceux avec un complément du nom.

a. une maison immense
b. le gardien de la forêt
c. un drone avec caméra
d. une salle de spectacle
e. une petite rue sombre
f. une faible lueur
g. l'anniversaire de mon frère
h. un placard à balais
i. un siège en cuir
j. une voiture sans chauffeur
k. un parc d'attractions
l. un coffre à jouets

4 **Remplace** chaque adjectif par un GN complément du nom.

une maladie enfantine – une journée hivernale – un paysage campagnard
la pollution terrestre – une ville française – la lumière solaire

5 **Remplace** chaque complément du nom par un adjectif.

a. un paysage de montagne
b. un objet d'Angleterre
c. une journée de pluie
d. un temps d'hiver
e. un ciel d'automne
f. la voiture du président

Fiche 180 + et ++

Les mots de sens contraire : Les antonymes

Je réfléchis

1 **Lis** les articles du dictionnaire.
- **Recopie** les mots de sens contraire.
- **Compare** leur nature. Que constates-tu ?

2 **Lis** ces adjectifs.
- **Recopie** les préfixes qui permettent de former des mots de sens contraire.

a. tolérant ≠ intolérant
b. content ≠ mécontent
c. chanceux ≠ malchanceux
d. coloré ≠ décoloré

3 **Recopie** les adjectifs en associant les contraires.

1. féminine	a. long
2. belle	b. raide
3. intelligent	c. stupide
4. bouclé	d. laide
5. court	e. masculine

admirer v. (conjug. 3) **1.** Trouver très beau. *Louise admire la robe de Julie.* **2.** Trouver remarquable. *Paul admire beaucoup son père.* ▮ contraire : **mépriser.**
▸ **admirable** adj. Merveilleux, remarquable. *Un paysage admirable.*
▸ **admirablement** adv. Très bien. *Elle danse admirablement.* ➜ **merveilleusement, remarquablement.**
▸ **admirateur** n. m., **admiratrice** n. f. Personne qui admire quelqu'un. *Ce chanteur a de nombreuses admiratrices.*
▸ **admiratif, admirative** adj. Qui exprime de l'admiration. *Un air admiratif. Admirative, elle regardait le tableau,* pleine d'admiration.
▸ **admiration** n. f. Sentiment que l'on éprouve devant quelqu'un ou quelque chose de beau ou de remarquable. *Paul est plein d'admiration pour son père.* ▮ contraire : **mépris.** *Léa est en admiration devant le tableau.*

lent, lente adj. Qui met beaucoup de temps à faire quelque chose. ▮ contraires : **prompt,** ① **rapide.** *Elle a été lente à comprendre ce qu'on lui disait.* ➜ **long.** *Ce train s'arrête tout le temps, il est très lent.*
▸ **lentement** adv. Avec lenteur. *Léa écrit lentement.* ▮ contraires : **rapidement, vite.**

© *Le Robert junior illustré*, 2019

Je conclus

4 **Dis** des mots contraires. **Indique** leur nature.
- **Cite** des préfixes qui permettent de former des mots contraires.
- **Lis** la page du mémo sur les mots de sens contraire.

Je m'entraine

5 **Recopie** les phrases en remplaçant chaque mot en gras par son contraire. Tu peux utiliser le dictionnaire.

a. La voiture roule sur une route **étroite**.
b. Le jardinier **plante** un arbre.
c. Je voudrais **accrocher** ce tableau.
d. Vous avez **beaucoup** de temps pour faire cet exercice.
e. Le sol est **humide**.

6 **Écris** un mot de sens contraire pour chacun de ces mots.
décoller - acheter - attaquer - descendre
la lenteur - la grosseur - la joie - la légèreté
vrai - sale - proche - sobre

Fiche 181 + et ++

Écrire un portrait

J'observe

1 **Lis** les mots ci-dessous qui décrivent Émilie à l'âge de 28 ans.

- **Recopie**-les en les classant suivant qu'ils parlent de son physique ou de son caractère avec ses qualités et défauts.

- regard lumineux
- coquette
- intelligente
- longs cheveux bruns
- virile
- cheveux bouclés
- séduisante
- féminine
- sa silhouette d'amazone
- savante
- un génie
- une imagination juste et fleurie
- cheveux relevés par derrière
- belle
- une vive et sublime raison
- pleine de charme

2 **Relève** dans le texte *Les passions d'Émilie (2)* :
- les activités préférées d'Émilie et ce qu'elle fait contrairement aux autres femmes ;
- les différents groupes nominaux utilisés pour désigner Émilie.

3 **Observe** les deux phrases suivantes. **Indique** celle dans laquelle le sujet du verbe ne désigne pas le personnage.

a. Émilie a de longs cheveux bruns.
b. Son regard est lumineux.

J'écris le texte

4 **Écris** un portrait d'Émilie à 28 ans en quatre paragraphes :
- son allure générale (présentation du personnage) ;
- son portrait physique ;
- son caractère ;
- ses activités.

- **Nomme** Émilie en utilisant des groupes nominaux contenant des informations sur son physique ou son caractère.
- **Écris** des phrases dans lesquelles le sujet ne désigne pas toujours le personnage.

En 1734, la marquise Émilie du Châtelet a 28 ans…

Je révise et j'améliore

5 **Relis** ton texte et **vérifie** que :
- tu as écrit le portrait en quatre paragraphes ;
- tu as désigné Émilie de différentes manières ;
- tu as écrit des phrases dont le sujet ne désigne pas toujours le personnage ;
- tu as écrit ton texte au présent avec la bonne terminaison des verbes.

Fiche 182 + et ++

› Faire des inférences
› Comprendre actions et pensées des personnages

Les passions d'Émilie (3)

Lorsqu'elle arrive à Cirey, Voltaire lui a réservé une surprise. Grâce à des travaux considérables, il a transformé le vieux château ruiné de la famille du Châtelet en une maison raffinée. Chacun a son appartement et son bureau, décorés de peintures et de sculptures, avec des meubles et des tapis somptueux. Émilie a même droit à une salle de bains d'un luxe qui laisse pantois leurs rares visiteurs : marbre, tissus gris-violet aux murs, de jolies estampes et des rideaux de mousseline aux fenêtres. [...] En outre, Voltaire a fait construire un petit théâtre pour leurs divertissements et un laboratoire de physique pour leurs expérimentations.

Dormant peu l'un et l'autre, ils travaillent le matin chacun de leur côté, se retrouvent pour le café de onze heures à midi, ne déjeunent pas pour se consacrer à leurs travaux, puis se rejoignent à nouveau pour parler de leurs sujets communs jusqu'au diner. [...]

Madame du Châtelet, qui mange peu, raffole du chocolat chaud onctueux accompagné de petites brioches qui sortent du four ; ses enfants, de choux à la crème, de dragées et de noix au caramel ; Monsieur du Châtelet, grand chasseur, se délecte de ragout de cerf, de sanglier aux épices et de bécasses aux truffes.

oral Je raconte

1. **Raconte** les principaux évènements de la vie d'Émilie à Paris.

Je comprends les mots

2. **Explique** le sens de l'adjectif qui qualifie la maison après les travaux (ligne 3).
3. **Cherche** le sens du mot pantois dans le lexique et **explique** le sens de la phrase.
Émilie a même droit à une salle de bains d'un luxe qui laisse pantois leurs rares visiteurs.
4. **Fais** des hypothèses sur le sens des mots estampes, onctueux, parez, macis, épeautre, verjus, entremets, languisse. **Vérifie** dans le lexique.
5. **Relève**, dans la recette, les ingrédients et les verbes qui indiquent les actions à réaliser.
6. **Nomme** les ustensiles utilisés pour réaliser la recette.
7. **Écris** les mots employés lignes 19 et 22 qui sont synonymes d'aimer beaucoup.

Quant à Voltaire, il ne jure que par les œufs brouillés de la ferme, les poulardes cuites à la broche et les sorbets aux fruits frais de l'été. Mais tous se régalent des asperges à la Pompadour, des truites de la Blaise et des ortolans de la région. Sans parler du dernier dessert à la mode : le fameux baba au vin de Malaga sucré, introduit en France par le roi de Pologne, beau-père de Louis XV.

La recette des asperges à la Pompadour

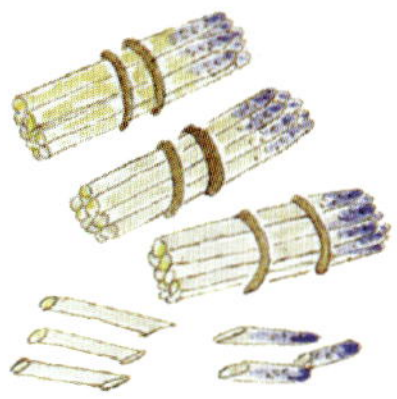

Choisissez trois bottes d'asperges blanches avec le bout violet. Parez, lavez et cuisez en plongeant dans l'eau bouillante. Tranchez-les ensuite en les coupant en biais du côté de la pointe, à la longueur du petit doigt. Laissez de côté le reste des tiges.

Mettez les morceaux de choix dans une serviette chaude, afin de les égoutter en les maintenant chaudement.

Confectionnez leur sauce. Videz un moyen pot de beurre de Vanvre ou de la Prévalais en prenant le contenu par cuillerées et en le mettant dans une casserole d'argent; joignez-y quelques grains de sel avec une forte pincée de macis en poudre, une forte cuillerée de fleur de farine d'épeautre, et de plus de deux beaux jaunes d'œufs bien délayés avec quatre cuillerées de suc de verjus muscat.

Faites cuire ladite sauce au bain-marie, en évitant de l'alourdir en lui laissant prendre trop d'épaisseur; mettez vos morceaux d'asperges tranchés dans ladite sauce, et servez le tout ensemble en casserole couverte et en extra pour que cet excellent entremets ne languisse point sur la table et puisse être apprécié dans toute sa perfection.

Le beurre de Vanves (autrefois Vanvre) et celui du château de la Prévalais (Prévalay) en Bretagne étaient très appréciés au XVIIIe siècle.

Je mets en relation

8 **Indique** les lignes du texte qui décrivent le luxe de la maison.

9 **Nomme** tout ce que l'on mange dans cette famille aisée à la campagne.

10 **Réponds** aux questions.
a. Quelle est la surprise réservée par Voltaire à Madame du Châtelet ?
b. Quel est l'emploi du temps de Madame du Châtelet et de Voltaire ?

11 **Cherche** dans un livre d'histoire des informations sur Madame de Pompadour et Louis XV.

oral **12** **Échange** et **réponds** aux questions.
Quels sont tes plats préférés ? As-tu déjà cuisiné ?

oral Je lis à voix haute

Lis le texte de la recette.

Je lis très vite

somptueux - un adepte - opter
un précepteur
un baptistère - un compte
un sculpteur - prompt
la comptabilité - la présomption
promptement

Fiche 183 + et ++

Luxe, calme et volupté : pour Émilie et Voltaire, les premières années à Cirey sont le paradis sur la terre. Ils sont très respectueux l'un de l'autre et jouissent d'une complicité intellectuelle hors du commun : Madame du Châtelet se sent libre et comblée à la fois. Et si l'un d'eux exerce une influence sur l'autre, c'est plutôt elle la personnalité dominatrice.

Durant cette période, elle amène le poète, historien et auteur dramatique à se tourner vers les sciences les plus abstraites. Grâce à leur laboratoire qui possède les instruments les plus modernes, ils restent des heures à observer le ciel au télescope, à faire des expériences sur la lumière, les couleurs, l'air ou la pesanteur. Elle collabore avec lui au petit ouvrage de vulgarisation sur la philosophie de Newton qui doit convaincre les Français d'abandonner la vision du monde de Descartes pour celle, révolutionnaire, du savant anglais. Voltaire a un tel talent pour expliquer et simplifier ce qui est difficile que le livre connait un succès considérable. Bien entendu, il le lui dédie publiquement. […]

Très fière de cet hommage, Madame du Châtelet n'entend pas en rester là. Elle rêve elle aussi de publier le fruit de ses travaux, même s'il parait impensable à l'époque qu'une femme se mêle sérieusement de science.

oral Je raconte

1 **Raconte** la vie d'Émilie à Cirey.

2 **Relis** le titre du livre et **explique** son sens.

Je comprends les mots

3 **Fais** des hypothèses sur le sens des mots respectueux, complicité, dominatrice, télescope, impensable, publiquement à partir de leur formation.

4 **Dis** avec tes mots ce que tu comprends du premier paragraphe.

5 **Fais** des hypothèses sur le sens du groupe de mots ouvrage de vulgarisation à partir du contexte.

Je mets en relation

6 **Recopie** les mots qui désignent Voltaire.

7 **Lis** la première phrase du troisième paragraphe et **réponds** aux questions.

a. De quel hommage s'agit-il ?

b. Quelles sont les intentions d'Émilie ?

8 **Relève** la phrase qui permet de répondre à la question suivante.

Est-il habituel à cette époque qu'une femme écrive et publie des livres de science ?

oral 9 **Échange** et **trouve** des informations sur des femmes de science de notre époque.

oral Je lis à voix haute

Lis le texte en entier.

Fiche 184 + et ++

Les noms terminés par *-oir*, *-oire*

Je mémorise

1 **Lis** les mots à mémoriser.

la mémoire / un espoir / un tiroir / un territoire / une victoire

• **Écris** le mot mémorisé de la famille de chacun des mots suivants.

terre – mémoriser – victorieux – espérer – tirer

2 **Recopie** les noms à mémoriser.

une baignoire / une armoire / un réservoir / la patinoire / un laboratoire

• **Récris** ces noms en les classant suivant leur genre.

Je fais le point

3 **Recopie** les noms en deux colonnes : noms féminins / noms masculins.

une histoire – le soir – un séchoir – la mâchoire – un observatoire
la rôtissoire – le lavoir – un manoir – une bouilloire – un abreuvoir

• **Complète** les phrases :

Les noms féminins terminés par [war] s'écrivent … .
Les noms masculins se terminent généralement par … .
Mais on écrit : un auditoire, un conservatoire, un interrogatoire, un répertoire, un promontoire, un observatoire, un accessoire, l'ivoire, un laboratoire.

Je m'entraine

4 **Récris** les noms en les complétant avec -oir ou -oire.

un bav• – une pass• – un mouch• – un bouge• – la gl• – la f• – un esp•

5 **Écris** avec un déterminant le nom terminé par -oir ou -oire de la famille de chaque verbe.

arroser – sauter – nager – raser – balancer – presser – percher

6 **Écris** les noms terminés par -oir ou -oire correspondant aux définitions suivantes.

a. la glace dans laquelle on se regarde
b. un passage pour aller d'une pièce à l'autre
c. le fruit du poirier
d. l'endroit ou autrefois on lavait le linge
e. l'appareil qui permet de rôtir la viande
f. l'endroit où boivent les animaux

7 **Range** les dix mots mémorisés dans l'ordre alphabétique.

Fiche 185 + et ++

Les relations dans un texte (19)

Je lis et je transpose

Préparer des asperges à la Pompadour

Tu choisiras trois bottes d'asperges blanches. Tu enlèveras les parties inutiles, tu les laveras et tu les feras cuire. Avec un couteau à lame fine et tranchante, tu couperas les asperges en biais du côté de la pointe de la longueur du petit doigt.

Tu égoutteras les morceaux de choix dans une serviette chaude.

Puis tu prépareras la sauce. Pour cela, tu prendras une casserole d'argent avec un couvercle, tu y placeras le beurre, du sel, une pincée de macis, une cuillerée de farine, deux jaunes d'œufs et du verjus.

Tu mélangeras et tu laisseras épaissir sur le feu au bain-marie pendant quelques minutes. Ensuite tu ajouteras les asperges tranchées dans la sauce et tu pourras servir aussitôt.

1 **Lis** ce texte. **Indique** à quel temps sont conjugués les verbes.
- **Relis** le texte en remplaçant tu par vous.

2 **Récris** les groupes de mots soulignés en employant vous. **Entoure** les terminaisons des verbes au futur.

3 **Donne** l'infinitif de tous les verbes conjugués et **distingue** les verbes des différents groupes.
- **Souligne** la lettre qui est à la fin du radical des verbes du 1er groupe au futur.

4 **Indique** la terminaison des verbes avec tu au futur. Quelle consonne muette retrouve-t-on toujours à la fin des verbes avec tu ?

Je collecte

5 **Colle** les étiquettes à la bonne page de ton cahier de grammaire.

Je m'entraine

6 **Recopie** les groupes de mots en bleu en mettant le texte au futur.

Pour faire une crème au chocolat, tu prends un saladier et tu y mélanges de la farine et du lait froid. Tu ajoutes de la crème fraiche et des jaunes d'œufs. Tu fais fondre le chocolat sur le feu. Puis tu le verses dans le saladier. Tu laisses refroidir et tu places le saladier au réfrigérateur. Tu peux déguster deux heures plus tard.

- **Entoure** les terminaisons des verbes au futur.

Fiche 186 + et ++

Les types et formes de phrases

Je réfléchis

1 **Lis** ce texte.

Loula et Nolan ont invité Yanis et Nadia. Vont-ils leur préparer un gâteau au chocolat ? Ils ont trouvé une recette. Ils commencent à la lire.

Cassez le chocolat en morceaux dans un petit saladier.

Ajoutez le beurre.

Mettez au microondes...

– C'est trop long et trop difficile, dit Louna. On n'y arrivera jamais !

– Et si on faisait une salade de fruits ? Ce n'est pas difficile.

– Quelle bonne idée ! Allons acheter des fruits.

- **Distingue** les types de phrases. **Indique** leur rôle.
- **Nomme** le point qui termine la phrase interrogative.
- **Écris** la phrase interrogative en utilisant le mot interrogatif Est-ce que.
- **Transforme** la première phrase déclarative du texte en phrase interrogative.

2 **Recopie** la phrase à la forme négative et exclamative, celle uniquement à la forme négative et celle uniquement à la forme exclamative.

- **Nomme** le point qui termine les phrases à la forme exclamative.
- **Trouve** ce qu'exprime l'exclamation dans les phrases à la forme exclamative.
- **Entoure** les mots de la négation dans les phrases à la forme négative.
- **Transforme** les troisième et quatrième phrases du texte à la forme négative.

Je conclus

oral **3** **Nomme** les différents types et formes de phrases et **indique** leur rôle dans un texte.

- **Lis** dans le mémo, ce qui est à retenir sur les types et formes de phrases.

Je m'entraine

4 **Transforme** chaque phrase déclarative en phrase interrogative.

a. Tu as ton gouter dans ton sac.
b. Vous arriverez à l'heure.
c. Elle mange à la cantine.

5 **Transforme** chaque phrase à la forme négative.

a. Cet enfant mange, il aime tout.
b. Tom a encore ses clés dans sa poche, il est content.
c. Nous allons toujours au cinéma car nous aimons regarder des films.

Fiche 187 + et ++

Des mots de la recette

Je réfléchis

1 **Associe** les verbes en gras à leur sens dans la recette.

1. **parer** les asperges
2. **confectionner** la sauce
3. **délayer** les jaunes d'œufs
4. **apprécier** l'entremets
5. **trancher** les asperges
6. **languir** sur la table
7. **égoutter** les asperges

a. enlever les parties inutiles
b. mélanger dans un liquide
c. préparer
d. couper avec un instrument dur et fin
e. rester longtemps
f. enlever du liquide en laissant couler goutte à goutte
g. aimer, trouver bon

2 **Lis** ces deux articles du dictionnaire.
• **Indique** les deux mots définis. Que remarques-tu ?
Ces deux noms sont des **homonymes**.
Lequel de ces deux mots est utilisé dans la recette de la page 215 ?

① **botte** n. f. Assemblage de légumes dont les tiges sont liées ensemble. *Une botte de radis, d'asperges.*

② **botte** n. f. Chaussure montante qui couvre la jambe. *Des bottes en caoutchouc.*

© Le Robert junior illustré, 2019

3 **Cherche** dans la recette page 215 le verbe de la famille de lourd.
• **Entoure** sa partie commune avec lourd.
• **Constitue** la famille du mot lourd. **Aide**-toi du dictionnaire.

4 **Écris** le nom correspondant à chaque verbe.

a. préparer → la ...
b. choisir → le ...
c. égoutter → l'...
d. laver → le ...
e. cuire → la ...
f. confectionner → la ...

Je m'entraine

5 **Constitue** la famille du mot épais à l'aide du dictionnaire.

6 **Écris** sous chaque mot en gras la lettre qui correspond à sa définition.

1. Il regarde un **éclair** en mangeant un **éclair**.
2. À la **pêche**, il mange une **pêche**.
3. Un **cousin** pique un **cousin**.

a. Fruit à la chair juteuse, avec un gros noyau et une peau veloutée.
b. Gros moustique aux pattes très longues.
c. Petit gâteau allongé fourré avec de la crème.
d. Lumière très forte, en zigzag dans un ciel d'orage.
e. Action ou manière de prendre du poisson.
f. Membre de la famille qui est le fils d'un oncle ou d'une tante.

Fiche 188 + et ++

Écrire une recette

Je recherche et j'organise

1 **Cherche** dans la recette des asperges à la Pompadour (p. 218), les ingrédients nécessaires à sa réalisation.

- **Recopie**-les pour compléter la liste suivante :
  - trois bottes d'asperges blanches avec le bout violet ;
  - un moyen pot de beurre de Vanvre ou de la Prévalais…

2 **Écris** la liste du matériel nécessaire à la réalisation de la recette en choisissant parmi les récipients, ustensiles et instruments ci-dessous.

- Un récipient métallique pour le bain-marie ;
- une assiette ;
- un couteau à lame fine et tranchante ;
- une serviette ;
- une cuillère ;
- un verre ;
- une casserole d'argent avec un couvercle.

3 **Donne** un titre à chaque paragraphe de la recette en utilisant un groupe nominal.
Exemple pour le premier paragraphe : Préparation des asperges

4 **Relève** dans la recette les indicateurs de temps qui organisent l'ordre chronologique des actions.

Je recherche et j'écris

5 **Écris** la recette d'une salade de fruits d'automne qu'Émilie et Voltaire auraient pu manger à Cirey.

oral • **Recherche** les ingrédients et le matériel ainsi que les différentes actions nécessaires à la réalisation d'une salade de fruits à la manière du XVIIIe siècle.

6 **Choisis** un titre pour la recette. **Écris** la liste des ingrédients et celle du matériel.

- **Rédige** ensuite des phrases au futur à la 2e personne du singulier ou du pluriel pour indiquer les actions.

  Tu peux faire plusieurs paragraphes : préparation des fruits ; réalisation de la salade ; mise au frais et dégustation.
- **Emploie** des indicateurs de temps.

Je révise et j'améliore

7 **Relis** ton texte et **vérifie** que :
- tu as écrit un titre, la liste des ingrédients, du matériel et les actions ;
- tu as écrit les actions au futur à la 2e personne du singulier ou du pluriel ;
- tu as employé des indicateurs de temps ;
- tu as mis les majuscules et les points.

Fiche 189 + et ++

› Attribuer du sens à des mots inconnus
› Comprendre actions et pensées des personnages

Les passions d'Émilie (4)

Une occasion unique se présente au même moment. Ayant appris que l'Académie royale des sciences de Paris venait de mettre au concours une question sur la nature du feu (en ce temps-là, on ignorait l'existence de l'oxygène, et le feu restait mystérieux) Voltaire décide de se mettre sur les rangs. Il sait bien que les plus grands savants européens ambitionnent de remporter ce concours si prestigieux, mais le défi l'amuse. De plus, comme l'épreuve est anonyme (chaque mémoire envoyé est numéroté par l'Académie), on ne risque pas le ridicule. Le voilà donc au travail dans son laboratoire. Il fait rougir du fer, le pèse, le laisse refroidir, calcine toutes sortes de métaux et fait péter ses thermomètres les uns après les autres. Il s'énerve beaucoup et finit par conclure que le feu est une matière pesante.

Madame du Châtelet l'observe et l'écoute commenter ses expériences. Elle ne partage pas son point de vue et décide, sans le lui dire, d'envoyer son propre mémoire à l'Académie. Cette fois, seul son mari est dans la confidence. Comme le temps presse et qu'elle ne veut pas révéler son secret à Voltaire, elle

oral Je raconte

1 **Liste** les différents personnages dont on parle dans l'album.
- **Dis** qui ils sont et quel est leur rôle dans la vie d'Émilie.

Je comprends les mots

2 **Relève** l'adjectif qui qualifie le concours et **trouve** son sens dans le lexique.

3 **Fais** des hypothèses sur le sens des mots ambitionnent, calcine, argumenté, magistrale, un traité à partir du contexte. **Vérifie** dans le lexique.

4 **Indique** les noms des instruments et matériaux utilisés par Voltaire pour ses expériences.

5 **Trouve** le sens des mots confidence, rivaliser à partir de leur formation. **Rapproche**-les des mots confier et rival.

6 **Lis** les définitions suivantes.

a. **un mémoire** : un texte qu'un étudiant a écrit sur un sujet particulier.

b. **la mémoire** : ce qui permet de se souvenir.

- **Indique** quel mot (a. ou b.) est utilisé dans la phrase : [...] (chaque mémoire envoyé est numéroté par l'Académie)... (lignes 8-9).

7 **Reformule** le sens de la phrase avec tes propres mots.
Quand Voltaire apprend que sa chère Émilie a concouru à son insu, loin de lui en vouloir, il laisse éclater sa fierté.

s'interdit toute expérimentation. Elle travaille de nuit, en trempant son visage et ses bras dans l'eau froide pour s'empêcher de dormir. Forte de sa seule réflexion, elle conclut que le feu qui engendre chaleur et lumière n'est ni esprit ni matière. L'origine du feu demeure inexpliquée, mais son mémoire est si bien argumenté qu'on le citera encore des années plus tard

Ni Voltaire ni Émilie ne remportent le prix, mais ils obtiennent l'un et l'autre l'honneur d'être publiés par l'Académie. Quand Voltaire apprend que sa chère Émilie a concouru à son insu, loin de lui en vouloir, il laisse éclater sa fierté. Madame du Châtelet est la première femme en France à pouvoir rivaliser avec les meilleurs des savants de son époque.

Encouragée par ce premier succès, Émilie se remet au travail. Elle a deux projets qui lui tiennent à cœur et qui ne manquent pas d'ambition. Le premier est de traduire en français l'œuvre magistrale du grand Newton. Le second, d'écrire pour son fils de 12 ans un petit traité de physique et de métaphysique modernes, ce qu'aucune mère n'avait encore jamais imaginé de faire.

Je mets en relation

8 **Réponds** aux questions en citant le texte.

a. Que décide Voltaire ? Sur quoi porte la question du concours ?

b. En quoi Émilie est-elle exceptionnelle pour l'époque ?

c. Quels sont les deux projets de Madame du Châtelet ?

9 **Recopie** ce qui est vrai.

a. Pour concourir, on n'a pas besoin d'indiquer son nom sur le mémoire.

b. Madame du Châtelet parle de l'envoi de son manuscrit à Voltaire.

10 **Indique** qui ou ce qui est désigné par les pronoms en gras.

Elle ne partage pas son point de vue et décide, sans **le lui** dire, d'envoyer son propre mémoire à l'Académie.

11 **Relève** la phrase lignes 19-21 qui montre la volonté de Madame du Châtelet.

oral **12** **Échange** et **réponds** aux questions.
As-tu déjà réalisé des expérimentations ? Lesquelles ?

oral Je lis à voix haute

Lis de *Madame du Châtelet* (ligne 14) à la fin du texte.

Je lis très vite

métaphysique - métamorphose
métallurgique
un métallophone - la métallographie
la métapsychologie

Fiche 190 + et ++

C'est ce dernier projet qui l'occupe d'abord. Pour l'aider à le réaliser, elle fait venir de Suisse un savant qui lui fait découvrir la philosophie et la science de Leibniz, un immense penseur allemand, peu lu en France, et qui s'oppose sur de nombreux points à son cher Newton. Qu'importe cette contradiction, Madame du Châtelet écrit son traité, les *Institutions de physique*, dans l'esprit de Leibniz, et le publie en 1740. C'est un petit chef-d'œuvre de vulgarisation qui fait encore aujourd'hui l'admiration des spécialistes. Mais, à l'époque, elle provoque un vrai scandale qui va au-delà des frontières de la France.

Non seulement on dit partout à Paris qu'elle n'est pas l'auteur du traité (ce qui est un mensonge éhonté), mais l'Académie des sciences est furieuse parce qu'elle s'en est prise à son très honorable secrétaire perpétuel. Qu'une femme ait le culot de ridiculiser ce dernier en montrant qu'il n'a rien compris au calcul des forces vives passe les bornes. Enfin, cette fois, Voltaire ne cache pas son mécontentement. Il a beau se dire tolérant, il considère que sa compagne a trahi leur adhésion commune à Newton. Il redoute aussi qu'elle l'ait brouillé avec le secrétaire avec lequel il s'entend bien.

oral Je raconte

1 **Raconte** un épisode de la vie d'Émilie qui la distingue de ses contemporaines.

Je comprends les mots

2 **Fais** des hypothèses sur le sens des mots éhonté, ridiculiser à partir de leur formation.
Vérifie dans le lexique.

3 **Explique** le sens de l'expression passer les bornes et du mot adhésion à l'aide du contexte.

4 **Trouve** le sens du mot perpétuel dans le lexique.

5 **Écris** le titre du traité écrit par Émilie.

6 **Relève** les groupes de mots utilisés pour parler du projet d'Émilie.

Je mets en relation

7 **Réponds** aux questions.
- a. Que provoque la publication du traité d'Émilie ?
- b. Pourquoi l'Académie des sciences est-elle furieuse ?

8 **Recopie** la phrase vraie.
- a. Émilie a écrit un livre de philosophie avec Voltaire.
- b. Émilie a écrit un ouvrage scientifique de vulgarisation qui encore aujourd'hui fait l'admiration des spécialistes.

oral 9 **Échange** et **exprime** ton avis sur l'attitude de l'Académie des sciences vis à vis de Madame du Châtelet.

oral Je lis à voix haute

Lis le texte en entier.

Fiche 191 + et ++

Les noms terminés par *-té*, *-tée* ou *-tié*

Je mémorise

1 **Lis** les mots à mémoriser.

l'autorité / la curiosité / l'immensité / la volonté / la tranquillité

• Sous chacun des adjectifs ci-dessous, **écris** le nom à mémoriser de la même famille.

volontaire – tranquille – autoritaire – curieux – immense

2 **Recopie** les mots à mémoriser.

la vérité / une société / une moitié / une qualité / la réalité

• **Entoure** les lettres qui transcrivent [te] ou [tje].

Je fais le point

3 **Recopie** les mots de cette liste. **Indique** leur genre.

• **Entoure** les lettres qui transcrivent [te] ou [tje].

la timidité – la fierté – la clarté – l'ancienneté – la royauté – la pitié – l'amitié – la bonté
la pauvreté – la fermeté – la propreté – l'humidité – la cruauté – la rapidité – la solidité

• **Complète** la phrase :

Les noms féminins terminés par [te] et [tje] se terminent généralement par ... .
MAIS on écrit : la dictée, la jetée, la montée, la portée, la pâtée... .

4 **Recopie** les mots en les associant deux à deux.

un pot – une assiette – une pelle – une assiettée – une potée – une pelletée

• **Complète** la phrase :

Quelques noms se terminent aussi par -ée ; ils indiquent un ... comme :
une assiettée, une brouettée... .

Je m'entraine

5 **Récris** les noms en les complétant avec -té ou -tée.

la fidéli• – une mon• – la vivaci• – la pure• – la varié•
l'efficaci• – l'originali• – l'habile• – la féroci• – une pelle•

6 **Écris** le nom féminin correspondant à chaque adjectif.

généreux – rugueux – lumineux – nerveux – précieux – somptueux

7 **Range** les dix mots mémorisés dans l'ordre alphabétique.

8 **Écris** une phrase avec un mot terminé par [te] et une autre terminée par [tje].

Fiche 192 + et ++

Le futur des verbes du 1er groupe

Je lis et je réfléchis

1 **Lis** la page 5 de ton cahier de grammaire.
- **Souligne** le verbe et **entoure** son sujet dans chaque phrase.
- **Indique** à quel temps sont conjugués les verbes.
- **Indique** l'infinitif des verbes et leur groupe.

2 **Recopie** le pronom sujet et le radical des verbes suivants.
- En t'aidant de ton cahier, **écris** la terminaison de chaque verbe.

a. j'habite • b. tu mélange • c. elle pose •
d. nous discute • e. vous coupe • f. ils décide •

- **Entoure** d'une couleur la lettre qui marque le futur et d'une autre la ou les lettres qui marquent la personne.
- **Souligne** la lettre qui est à la fin du radical de chaque verbe.

3 **Lis** les paires de verbes suivants conjugués au futur.

a. je verserai / vous verserez
b. nous crierons / les enfants crieront
c. tu oublieras / Tom oubliera

Que constates-tu à l'oral, puis à l'écrit ?

Je conclus

oral **4** **Écris** le titre de la page 5 de ton cahier de grammaire : Le futur des verbes du 1er groupe.
- **Conjugue** le verbe jouer à toutes les personnes en énonçant oralement la lettre à la fin du radical et les terminaisons.
- **Lis** sur le mémo la page sur le futur des verbes du 1er groupe.

Je m'entraine

5 **Conjugue** les verbes au futur avec le sujet proposé.

a. Vous fixerez le papier avec de la colle. → Je ...
b. Nous pédalerons vite. → Les cyclistes ...
c. Tu mangeras un fruit. → L'enfant ...

6 **Conjugue** les verbes à l'infinitif au futur.

a. La voiture stationner au parking souterrain.
b. Nous regarder les oiseaux sur la fenêtre.
c. Je porter un pantalon rayé.
d. Vous arroser les plantes.
e. Tu réaliser une fresque.
f. Les torrents dévaler la montagne.

7 **Écris** une phrase au futur avec chacun des verbes suivants.

pousser - préparer - proposer

Fiche 193 + et + +

Des phrases et des groupes nominaux (4)

Je repère les groupes

1 **Lis** chaque phrase, **trouve** le verbe, le sujet, le complément circonstanciel (s'il y en a un) et le ou les compléments d'objet.

a. Voltaire et Émilie participent à un concours.
b. À l'insu de Voltaire, Émilie envoie son mémoire à l'Académie.
c. Cette femme intelligente et cultivée commente les expériences de Voltaire.
d. Toutes les nuits, Émilie travaille à son mémoire.
e. L'Académie des sciences publie les travaux d'Émilie et de Voltaire.

- **Explique** comment tu différencies les compléments circonstanciels des compléments d'objet.
- **Indique** la nature des sujets.
- **Récris** la troisième phrase en remplaçant le complément d'objet par le, la, l', ou les.
- **Explique** l'accord du verbe dans la première et la dernière phrase.

2 Dans les phrases de l'activité 1, **relève** les groupes nominaux formés avec un complément du nom. **Indique** le nom principal.
- Pour chaque nom des phrases de l'activité 1, **indique** s'il s'agit d'un nom commun ou d'un nom propre. **Donne** son genre et son nombre.
- **Recopie** le groupe nominal dans lequel le déterminant est un déterminant démonstratif.

Je m'entraine

3 **Recopie** chaque phrase en plaçant le complément circonstanciel en début de phrase. Puis **entoure** le complément d'objet.

a. Ma sœur a passé son permis de conduire la semaine dernière.
b. De nombreux commerçants vendent des légumes sur le marché.
c. Le chauffeur conduit son camion toute la semaine.

4 **Souligne** le verbe, **entoure** de différentes couleurs le sujet, les compléments circonstanciels et les compléments d'objet.

a. À midi, le soleil réchauffe la maison.
b. Lors des départs en vacances, les routes connaissent un trafic important.
c. Sur le bateau, les passagers parlent au capitaine.

- **Indique** la nature des sujets.

5 **Classe** les groupes nominaux selon leur genre et leur nombre.

une grosse tartine - des étoiles scintillantes - le magasin illuminé - une cicatrice ancienne
des petites souris terrifiées - l'heure juste - les poissons voraces

Autour d'un mot

Je réfléchis

1 **Observe** cette corolle lexicale constituée autour du mot fort.

- **Associe** chaque numéro au titre ci-dessous qui convient :

synonymes, mots contraires, mots de la même famille, homonyme, champ lexical.

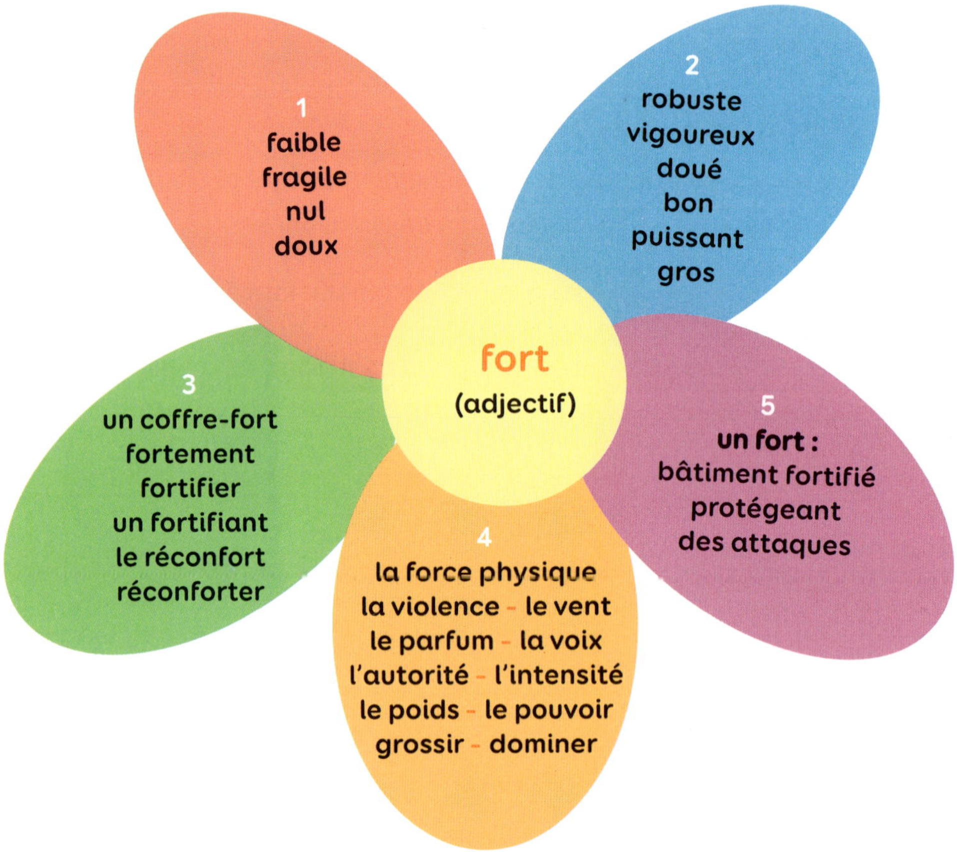

2 **Classe** les mots ci-dessous dans une corolle lexicale autour du nom joie.

- Distingue les synonymes, les mots de la même famille, les mots contraires, les mots du champ lexical.

- une émotion	- la fierté	- un rabat-joie	- pleurer
- la tristesse	- rire	- la peine	- heureux
- joyeux	- applaudir	- le plaisir	- content
- joyeusement	- un sentiment	- gai	- le bonheur

Je m'entraine

3 **Cherche** l'adjectif franc dans le dictionnaire et **constitue** une corolle lexicale autour de cet adjectif en indiquant son synonyme, ses contraires, les mots de sa famille et ses homonymes.

Fiche 195 + et ++

Écrire un compte-rendu d'expérience

J'observe

1 Des élèves travaillent sur les changements d'état de l'eau. Ils placent une bouteille en plastique pleine d'eau au congélateur, quand ils reprennent la bouteille, celle-ci est cassée.

La question suivante se pose : *Que se passe-t-il quand l'eau liquide se transforme en glace ?*

Une expérience est mise en place.

• **Lis** les notes prises par un élève : *un verre avec moitié d'eau dedans ; on met au congélateur ; la glace monte au-dessus du trait ; la glace prend plus de place que l'eau.*

2 **Lis** le compte-rendu rédigé à partir des notes prises par les élèves.

Que se passe-t-il quand l'eau liquide se transforme en glace ?

Matériel : **un verre et de l'eau**
1. Nous avons rempli la moitié d'un verre avec de l'eau.
2. Nous avons tracé un trait au marqueur pour repérer le niveau de l'eau.
3. Nous avons placé le verre au congélateur.

→ Le lendemain, nous avons observé que le niveau de la glace était au-dessus du niveau de l'eau liquide.
→ Quand l'eau liquide se transforme en glace, elle augmente de volume.

3 **Repère** les parties du compte-rendu : la question ; le matériel ; les actions ; le schéma ; le résultat ; la conclusion qui répond à la question.

• **Indique** quel temps est utilisé à chaque étape.

J'organise et j'écris

4 **Réalise** une expérience pour répondre à la question suivante et **prends** des notes.

Pourquoi l'huile reste-t-elle au-dessus de l'eau ?

5 **Rédige** le compte-rendu en respectant les différentes parties mises en évidence.

Je révise et j'améliore

6 **Relis** ton texte et **vérifie** que :
- tu as écrit les étapes dans l'ordre chronologique, puis ce que tu as observé au passé ;
- tu as écrit la conclusion au présent ;
- tu as mis les majuscules et les points.

Fiche 196 + et ++

› Attribuer du sens à des mots inconnus
› Comprendre actions et pensées des personnages

Les passions d'Émilie (5)

Le secrétaire perpétuel, vexé, commet l'erreur de publier contre elle un texte méprisant qui ne répond à aucune de ses objections. Ravie de cette polémique publique, elle réplique à son tour d'une manière si convaincante qu'elle accable encore plus le vieux secrétaire. Les journaux évoquent son triomphe, certaines femmes cultivées prennent hautement son parti dans les salons, les autres, vertes de jalousie, colportent les pires méchancetés sur cette femme qui se prend pour un savant !

Qu'importent les médisances, ses amis Maupertuis et Clairaut la soutiennent et les savants allemands, flattés qu'elle ait si bien expliqué Leibniz aux Français, lui font l'honneur de la classer parmi les dix plus grands savants de son temps. Bientôt son livre est traduit en italien et la prestigieuse académie de Bologne (moins hostile aux femmes que les académies parisiennes) lui ouvre ses portes.

Madame du Châtelet peut savourer sa gloire aussi légitime qu'exceptionnelle. Malheureusement son plaisir est gâché par les nuages qui obscurcissent sa relation avec Voltaire. […] Les temps

oral Je raconte

1 **Liste** les évènements, les actions qui ont rendu Émilie célèbre.

Je comprends les mots

2 **Fais** des hypothèses sur le sens des mots objections, polémique, accable, colportent.
Vérifie dans le lexique.

3 **Trouve** le sens de médisance dans le lexique.

4 **Trouve** le sens des mots méprisant, convaincante, obscurcissent, accessible à partir de leur formation.

5 **Donne** le sens des mots en gras dans la phrase.
[…] la **prestigieuse** académie de Bologne (moins **hostile** aux femmes que les académies parisiennes) lui **ouvre ses portes**.

6 **Relève** l'expression qui signifie « ne se décourageant pas malgré les difficultés ».

7 **Trouve** le sens du mot légitime dans le lexique et **explique** la phrase (lignes 16-17) : […] Madame du Châtelet peut savourer sa gloire aussi légitime qu'exceptionnelle.

de la folle passion sont passés et Voltaire est un peu las de suivre cette femme autoritaire qui n'arrête pas de faire des allers et retours de Cirey à Paris et de Paris à Bruxelles où en femme d'affaires avisée, elle défend les intérêts de sa famille. Il préfèrerait poser ses valises à Paris, jouir de ses amis et du succès immense qui accueille chacune de ses nouvelles pièces. [...]

Faisant contre mauvaise fortune bon cœur, la marquise recourt à la plus puissante distraction de sa vie : le travail intellectuel. Elle décide de reprendre son projet de traduire du latin au français les *Principia mathematica* de Newton et d'en commenter les parties les plus importantes. Seul moyen, pense-t-elle, de les rendre accessibles aux Français. Elle entreprend là un travail gigantesque, non seulement parce que le latin de Newton est difficile mais surtout parce que sa pensée exige une solide culture scientifique dont peu de savants européens peuvent se vanter. Heureusement, son fidèle ami Clairaut est de ceux-là et l'aide parfois à clarifier certains points particulièrement obscurs. Même si l'entreprise parait à beaucoup d'une ambition démesurée, en particulier pour une femme, Émilie prend un évident plaisir à se consacrer à ce travail dont elle espère une gloire immortelle. [...]

Je mets en relation

8 **Explique** pourquoi Émilie est victime de médisances.

9 **Indique** les lignes du texte où se trouve la réponse à chaque question.
a. Dans quel pays Émilie est-elle classée parmi les dix plus grands savants de son temps ?
b. Dans quelle langue son livre est-il traduit ?

10 **Recopie** ce qui est vrai.
a. Tout ce qui est dit sur Émilie publiquement est vrai.
b. L'académie de Bologne se trouve en Italie.
c. Des femmes cultivées la soutiennent.

11 **Indique** qui est désigné par les pronoms en gras.
Son fidèle ami Clairaut est de **ceux-là** et **l'**aide parfois à clarifier certains points particulièrement obscurs.

12 **Explique** le nouveau projet d'Émilie et **indique** ce qu'elle espère en retirer.

oral **13** **Échange** et **donne** ton avis sur la vie d'Émilie.

oral Je lis à voix haute

Lis de *Madame du Châtelet* (ligne 16) à la fin du texte.

Je lis très vite

l'intimité - la légitimité - la sublimité
l'unanimité
la magnanimité - l'illégitimité
la pusillanimité

Période 5

Fiche 197 + et ++

C'est l'époque où elle sort sa fille Pauline de son couvent, à 16 ans et demi, pour la marier à un riche duc napolitain. Elle l'a vue partir pour toujours le cœur serré. […]

Durant six mois, elle s'enferme dans son bureau parisien pour terminer son grand œuvre. Elle relit, corrige et refait inlassablement ses calculs.

Atteinte d'une forte fièvre, Émilie meurt le 10 septembre 1749, à près de 43 ans. […]

Voltaire et son mari en éprouvèrent tous deux un si grand chagrin qu'ils restèrent longtemps inconsolables.

L'univers a perdu la sublime Émilie
Elle aima les plaisirs les arts la Vérité
Les dieux en lui donnant leur âme et leur génie
N'avaient gardé pour eux que l'immortalité.

VOLTAIRE

Voltaire pleura à chaudes larmes celle qu'il appelait son « ami de vingt ans » et conserva toute sa vie son portrait au-dessus de son lit.

Fidèles à la mémoire d'Émilie, Voltaire et Clairaut prirent soin de la publication de son ouvrage. Dans la préface qu'il rédigea, Voltaire lui rendit hommage : « Cette traduction que les plus savants hommes de France devaient faire et que les autres doivent étudier, une femme l'a entreprise et achevée à l'étonnement et à la gloire de son pays. »

Madame du Châtelet a donc gagné son pari. Elle n'a pas seulement mérité le beau titre de « savante », elle restera aussi dans nos mémoires et dans l'histoire comme la première femme de science que la France ait jamais comptée.

Élisabeth Badinter, Jacqueline Duhême, *Les passions d'Émilie*,

oral Je raconte

1 **Souviens**-toi et **raconte** quelques évènements importants de la vie d'Émilie dans l'ordre chronologique.

Je comprends les mots

2 **Fais** des hypothèses sur le sens du mot œuvre au masculin (ligne 42). **Vérifie** dans le lexique.

3 **Exprime** avec tes propres mots le sens de cette phrase.
Elle l'a vue partir pour toujours le cœur serré.

4 **Explique** l'expression pleurer à chaudes larmes.

Je mets en relation

5 **Relève** des mots qui désignent Émilie.

6 **Exprime** ce qu'a ressenti Voltaire au décès d'Émilie en te servant du texte qu'il a écrit.

7 **Indique** comment Voltaire a rendu hommage à Émilie. Et toi que dirais-tu d'Émilie ?

oral Je vais plus loin

8 **Trouve** des informations sur les sciences au XVIIIe siècle.

oral Je lis à voix haute

Lis le texte en entier.

Fiche 198 + et ++

Écrire des mots avec la lettre *h*

Je mémorise

1 **Lis** les mots à mémoriser.

le hasard / du thé / le bonheur / hors / l'horizon

- Recopie les deux mots qui commencent par un h aspiré.

2 **Recopie** les mots à mémoriser.

une horloge / trahir / une habitude / hurler / le rhume

- **Entoure** le mot dans lequel la lettre h sépare deux voyelles qu'on ne prononce pas ensemble.

Je fais le point

3 **Recopie** ces groupes nominaux pluriels dans deux colonnes :
on fait la liaison avec le mot précédent / on ne fait pas la liaison.

des hérons – un hôpital – des hottes – des habits – nous hésitons – un haricot

- **Récris** chaque nom avec le déterminant le, la ou l'.

herbe – hanneton – homonyme – housse – hérisson – hiver – hanche – huile

- **Complète** les phrases :

Au début d'un mot, h est muet quand on peut faire la ... avec le mot qui le précède. Si ce mot est un nom, on peut le faire précéder du déterminant l' au lieu de le ou la.

Au début d'un mot, h est aspiré quand on ne peut pas faire la ... avec le mot qui le précède. Si ce mot est un nom, on peut le faire précéder du déterminant le ou la.

4 **Recopie** les mots et **entoure** la lettre placée juste avant et celle placée juste après h.

envahir – un cahot – un bahut – dehors – ébahi – la cohue

- **Complète** la phrase :

À l'intérieur d'un mot, la lettre h muette sert parfois à séparer des ... que l'on ne prononce pas ensemble.

Je m'entraine

5 **Recopie** les mots dans la colonne qui convient : h est muet / h est aspiré.

- **Vérifie** dans le dictionnaire.

une hélice – un héros – une horreur – un habit – une hache – vous habitez

6 **Récris** les mots en les complétant avec la lettre muette h placée au bon endroit.

un véicule – un caier – un souait – deors – chauter

7 **Range** les dix mots mémorisés dans l'ordre alphabétique.

Fiche 199 + et ++

Le futur des autres verbes

Je lis et je réfléchis

1 **Lis** la page 6 de ton cahier de grammaire.
- **Souligne** le verbe et **entoure** son sujet dans chaque phrase.
- **Indique** à quel temps sont conjugués les verbes.
- **Indique** l'infinitif des verbes, leur groupe ou s'il s'agit d'auxiliaires.

2 **Écris** les terminaisons du futur à chaque personne de la conjugaison.
- **Entoure** d'une couleur la lettre qui marque le futur et d'une autre la ou les lettres qui marquent la personne.
- **Compare** avec les terminaisons des verbes du 1er groupe. Que constates ?

3 **Observe** la conjugaison des verbes du 2e et 3e groupe, des auxiliaires et **réponds** aux questions.
a. Le radical d'un même verbe change-t-il selon la personne ?
b. Que remarques-tu de particulier pour les verbes voir et pouvoir ?

Je conclus

4 **Écris** le titre de la page 6 de ton cahier de grammaire : Le présent des auxiliaires, des verbes du 2e groupe et des verbes fréquents du 3e groupe *aller, faire, dire, prendre, venir, vouloir, pouvoir, voir*.

oral **5** **Récapitule** les régularités et les particularités de ces verbes au futur.

Je m'entraine

6 **Conjugue** les verbes au futur avec le sujet proposé.
a. Je nourrirai les animaux. → Vous …
b. Anna bondira de joie. → Tu …
c. Nous ferons des photos. → Les touristes …

7 **Conjugue** les verbes à l'infinitif au futur.
a. Vous venir avec nous, ainsi vous voir le nouveau-né.
b. Tu dire le poème sans bafouiller, puis tu pouvoir retourner à ta place.
c. L'espion trahir son pays.
d. Nous avoir du chagrin à son départ mais nous aller le voir pendant les vacances.
e. Je prendre le départ et je être en tête de la course.

Fiche 200 + et ++

Nature et fonction

Je repère les groupes

1 **Classe** les mots ci-dessous selon leur classe grammaticale :
déterminant / nom / adjectif / verbe / conjonction / pronom / adverbe.

mon - voir - et - sauce - choisir - asperge - spécialiste - cette - publiquement - je - ensuite nous - collaborer - ou

- Un mot appartient à une classe grammaticale, on dit que c'est sa **nature**.

2 **Indique** les natures différentes du mot rouge.
Tu remarques qu'un mot peut appartenir à plusieurs classes grammaticales.

rouge adj., n. m. et adv.
▪ adj. De la couleur du sang, du rubis, du coquelicot. ➔ planche **Couleurs.** *Du vin rouge. Des poissons rouges. Des roses rouges.*
▪ n. m. **1.** La couleur rouge. *Le feu passe au rouge, les voitures s'arrêtent. Une robe d'un beau rouge. Des rideaux rouge foncé.* **2.** Produit employé pour se maquiller. *Elle a mis du rouge à lèvres et du rouge à joues.* ➔ **fard.**
▪ adv. *Voir rouge,* entrer dans une colère terrible.

3 **Indique** la nature, puis la fonction du nom en gras. Que constates-tu ?

a. La **nuit** tombe sur la campagne.
b. La **nuit**, parfois, nous regardons les étoiles.
c. Vous aimez la **nuit**.
d. Un bel oiseau de **nuit**.

Je conclus

oral **4** **Dis** des mots de nature différente.
- **Dis** des phrases dans lesquelles le mot cartable aura des fonctions différentes.
- **Lis** ce qui est à retenir dans le mémo sur la nature et la fonction des mots.

Je m'entraine

5 **Indique** la nature de chaque mot de ces phrases.

a. L'enfant écrit lentement.
b. Il a une belle écriture.

6 **Écris** la fonction de chaque mot en gras.

a. Pour aller à l'école, Emma prend son vélo.
b. Avec son vélo, le clown fait des acrobaties.
c. Le vélo de Jade est devant l'école.

7 **Recopie** l'intrus de chaque liste.

a. je / nous / tu / mon / vous / elles
b. bouteille / carotte / tristesse / regarder
c. danser / humide / sauter / nager / réfléchir
d. joli / une / énorme / étrange / illisible
e. son / ce / cette / mes / mon / nos / une / la / hurler
f. grand / autrefois / également / ainsi / surtout

Fiche 201 + et + +

Des mots de l'album

Je réfléchis

1 **Remplace** les mots en gras par les expressions qui conviennent.

a le cœur serré - se mettre sur les rangs - se rongent les sangs - vert de jalousie
à chaudes larmes

a. Les parents de Mathis **s'inquiètent énormément** quand il rentre tard le soir.
b. Les jumelles ont perdu leur chien, elles pleurent **beaucoup**.
c. L'école décide de **s'inscrire** pour le concours départemental des chorales.
d. Rayhane a eu son permis de conduire mais pas Maé. Ce dernier est **envieux**.
e. Sa meilleure amie change d'école, elle **est très triste**.

2 **Lis** cet article de dictionnaire.

- **Indique** le mot défini.
- **Recopie** les deux mots qui sont ses homonymes.
- **Dis** des phrases contenant ces mots.
- **Explique** le rôle de la consonne muette à la fin du mot las.
- **Écris** une phrase contenant le mot inlassablement.
- **Explique** quand on emploie un mot de langage soutenu.

> **las** [lɑ], **lasse** [lɑs] adj. **1.** Très fatigué, incapable de faire un effort supplémentaire. *Louise était très lasse après cette longue randonnée.* ➜ **épuisé, harassé.** **2.** *Être las de quelque chose,* en avoir assez. *Je suis lasse de t'entendre te plaindre.* ▮ homonymes : ① et ② la, là.
> ◗ Ce mot appartient au langage soutenu.
> ▶ Autres mots de la famille : délassement, délasser, inlassable, inlassablement, lassant, lasser, lassitude.

3 **Constitue** la famille du mot courage.

- **Vérifie** dans le dictionnaire.

Je m'entraine

4 **Constitue** la famille du mot content. **Aide**-toi du dictionnaire.

- **Lis** l'article du dictionnaire ci-contre.

5
- **Recopie** les trois mots homonymes.
- **Écris** une phrase avec le mot conte.

> **comte** n. m., **comtesse** n. f. Titre de noblesse, entre le vicomte et le marquis. *Le comte a une couronne dans ses armoiries.* ▮ homonymes : compte, conte.

6 **Complète** les phrases avec un mot de la famille du mot en gras que tu peux trouver dans le texte pages 231-232.

a. Cette femme fait preuve d'**autorité**, elle est ... .
b. Voltaire et Clairaut font **publier** l'ouvrage d'Émilie : ils s'occupent de la ... .
c. Le mari de Pauline habite à **Naples**, il est ... .

Fiche 202 + et ++

Écrire une notice biographique (2)

J'observe

1 **Lis** la notice biographique d'Émilie du Châtelet.

Une « savante » : La marquise Émilie du Châtelet (Paris 1706 - Lunéville 1749)

Née Émilie de Breteuil, elle est considérée comme la première femme de science française.

Très jeune, elle cherche à comprendre les mystères de l'univers. Devenue Émilie du Châtelet par son mariage en 1725 avec le marquis du Châtelet, elle réside à Paris où elle prend des leçons de mathématiques et découvre la physique d'Isaac Newton. En 1735, elle s'installe dans le château de Cirey en Lorraine en compagnie de l'écrivain et philosophe Voltaire.

En 1737, elle rédige un mémoire sur la nature du feu. L'Académie le publie bien qu'il soit écrit par une femme. C'est du jamais vu ! En 1740, elle publie un traité *Les Institutions de physique* qui fait l'admiration des spécialistes mais qui fait scandale puisque rédigé par une femme. En 1745, elle entreprend la traduction et le commentaire des *Principes mathématiques* de Newton.

Elle meurt à l'âge de 43 ans. Voltaire se charge de faire publier son dernier ouvrage.

D'après gallica.bnf.fr/

2 **Retrouve** les différentes parties de la notice biographique : le titre ; la présentation du personnage ; sa vie ; son œuvre ; la fin de sa vie.

- **Relève** les éléments qui montrent ce que le titre annonce.
- **Remarque** les indicateurs de temps qui organisent chronologiquement la notice.

Je cherche, j'organise, j'écris

oral **3** **Cherche** des informations sur Mozart, un grand compositeur de musique classique du XVIIIe siècle.

- **Sélectionne** les informations importantes qui concernent sa vie (naissance, quand il a six ans, l'année 1782), ses œuvres et ses dernières années.
- **Trouve** un titre qui montre ce que tu mets en évidence dans la notice biographique.

4 **Organise** ces informations pour écrire une notice biographique en t'aidant des différentes parties de celle d'Émilie du Châtelet. Ensuite, **rédige** ton texte au présent.

Je révise et j'améliore

5 **Relis** ton texte et **vérifie** que :
- tu as écrit un titre ;
- tu as écrit plusieurs paragraphes ;
- tu as employé des indicateurs de temps et tu as respecté l'ordre chronologique ;
- tu as écrit ton texte au présent et tu as écrit la bonne terminaison des verbes.

Fiche 203 + et ++

Chapitre 13

Les Lumières

Au XVIIIe siècle, appelé siècle des « Lumières* », des écrivains critiquent les pouvoirs de la monarchie absolue et de l'Église catholique. Leurs idées de liberté et de tolérance sont diffusées dans les salons*. Grâce aux voyages menés dans le monde entier et aux recherches scientifiques et techniques, les savants européens élaborent de nouvelles connaissances.

1715 — 1715-1774 Louis XV — 1751-1772 *L'Encyclopédie* — 1762 Rousseau - *L'Émile* — 1763 Voltaire - *Traité de la tolérance* — 1774-1792 Louis XVI — 1783 1er vol en montgolfière — 1789 Début de la Révolution française

1 Connaissances et idées nouvelles

1 L'Encyclopédie

Planche extraite de *l'Encyclopédie* illustrée : les étapes de la fabrication des briques.

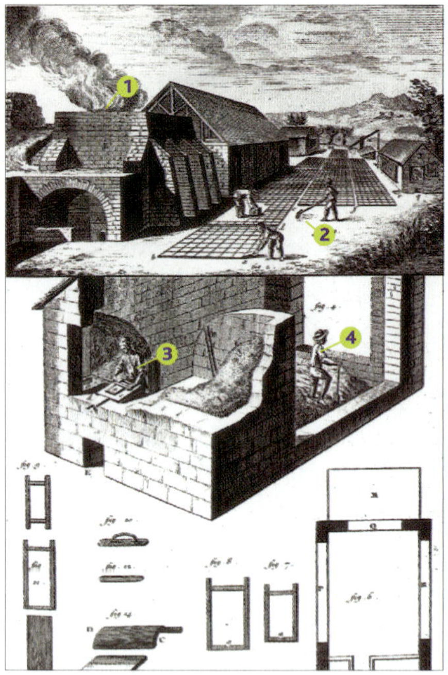

L'ouvrage que nous commençons a deux objets [buts] : comme encyclopédie, il doit exposer l'ensemble des connaissances humaines ; comme dictionnaire raisonné des sciences, des arts et des métiers, il doit contenir sur chaque science et sur chaque connaissance des généralités et les détails les plus précis. La société admire les scientifiques mais ne doit pas mépriser les arts mécaniques*. La découverte de la boussole est utile au génie humain autant que l'explication des propriétés de son aiguille aimantée pour les sciences physiques.

D'après d'Alembert, *Discours préliminaire sur l'Encyclopédie*, 1751.

De 1751 à 1772, le philosophe* **Diderot** (1713-1784) et le mathématicien d'**Alembert** (1717-1783) dirigent l'édition d'un ouvrage en 33 volumes : *L'Encyclopédie* ou *Dictionnaire raisonné des Sciences, des Arts et Métiers*. Plus de cent personnes – des philosophes, des mathématiciens, des physiciens, des naturalistes* – ont participé à sa rédaction.

- La gravure représente les étapes de la fabrication des briques à partir d'une terre facile à modeler et à cuire : l'argile. À quel numéro correspond chacune des étapes suivantes ?
  - A L'argile est piétinée pour être plus facile à travailler.
  - B Un ouvrier moule une brique.
  - C Les ouvriers font sécher les briques au soleil.
  - D Les briques sont cuites dans le four.
- D'après le texte, quels sont les deux buts que se fixent les auteurs de *l'Encyclopédie* ?
- La gravure de *l'Encyclopédie* présente-t-elle un art mécanique ou une science ? Justifie ta réponse.

2 La déco… lointain…

1766. Mus…

L'explorateur … monde de 176… Pacifique et de … il rapporte de n… habitants, la fa… découvertes.

- Comment le… ont-elles été c…
- Comment ap… qui conserve ai…

Vocabulaire

* Les arts méca… techniques, par op… scientifiques, plus …
* Les Lumières : a… pensée qui défend … à la liberté et à la r…
* Un naturaliste … sciences naturelles … animaux.
* Un philosophe … sur le sens de la v… temps.
* Un salon : un … femmes de la n… bourgeoisie reçoi… philosophes et des …

Je sais déjà

1 Quels personnages du XVIIIe siècle connais-tu ?

Je repère l'organisation des deux pages

2 **Indique** le titre du chapitre, le texte de présentation et la frise chronologique.

3 **Indique** le nombre de documents historiques à étudier, leur commentaire avec leur questionnement.

4 **Explique** le rôle des parties Vocabulaire et Connaissances et idées nouvelles.

…s mondes

…eurs et fruits du Teck, …re naturelle, Paris.

…ville fait le tour du … Il explore des îles du …ndien. De ses voyages, …s informations sur les … flore des îles qu'il a

…s découvertes …s ?

…on un document …égétaux ?

3 Les premiers voyages aériens

Vol du ballon à air chaud des frères Montgolfier, 1783. Musée de l'air, Le Bourget.

Les **frères Montgolfier**, **Joseph** et **Étienne**, construisent des ballons à air chaud appelés montgolfières. Ce sont des sphères en toile de coton doublée de papier qui s'élèvent lorsqu'on les gonfle avec de l'air chaud. En 1783, pour la première fois, des êtres humains volent jusqu'à 1 000 m d'altitude et parcourent 9 km au-dessus de Paris.

- Décris le ballon. Où se trouvent les passagers ? Comment le ballon s'élève-t-il en hauteur ?
- À ton avis, pourquoi autant de personnes sont-elles venues observer le départ du ballon ?

… les connaissances … aux connaissances …s.

…siècle, le courant de …ue le progrès est lié

…vant qui étudie les …hes, les plantes, les

…enseur qui réfléchit …r la société de son

… réception où des … ou de la grande …des écrivains, des …fiques.

Connaissances et idées nouvelles

- Au XVIIIe siècle, les **philosophes** critiquent la société de leur temps, l'Église et la monarchie absolue (dossier, pp. 90-91).
- ***L'Encyclopédie***, dirigée par **Diderot** et **d'Alembert**, regroupe les connaissances scientifiques et techniques de l'époque et diffuse les idées de leurs auteurs.
- Les **voyages autour du monde**, comme celui de **Bougainville**, permettent d'explorer de nouveaux territoires. Ils enrichissent les connaissances des **naturalistes**.
- En **1783**, des êtres humains volent pour la première fois grâce au ballon à air chaud, la **montgolfière**.

› Identifier nature, source, auteur d'un document
› Comprendre le rôle des différentes parties d'une page de manuel

J'observe les documents

5 **Présente** chaque document : nature, auteur, date, source.

6 **Explique** pourquoi la planche de *L'Encyclopédie* et le texte de D'Alembert sont l'un à côté de l'autre.

Je comprends les informations

7 **Réponds** aux questions posées sur les documents par les auteurs du manuel.

8 **Cite** des connaissances nouvelles.

9 **Indique** le rôle de *L'Encyclopédie*.

Je formule ce que j'ai appris

oral **10** **Indique** ce que tu as retenu du siècle des Lumières : idées, personnages, livres, évènements…

oral Je lis à voix haute

Lis les questionnements des documents et le Vocabulaire.

Je lis très vite

un mathématicien
un statisticien
un opticien
un géophysicien
un académicien
un politicien
un polytechnicien
un acousticien
un généticien
un omnipraticien

Fiche 204 + et ++

Je sais déjà

1 Qui est Voltaire ?

2 Que sais-tu de lui ?

Je repère l'organisation de la page

3 **Retrouve** les différentes parties du dossier.

4 **Distingue** les documents historiques à étudier de ce qui a été rédigé par les auteurs du manuel.

J'observe les documents

5 **Présente** les documents : nature, titre, auteur, date, source.

DOSSIER PERSONNAGES

Philosophes des Lumières : VOLTAIRE et ROUSSEAU

Voltaire (1694-1778) au travail

François-Marie Arouet, dit Voltaire, est un écrivain et un philosophe. Il écrit des ouvrages historiques et des contes philosophiques dans lesquels il critique la monarchie absolue et les privilèges* de la noblesse et du clergé.

Voltaire partisan de la tolérance

Le protestant Calas est accusé à tort d'avoir pendu son fils parce qu'il voulait devenir catholique. Condamné, il meurt sur la roue le 9 mars 1762. Voltaire prend sa défense et le fait reconnaître innocent.*

Ce n'est pas aux hommes que je m'adresse, c'est à Toi, Dieu de tous les êtres. Tu ne nous as pas donné un cœur pour nous haïr et des mains pour nous égorger ; fais que les petites différences entre nos vêtements, entre nos langues, entre nos lois, que tout ce qui distingue les hommes ne soit pas des signes de haine ! Puissent tous les hommes se souvenir qu'ils sont frères !

D'après Voltaire, *Traité sur la tolérance à l'occasion de la mort de Jean Calas*, 1763.

Voltaire promettant son appui à la famille Calas. Lithographie du XIXe siècle. BNF, Paris.

- À qui Voltaire s'adresse-t-il dans son texte ? Contre quoi se révolte-t-il ?
- Pourquoi écrit-il ce texte après la mort de Jean Calas ?
- D'après ce que tu as compris, définis le terme « tolérance ».

* Un privilège : un droit réservé à une partie de la société française avant la Révolution.

* La roue : le supplice de la roue consiste à faire mourir un condamné dont on a d'abord cassé les membres sur une roue.

90 Chapitre 13 . Les Lumières

Je comprends les informations

6 **Réponds** aux questions posées sur les documents par les auteurs du manuel.

7 **Écris** ce que dénonce Voltaire et comment il fait connaitre ses critiques.

8 **Rédige** ta définition de la tolérance.

Je formule ce que j'ai appris

oral 9 Qu'as-tu appris sur Voltaire ?

10 Qu'aimerais-tu encore savoir sur lui ?

oral Je lis à voix haute

Lis l'ensemble des textes.

Fiche 205 + et ++

Le rôle des lettres

Je mémorise

1 **Lis** les mots à mémoriser.

un élément / jeter / une distance / une gerbe / une graine

• **Recopie** ensemble les mots qui contiennent les mêmes sons écrits de manières différentes.
• **Entoure** ces manières d'écrire les sons.

2 **Recopie** les mots à mémoriser.

une occasion / un incendie / un paysan / sensible / une intention

• **Entoure** d'une même couleur les lettres différentes qui transcrivent un même son.
Quelle est la lettre qui transcrit deux sons différents dans le même mot ?

Je fais le point

3 **Recopie** les mots et **entoure** la lettre ou les lettres qui transcrivent chaque son.
girafon – tentation – glaçon – car – fauteuil – colza – pharaon – voisin – demain

• **Complète** les phrases :

Un son peut être transcrit par une lettre seule : … .
Un son peut être transcrit par un groupe de lettres : … .

4 **Recopie** les groupes de mots suivants et **entoure** ce qui a changé.

a. je vois → elle voit
b. une eau → des eaux
c. un mur → des murs
d. un jean bleu → une robe bleue

• **Complète** la phrase : Les lettres finales muettes servent à marquer les … .

5 **Écris** un mot de la famille de chaque mot en utilisant la consonne finale muette.
le lait – le galop – un propos – un outil – bavard – le plomb

• **Complète** la phrase : Des lettres finales muettes rappellent qu'un mot appartient à une … .

Je m'entraine

6 **Recopie** ces groupes de mots, puis **entoure** les lettres qui marquent les accords.
a. des groupes différents b. tu joues c. les enfants courent d. une rose parfumée

7 **Écris** ces groupes nominaux au pluriel. **Entoure** les lettres qui marquent les accords.
a. mon beau livre b. un caillou brillant c. la meilleure émission enfantine d. un trou profond

8 **Écris** un nom terminé par une lettre muette appartenant à la famille de chaque mot.
l'inquiétude – combattre – bondir – un chocolatier – hasardeux – un dossier

9 **Range** les dix mots mémorisés dans l'ordre alphabétique.

Fiche 206 + et ++

Les relations dans un texte (20)

Je lis et je transpose

Les premiers vols habités

Les frères Montgolfier sont passionnés par les airs et les nouvelles machines. Au cours d'expériences, ils trouvent que l'air chaud est plus léger que l'air froid. Ils fabriquent alors un ballon à air chaud et le 4 juin 1783, ils invitent plusieurs personnes à assister à un premier envol. Le ballon s'envole jusqu'à mille mètres, il atterrit dans un champ un peu plus loin mais il brule, effrayant les paysans.

Le 19 septembre 1783, les frères Montgolfier font une démonstration devant la famille royale. Le ballon ne part pas vide. Un mouton, un coq et un canard embarquent dans le panier rond en osier. Le ballon monte à 600 mètres et atterrit huit minutes plus tard après avoir parcouru un peu plus de trois kilomètres. Le roi Louis XVI va accueillir les héros de l'air, à leur retour.

Le 21 novembre 1783, le physicien Pilâtre de Rozier monte dans un ballon construit par les frères Montgolfier accompagné du Marquis d'Arlandes pour équilibrer la nacelle. Le vol dure 25 minutes pour une distance de dix kilomètres.

1 **Lis** ce texte.
- **Relis** le texte en le mettant au passé. **Emploie** le passé composé et l'imparfait.

2 **Indique** l'infinitif de tous les verbes. **Précise** leur groupe ou si ce sont des auxiliaires.

3 **Récris** avec leur sujet, les verbes qui changent quand le texte est au passé.

Je m'entraine

4 **Relis** le texte en le mettant au futur.
- **Écris** avec leur sujet, les verbes qui changent quand le texte est au futur.

5 **Relis** les deux premiers paragraphes du texte en remplaçant les frères Montgolfier par nous.
- **Écris** les sujets et les verbes qui changent quand on emploie nous à la place des frères Montgolfier.

6 **Recopie** le verbe de chaque phrase avec un sujet qui convienne.
a. ... a marqué un but.
b. ... marcheront dans la neige.
c. Souvent, ... allais dans les bois.
d. Chaque soir, ... prenez le bus.
e. ... sont venues.
- **Écris** à quel temps est conjugué chaque verbe.

Fiche 207 + et ++

Des phrases et des groupes nominaux (5)

Je repère les groupes

1 **Relis** le texte qui accompagne la page 238 de *L'Encyclopédie.*

◆ La gravure représente les étapes de la fabrication des briques à partir d'une terre facile à modeler et à cuire : l'argile.
À quel numéro correspond chacune des étapes suivantes ?

A L'argile est piétinée pour être plus facile à travailler.

B Un ouvrier moule une brique.

C Les ouvriers font sécher les briques au soleil.

D Les briques sont cuites dans le four.

◆ D'après le texte, quels sont les deux buts que se fixent les auteurs de *L'Encyclopédie* ?

◆ La gravure de *L'Encyclopédie* présente-t-elle un art mécanique ou une science ? **Justifie** ta réponse.

- **Indique** le nombre de phrases du texte.
- **Relève** une phrase déclarative, une phrase interrogative et la phrase impérative.
- **Transforme** à la forme négative les phrases A, B, C et D.

2 Dans chaque phrase, **trouve** le sujet, le verbe, le complément circonstanciel (s'il y en a un) et le ou les compléments d'objet.

a. L'explorateur Bougainville fait le tour du monde de 1766 à 1769.

b. À son retour, il rapporte de nombreuses informations au roi.

- **Indique** la nature des sujets.
- **Recopie** un nom commun, un nom propre, un groupe nominal avec un complément du nom et un groupe nominal avec un adjectif.

Je m'entraine

3 **Classe** suivant leur genre et leur nombre les groupes nominaux suivants.

a. l'air chaud
b. des êtres humains
c. la première fois
d. des recherches scientifiques
e. les savants européens
f. les sciences naturelles
g. un détail précis

4 **Recopie** les groupes nominaux et **souligne** le nom principal.

a. des ballons à air chaud
b. la découverte des mondes lointains
c. le court vol du ballon
d. la fabrication manuelle des briques
e. des sphères en toile
f. la rédaction de *L'Encyclopédie*
g. la flore des iles
h. le long voyage de Bougainville
i. le prochain départ du ballon

Fiche 208 + et ++

Des mots du manuel d'Histoire

Je réfléchis

1 **Lis** cet article du dictionnaire.

- **Indique** la nature du mot défini.

À quel groupe appartient ce verbe ?

- **Donne** le nombre de sens du mot.

2 **Réalise** une corolle lexicale autour de ce mot en distinguant les **synonymes**, les **contraires** et les **mots de la même famille**.

3 **Entoure** le radical dans le mot tolérer et dans les mots de sa famille.

- **Indique** le préfixe et les suffixes utilisés.

4 **Ajoute** un pétale à ta corolle et écris des mots du **champ lexical** de tolérer.

le respect – la différence – patient – supporter comprendre

- **Trouve** un autre mot de ce champ lexical dans le premier paragraphe du texte *Les passions d'Émilie (2)*.

tolérer v. (conjug. 8) **1.** Permettre une chose qui pourrait ou devrait être interdite. ➜ **admettre, autoriser.** ▮ contraires : ② **défendre, interdire.** *On tolère le stationnement sur le trottoir de l'avenue.* **2.** Supporter avec patience. *Je ne tolère pas que tu me parles sur ce ton.* ➜ **admettre.**

▸ **tolérable** adj. Que l'on ne peut tolérer, supporter. *Ton insolence n'est pas tolérable.* ➜ **admissible, supportable.** ▮ contraire : **intolérable.**

▸ **tolérance** n. f. Qualité d'une personne qui respecte les idées ou les façons d'agir différentes des siennes. ▮ contraire : **fanatisme.** *Il faut faire preuve de tolérance à l'égard d'autrui.* ▮ contraire : **intolérance.**

▸ **tolérant, tolérante** adj. Qui respecte les idées différentes des siennes. *Ses parents sont tolérants.* ▮ contraire : **intolérant.**

▸ Autres mots de la famille : intolérable, intolérance, intolérant.

Je m'entraine

5 **Constitue** la famille du mot respect. **Aide**-toi du dictionnaire.

6 **Recopie** les mots de la même famille de chaque ligne. Attention il y a un intrus !

a. sortir / ressortir / un sortant / un sorbet / la sortie
b. une vitre / la vitrine / un vitrail / le vitrage / vital
c. malade / maladresse / la maladie / maladif / mal
d. déplaire / une plainte / plaire / plaisant / le plaisir

- **Entoure** le radical de chaque mot.

7 **Écris** les mots formés avec le suffixe -ance correspondant aux verbes suivants.

a. **assister** : l'...
b. **méfier** : la ...
c. **assurer** : une ...
d. **ignorer** : l'...
e. **résister** : la ...
f. **provenir** : la ...
g. **venger** : la ...
h. **souffrir** : la ...

Fiche 209 + et ++

Composer une page Dossier

J'observe

1 **Souviens**-toi des différentes parties de la page Dossier Personnages sur Voltaire (p. 240) :

a. le titre ;
b. les documents et leur présentation ;
c. le portrait de Voltaire et le texte de présentation ;
d. le questionnement des documents.
e. le titre de la partie contenant les documents ;

J'organise et j'écris

2 Tu vas réaliser une page de manuel sur Émilie du Châtelet pour des élèves qui ne la connaissent pas.

DOSSIER PERSONNAGES

a. **Choisis** le titre de ta page Dossier Personnages en fonction de ce que tu veux présenter d'Émilie.

b. **Écris** un texte de deux ou trois phrases à côté de son portrait pour la présenter.

c. **Écris** un titre pour ce document.

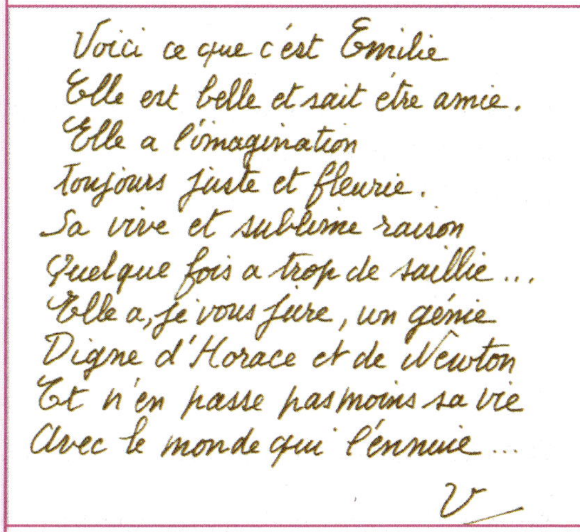
Voici ce que c'est Émilie
Elle est belle et sait être amie.
Elle a l'imagination
Toujours juste et fleurie.
Sa vive et sublime raison
Quelque fois a trop de saillie…
Elle a, je vous jure, un génie
Digne d'Horace et de Newton
Et n'en passe pas moins sa vie
Avec le monde qui l'ennuie…
V

d. **Écris** un court texte pour parler d'Émilie afin de compléter ce que Voltaire dit d'elle dans le poème.

e. **Présente** le document : nature, auteur, à qui il s'adresse, source.

f. **Pose** des questions sur le poème de Voltaire pour que les élèves le comprennent.

Je révise et j'améliore

- tu as écrit tes textes au présent ;
- tu as mis les majuscules et les points.

Fiche 210 + et ++

Tableaux de conjugaison

Présent

jouer (1er groupe) je joue tu joues il, elle, on joue nous jouons vous jouez ils, elles jouent	**manger** (1er groupe) je mange tu manges il, elle, on mange nous mangeons vous mangez ils, elles mangent	**avancer** (1er groupe) j'avance tu avances il, elle, on avance nous avançons vous avancez ils, elles avancent	**finir** (2e groupe) je finis tu finis il, elle, on finit nous finissons vous finissez ils, elles finissent
aller (3e groupe) je vais tu vas il, elle, on va nous allons vous allez ils, elles vont	**faire** (3e groupe) je fais tu fais il, elle, on fait nous faisons vous faites ils, elles font	**dire** (3e groupe) je dis tu dis il, elle, on dit nous disons vous dites ils, elles disent	**vouloir** (3e groupe) je veux tu veux il, elle, on veut nous voulons vous voulez ils, elles veulent
pouvoir (3e groupe) je peux tu peux il, elle, on peut nous pouvons vous pouvez ils, elles peuvent	**prendre** (3e groupe) je prends tu prends il, elle, on prend nous prenons vous prenez ils, elles prennent	**voir** (3e groupe) je vois tu vois il, elle, on voit nous voyons vous voyez ils, elles voient	**venir** (3e groupe) je viens tu viens il, elle, on vient nous venons vous venez ils, elles viennent
être (auxiliaire) je serai tu seras il, elle, on sera nous serons vous serez ils, elles seront	**avoir** (auxiliaire) j'ai tu as il, elle, on a nous avons vous avez ils, elles ont		

Futur

jouer (1er groupe) je jouerai tu joueras il, elle, on jouera nous jouerons vous jouerez ils, elles joueront	**manger** (1er groupe) je mangerai tu mangeras il, elle, on mangera nous mangerons vous mangerez ils, elles mangeront	**avancer** (1er groupe) j'avancerai tu avanceras il, elle, on avancera nous avancerons vous avancerez ils, elles avanceront	**finir** (2e groupe) je finirai tu finiras il, elle, on finira nous finirons vous finirez ils, elles finiront
aller (3e groupe) j'irai tu iras il, elle, on ira nous irons vous irez ils, elles iront	**faire** (3e groupe) je ferai tu feras il, elle, on fera nous ferons vous ferez ils, elles feront	**dire** (3e groupe) je dirai tu diras il, elle, on dira nous dirons vous direz ils, elles diront	**vouloir** (3e groupe) je voudrai tu voudras il, elle, on voudra nous voudrons vous voudrez ils, elles voudront
pouvoir (3e groupe) je pourrai tu pourras il, elle, on pourra nous pourrons vous pourrez ils, elles pourront	**prendre** (3e groupe) je prendrai tu prendras il, elle, on prendra nous prendrons vous prendrez ils, elles prendront	**voir** (3e groupe) je verrai tu verras il, elle, on verra nous verrons vous verrez ils, elles verront	**venir** (3e groupe) je viendrai tu viendras il, elle, on viendra nous viendrons vous viendrez ils, elles viendront
être (auxiliaire) je serai tu seras il, elle, on sera nous serons vous serez ils, elles seront	**avoir** (auxiliaire) j'aurai tu auras il, elle, on aura nous aurons vous aurez ils, elles auront		

Imparfait			
jouer (1er groupe) je jouais tu jouais il, elle, on jouait nous jouions vous jouiez ils, elles jouaient	**manger** (1er groupe) je mangeais tu mangeais il, elle, on mangeait nous mangions vous mangiez ils, elles mangeaient	**avancer** (1er groupe) j'avançais tu avançais il, elle, on avançait nous avancions vous avanciez ils, elles avançaient	**finir** (2e groupe) je finissais tu finissais il, elle, on finissait nous finissions vous finissiez ils, elles finissaient
aller (3e groupe) j'allais tu allais il, elle, on allait nous allions vous alliez ils, elles allaient	**faire** (3e groupe) je faisais tu faisais il, elle, on faisait nous faisions vous faisiez ils, elles faisaient	**dire** (3e groupe) je disais tu disais il, elle, on disait nous disions vous disiez ils, elles disaient	**vouloir** (3e groupe) je voulais tu voulais il, elle, on voulait nous voulions vous vouliez ils, elles voulaient
pouvoir (3e groupe) je pouvais tu pouvais il, elle, on pouvait nous pouvions vous pouviez ils, elles pouvaient	**prendre** (3e groupe) je prenais tu prenais il, elle, on prenait nous prenions vous preniez ils, elles prenaient	**voir** (3e groupe) je voyais tu voyais il, elle, on voyait nous voyions vous voyiez ils, elles voyaient	**venir** (3e groupe) je venais tu venais il, elle, on venait nous venions vous veniez ils, elles venaient
être (auxiliaire) j'étais tu étais il, elle, on était nous étions vous étiez ils, elles étaient	**avoir** (auxiliaire) j'avais tu avais il, elle, on avait nous avions vous aviez ils, elles avaient		

Passé composé			
Avec l'auxiliaire *avoir*			
jouer (1er groupe) j'ai joué tu as joué il, elle, on a joué nous avons joué vous avez joué ils, elles ont joué	**manger** (1er groupe) j'ai mangé tu as mangé il, elle, on a mangé nous avons mangé vous avez mangé ils, elles ont mangé	**avancer** (1er groupe) j'ai avancé tu as avancé il, elle, on a avancé nous avons avancé vous avez avancé ils, elles ont avancé	**finir** (2e groupe) j'ai fini tu as fini il, elle, on a fini nous avons fini vous avez fini ils, elles ont fini
faire (3e groupe) j'ai fait tu as fait il, elle, on a fait nous avons fait vous avez fait ils, elles ont fait	**dire** (3e groupe) j'ai dit tu as dit il, elle, on a dit nous avons dit vous avez dit ils, elles ont dit	**vouloir** (3e groupe) j'ai voulu tu as voulu il, elle, on a voulu nous avons voulu vous avez voulu ils, elles ont voulu	**pouvoir** (3e groupe) j'ai pu tu as pu il, elle, on a pu nous avons pu vous avez pu ils, elles ont pu
prendre (3e groupe) j'ai pris tu as pris il, elle, on a pris nous avons pris vous avez pris ils, elles ont pris	**voir** (3e groupe) j'ai vu tu as vu il, elle, on a vu nous avons vu vous avez vu ils, elles ont vu	**être** (auxiliaire) j'ai été tu as été il, elle, on a été nous avons été vous avez été ils, elles ont été	**avoir** (auxiliaire) j'ai eu tu as eu il, elle, on a eu nous avons eu vous avez eu ils, elles ont eu
Avec l'auxiliaire *être*			
tomber (1er groupe) je suis tombé(e) tu es tombé(e) il, on est tombé / elle est tombée nous sommes tombé(e)s vous êtes tombé(e)s ils sont tombés / elles sont tombées	**aller** (3e groupe) je suis allé(e) tu es allé(e) il, on est allé / elle est allée nous sommes allé(e)s vous êtes allé(e)s ils sont allés / elles sont allées	**venir** (3e groupe) je suis venu(e) tu es venu(e) il, on est venu / elle est venue nous sommes venu(e)s vous êtes venu(e)s ils sont venus / elles sont venues	

Les mots du lexique

Période 1

atmosphère (l') : enveloppe de gaz qui entoure une planète

conversion (la) : le fait de changer d'usage, de fonction

détecter : découvrir la présence de quelque chose de caché

éberluée : très étonnée

écosystème (l') : ensemble formé par un milieu naturel et les éléments vivants et non vivants qui y sont

effet de serre (l') : réchauffement anormal de l'atmosphère de la Terre dû à l'accumulation du gaz qui retient la chaleur du Soleil comme le font les vitres d'une serre

érosion (l') : l'usure des sols

espèce (l') : catégorie d'êtres vivants qui ont des caractères communs et peuvent se reproduire entre eux

injecter : faire entrer un liquide dans le corps avec une seringue

inoffensive : qui n'est pas dangereuse

photosynthèse (la) : l'opération pendant laquelle, sous l'effet de la lumière, les plantes absorbent du gaz carbonique, produisent des glucides et rejettent de l'oxygène.

survécu : continué à vivre

valeur (la) : la qualité d'une personne qui la rend digne d'intérêt

Période 2

chantage (un) : la menace de révéler ou non une chose que l'on sait pour obtenir un avantage

chapelet (un) : une suite d'objets alignés qui sont tous les mêmes

lombric (le) : le nom scientifique qui désigne le ver de terre

palet (le) : petit objet long et plat qu'on lance quand on joue à la marelle

sidérant : qui étonne beaucoup

végétarien : qui ne mange ni viande ni poisson

Période 3

borborygme (un) : un bruit émis dans les intestins ou l'estomac

bouche bée (être) : avoir la bouche ouverte, sans parler

broussailleux : épais comme des broussailles et mal coiffé

chaos (le) : le désordre

chevroter : parler d'une voix tremblante

contrer : aller contre, empêcher

déserter : quitter

diaphane : léger, à peine visible

effondrer (s') : s'écrouler

festival (le) : séries de concerts qui ont lieu dans un endroit précis pendant une courte période

foudroyer : regarder méchamment

gauche : maladroit

inspiration (l') : un ensemble d'idées qui viennent à l'esprit

interminable : qui ne se termine pas, qui n'en finit pas

Période 3
(SUITE)

intrigué : être curieux, avoir envie d'en savoir plus

outré (être) : en colère, qui trouve que ce qu'on lui fait est exagéré (langage soutenu)

prunelle (la) : le petit rond noir au centre de l'œil

rabougri : tassé, qui n'est pas bien formé

ressaisir (se) : retrouver son calme

tignasse (une) : une chevelure épaisse et mal peignée (mot familier)

touffue : épaisse, qui forme une touffe

veule : faible, peureux

Période 4

avarice (l') : le refus de dépenser son argent

banc d'œuvre (un) : un siège confortable dans une église

bohémien (un) : une personne (souvent mal habillée) qui va de village en village

bonnes vêpres : bonsoir

coche (un) : un bateau d'autrefois tiré par des chevaux.

comme devant : comme auparavant

condition (être en) : être employé comme domestique

crête (une) : le sommet d'une montagne

débâcle (la) : changement de situation qui entraine la fuite ou l'arrêt d'activités

diluvienne : très forte

esclaffer (s') : éclater de rire bruyamment

farandole (une) : une danse exécutée par une file de danseurs qui se tiennent par la main

fiacre (un) : une voiture tirée par un cheval qu'on louait autrefois pour se déplacer comme on le fait aujourd'hui pour un taxi

froment (le) : le blé

frontispice (un) : titre du livre et son illustration sur la première page

gaillard : plein d'entrain et de gaieté

gravats (des) : des morceaux de pierres, briques provenant d'une construction démolie

grelot (un) : une petite clochette en forme de boule

guenilles (des) : vêtements sales, déchirés

hommage (l') : la marque de respect et de reconnaissance de la valeur de quelqu'un ou de quelque chose

jaser : faire des commentaires désagréables, méchants

magnan (le) : le ver à soie (terme provençal)

meunerie (la) : l'industrie de la fabrication de la farine

minoterie (une) : une usine où l'on moud le grain pour faire la farine

moisson (la) : récolte des céréales

olivade (l') : la récolte des olives

parlement (le) : l'assemblée qui, avant la révolution, rendait la justice au nom du roi dans une province

plâtras (le) : des morceaux de plâtre

réfectoire (un) : une salle à manger dans un bâtiment où des personnes vivent en groupe

sinistre : qui fait peur

taillole (la) : la ceinture entourée plusieurs fois autour de la taille pour tenir le pantalon

tsar(le) : l'empereur de Russie

veillée (la) : le moment de la soirée entre le repas du soir et le coucher consacré à des réunions familiale ou entre voisins

Période 5

accabler : montrer encore plus que ce qui est affirmé par quelqu'un est faux

aisée (être) : avoir suffisamment d'argent pour vivre sans difficulté

ambitionner : vouloir absolument

argumenté : expliqué avec des preuves

calciner : faire bruler complètement

colporter : faire connaitre à beaucoup de monde

couvent (un) : une maison où vivent ensemble des religieuses ou des moines

dédier (un poème) : écrire un poème pour quelqu'un et lui offrir

délabré : abimé, en mauvais état

dispense (une) : une autorisation spéciale

éhonté : qui est fait d'une manière honteuse, scandaleuse

entremets (un) : un plat à base de légumes servi autrefois entre deux plats principaux

épeautre (l') : une céréale proche du blé

éperdu (d'admiration) : qui éprouve une sensation forte (beaucoup d'admiration)

estampe (une) : une gravure que l'on accroche au mur ou qui illustre un livre

jubilation(une) : une très grande joie

languir : attendre

légitime : juste, compréhensible

macis (le) : une épice obtenue à partir de l'enveloppe de la noix de muscade

magistrale : parfaite, remarquable

médisance (la) : chose méchante dite sur quelqu'un

objection (une) : ce qui est affirmé par quelqu'un contre ce qui est dit par un autre

œuvre (une) : au féminin, le résultat d'un travail ; au masculin, le travail lui-même

onctueux : ni trop épais ni trop liquide et qui donne une sensation de douceur

pantois : très étonné (mot appartenant au langage soutenu)

parer : enlever la peau des asperges

perpétuel : qui ne s'arrête pas, jusqu'à la fin de sa vie

philosophe (un) : une personne qui réfléchit sur le sens de la vie et sur la société de son temps

polémique (une) : une discussion très violente

prôner : recommander en insistant (mot appartenant au langage soutenu)

prestigieux : qui provoque de l'admiration

ridiculiser : rendre ridicule, se moquer

saillie (une) : une parole brillante mais inattendue

sublime : admirable

tolérant : qui respecte les idées différentes des siennes

traité (un) : un livre qui traite d'un sujet particulier

verjus (du) : du jus obtenu avec du raisin encore vert

Les stratégies de lecture

Pour comprendre un récit

- J'**imagine** ce qui va se passer dans l'histoire.
- Je **cherche** le sens des mots inconnus :
  - à l'aide du contexte ;
  - en observant la formation des mots ;
  - dans le lexique.
- Je **fais** des liens entre les personnages :
  - je **trouve** comment ils sont désignés ;
  - je **repère** les paroles qu'ils prononcent.
- Je **fais** des liens entre ce que ressentent les personnages et leurs actions.
- Je **trouve** ce qui n'est pas dit dans l'histoire.
- Je **construis** dans ma tête les images de l'histoire.
- Je **raconte** l'histoire.
- Je **donne** mon avis sur l'histoire.

Pour comprendre un texte documentaire

- Je **cherche** ce que je sais déjà.
- Je **dis** ce que je veux savoir.
- Je **cherche** le sens des mots inconnus :
  - à l'aide du contexte ;
  - en observant la formation des mots ;
  - dans le lexique.
- Je **repère** les informations et leur organisation.
- Je **fais** des liens entre les informations, entre ce que je sais et ce que j'apprends.
- Je **fais** le point sur ce que j'ai appris.

Les constituants de la phrase simple

La taupe	dort
sujet	verbe

La taupe	creuse	des galeries
sujet	verbe	complément d'objet

Sous la terre	la taupe	creuse	des galeries
complément circonstanciel	sujet	verbe	complément d'objet

Les constituants du groupe nominal

une	grande	galerie	de la taupe
déterminant	adjectif qualificatif	nom	complément du nom

Les classes grammaticales

Chaque mot appartient à une classe grammaticale.

Une classe grammaticale regroupe les mots qui peuvent se mettre à la même place dans une phrase.

Le	petit	animal	mange.
Ton	gentil	chaton	joue.
Ce	jeune	garçon	saute.

Les verbes	jouer • regarder • danser • chanter • aimer • accrocher • accepter • finir choisir • réussir • surgir • être • avoir • aller • faire • dire • prendre comprendre • vouloir • pouvoir • dire • voir • mentir • apercevoir disparaitre • mentir • boire • devoir • mettre • promettre...
Les noms	enfant • élève • homme • femme • animal • maison • récréation patinoire • pollution • population • idée • continent • chevreuil clown • facteur • drap • climat • bonheur • boulanger • déchet • chanteur définition • immeuble • liberté • escalier • musicien • mémoire...
Les déterminants	**Articles** le • la • les • l' • un • une • des **Déterminants possessifs** mon • ma • mes • ton • ta • tes • son • sa • ses • notre • nos • votre • vos leur • leurs **Déterminants démonstratifs** ce • cet • cette • ces
Les pronoms (personnels)	je • tu • il • ils • elle • elles • nous • vous • moi • toi • lui • leur...
Les adjectifs	urgent • violent • sourd • beau • joyeux • triste • fier • éberlué • brun roux • doux • blanc • noir • fort • gros • gentil énorme • minuscule heureux • propre • fluvial • chaud • froid • haut • agile • affreux mystérieux • mignon...
Les adverbes	ainsi • ailleurs • également • plutôt • vite • lentement • davantage bientôt • hier • demain • soudain • aussitôt • brusquement • autrefois surtout • depuis • ailleurs • longtemps • maintenant...
Les conjonctions (de coordination)	mais • ou • et • donc • or • ni • car

Les mots invariables

a
à travers
afin
de
ainsi
alors
après
assez
au-dessus
aujourd'hui
auprès
aussi
aussitôt
autant
autour
autrefois
autrement
avant
avec

b
beaucoup
bien
bientôt

c
car
ceci
cela
cependant
chez
comme
comment

d
dans
debout
dedans
dehors
déjà
demain
depuis
devant
donc
dont
durant

e
également
encore
enfin
ensemble
ensuite
entre
environ

g
grâce

h
hélas
hier

i
ici

j
jamais

l
là-bas
loin
longtemps
lors de
lorsque

m
maintenant
mais
malgré
mieux
moins

n
non

p
par
parce que
parfois
parmi
partout
pas
pendant
personne
peu
plus
plusieurs
plutôt
pour
pourquoi
pourtant
près
presque
puis
puisque

q
quand
quelquefois
quoi
quoique

s
sans
sauf
selon
seulement
sinon
soudain
sous
souvent
sur
surtout

t
tandis que
tant
tantôt
tard
tôt
toujours
très
trop

v
vers
voici
voilà
vraiment

Mots à mémoriser

a abeille • accepter • accord • accourir • accrocher • accuser • adieu • affaiblir • affreux agile • agréable • aigu • ailleurs • ainsi • aliment • allonger • annoncer • apercevoir • approche appuyer • armoire • arrière • artisan • assister • attacher • auprès • autorité • autrefois • avis

b bagage • baignoire • baisser • bal • barrière • beauté • berceau • bibliothèque • bijou • blessure bonheur • boulanger • bout • briller • briser • brun • brusquement • bureau

c caillou • calme • camper • canal • cependant • certain • cerveau • chanteur • charmant • chêne chevreuil • choc • chorale • client • climat • complet • conseil • continent • corail • corbeille • craindre cruel • curiosité

d davantage • décharger • déchet • décider • déclarer • décrire • définition • désobéir • désordre détail • différent • direct • distance • dormir • drap

e effacer • efficace • effondrer • effort • également • élément • émail • embarquer • embellir • émotion employer • endroit • énergie • enfermer • entretien • enveloppe • épais • erreur • escalier • espoir étagère • étrange • examen • exemple • exister • expédier • expérience • expliquer

f façon • facteur • familial • fatigue • faux • fer • fier • fixer • flocon • fluvial • fond • forêt • fossile • frayeur

g géant • général • gerbe • goutte • gouverner • graine • grave • grimper • guêpe • guérir • guerre • guider

h habitude • hasard • hélas • horloge • hors • horizon • humain • hurler

i illimité • imagination • immensité • imperméable • imprimante • incendie • inconnu • indication i • inondation • inquiet • installer • intention • invention • irréel • irréparable

j jeter • jeunesse • joindre

k kilogramme

l laboratoire • lecture • liberté • lien • lieu • littoral

m malgré • manuel • marée • matière • médecin • meilleur • mémoire • métal • mignon • milieu • moitié musicien • mystérieux

n naitre • nécessaire • nerveux • neveu • noisette • noyau

o objet • obstacle • occasion • officier • offrir • organisation • original

p paix • pareil • participation • patience • patinoire • patron • paysan • peine • peinture • période permission • peureux • pierre • plaine • planète • plongeon • plutôt • point • pôle • pollution population • poussière • presque • presser • promettre • propos • puisque • puissant

q qualité • quelquefois • question • quitter

r rassurer • réalité • récompense • réduction • refrain • refus • relief • remplir • rencontrer • régulier réservoir • respect • résultat • retourner • réussir • rêver • rhume • rideau • rouleau

s saisir • sauvage • science • seau • secret • sensible • serrer • siècle • signal • société • solution sommeil • sortir • sourd • souriant • spatial • suivant • surgir • surtout • système

t tandis que • tapis • tendresse • terrible • territoire • thé • théâtre • thorax • tiroir • toboggan • touriste trahir • tranquillité • traverser • trembler • trésor • triomphal • tronc • trou

u urgent

v vase • végétal • vérifier • vérité • victoire • violent • voici • volcan • volonté

w wagon

Illustrations

Sybille Ristroph : illustration de couverture
Samuel Pereira : pages 20, 21, 37, 44, 61, 68, 69, 84, 85, 93, 108, 116, 124, 133, 140, 149, 150, 151, 152, 156, 158, 159, 160, 164, 165, 166, 167, 168, 172, 173, 181, 188, 196, 204, 212, 220, 221, 229
Prince Gigi : L'enfaon, pages 7, 8, 12, 13, 15, 16, 23, 24, 29
Adeline Pham : Balzac en liberté, pages 39, 40, 45, 47, 48, 53
Juliette Bailly : John et le royaume d'en bas, pages 55, 56, 63, 64, 71, 72, 77
Jean-Luc Serrano : Les disparus de Fort Boyard, pages 103, 104, 111, 112, 119, 120
Pef : J'ai oublié ma poésie, pages 135, 136, 143, 144
John J Muth : Les Trois Questions, pages 183, 184, 191, 192, 197
Jaqueline Duhême : Les passions d'Émilie, pages 199, 200, 207, 208, 213, 215, 216, 223, 224, 231, 232, 245

Crédits photographiques

Page 96 : DR
Page 100 : ©Lucio Pompeo - GettyImages.com, ©Sergey Naryshkin - GettyImages.com
Page 101 : ©Sergey Naryshkin - GettyImages.com
Page 127 : ©ANTOINE Aurélien - GettyImages.com
Page 128 : ©Gilles GUSTINE
Page 133 : ©Château de Versailles, Portrait de Louis XIV par Pierre Mignard BIS Planeta ©Archives Sejer
Page 205 : © Archives Larbor

Responsable artistique : Julie Lannes
Conception de la maquette intérieure : Langage graphique, Dominique Grellier et Emma Lechardoy
Conception de la couverture : Jean-Marc Denglos
Mise en page : Typo-Virgule
Iconographe : Sylvie Leneveu
Édition : Christelle Pelletier
Direction Éditoriale : Pascale Costet

N° d'éditeur : 10256853 - Février 2020
Imprimé en France par Pollina - 12883